道路与桥梁专业职业教育规划教材

公路勘测设计

（第2版）

主　编　蔡龙成　刘　雨
副主编　孟凡涛　李　慧
主　审　李维勋

黄河水利出版社

内 容 提 要

本书是道路与桥梁专业职业教育规划教材,系统地介绍了道路的分级与技术标准,道路路线平面、纵断面、横断面、平面交叉、立体交叉、沿线设施的设计,道路选线与定线的勘测。为了便于学生学习,在每章正文之前给出了本章重点。

本书可作为交通类高职高专院校道路与桥梁技术、工程监理、高等级公路维护与管理、工程造价等专业使用教材,也可作为公路工程设计与施工的有关工程技术人员的参考用书。

图书在版编目(CIP)数据

公路勘测设计/蔡龙成,刘雨主编.—2 版.—郑州:黄河水利出版社,2012.5 (2022.9 修订重印)
道路与桥梁专业“十一五”高职高专应用型规划教材
ISBN 978-7-5509-0249-7

Ⅰ.公… Ⅱ.①蔡…②刘… Ⅲ.①道路测量-高等职业教育-教材②道路工程-设计-高等职业教育-教材 Ⅳ.①U412

中国版本图书馆 CIP 数据核字(2012)第 094127 号

出 版 社:黄河水利出版社
地址:河南省郑州市顺河路黄委会综合楼 14 层 邮政编码:450003
发行单位:黄河水利出版社
发行部电话:0371-66026940、66020550、66028024、66022620(传真)
E-mail:hhslcbs@126.com
承印单位:河南承创印务有限公司
开本:787 mm×1 092 mm 1/16
印张:14
字数:320 千字
版次:2008 年 2 月第 1 版 印次:2022 年 9 月第 4 次印刷
2012 年 6 月第 2 版

定价:42.00 元

再版前言

本教材的第一版于2008年2月由黄河水利出版社出版，是道路与桥梁专业“十一五”高职高专应用型规划教材之一。该教材出版以来，被全国多家高职高专院校采用，得到了广泛的好评。本书是在第一版的基础上，依据各使用院校的老师提出的意见和建议，并结合工程实践修订再版的，力求教材内容更加完善、更加实用。

本次修编贯彻高等职业技术教育改革精神，突出职业教育特点，以能力素质的培养为指导思想，不过分强调理论，叙述简练通俗，再版过程中，除对原书中个别存在的问题进行了修改、删去了少量过时的内容外，还对“公路平面设计”（第二章）和“横断面设计”（第四章）中的部分内容进行了补充。

参加本书编写工作的有：江西交通职业技术学院蔡龙成编写第一章、第八章和第九章；郑州交通学院李慧编写第二章；开封大学刘雨编写第三章和第四章；山东交通职业学院孟凡涛编写第五章；黄河水利职业技术学院田万涛编写第六章；江西应用技术职业学院吴忠诚编写第七章。

本书由蔡龙成、刘雨任主编，孟凡涛、李慧任副主编，由蔡龙成负责全书的统稿工作。江西交通职业技术学院李维勋副教授主审。

本教材在编写工程中参考了有关教材和资料，并得到了众多院校教师的热心帮助和指导，在此一并表示衷心的感谢。

由于编者水平有限，书中疏漏和不妥之处在所难免，恳请读者批评指正。

编　者

2012年5月

前 言

本书是根据《公路工程技术标准》(JTG B01—2003)与《公路路线设计规范》(JTG D30—2004)等技术规范进行编写的。

参加本书编写工作的有:江西交通职业技术学院蔡龙成编写第一章、第八章和第九章;郑州交通学院李慧编写第二章;开封大学刘雨编写第三章和第四章;山东交通职业学院孟凡涛编写第五章;黄河水利职业技术学院田万涛编写第六章;江西应用技术职业学院吴忠诚编写第七章。

本书由蔡龙成、刘雨任主编,孟凡涛、李慧任副主编,由蔡龙成负责全书的统稿工作。江西交通职业技术学院李维勋副教授主审。

本书建议教学时数为 80 个学时。具体安排可参照下表所列内容执行。

课程教学时数分配表

序号	课程内容	教学时数		
		讲课	课程设计	小计
1	绪论	4		4
2	公路平面设计	10	10	20
3	纵断面设计	8	10	18
4	横断面设计	6	10	16
5	选线	4		4
6	定线	4		4
7	公路外业勘测	8		8
8	公路交叉设计	4		4
9	公路测设新技术	2		2
	总计			80

由于时间紧迫与编者水平有限,书中难免有错误和不完善之处,欢迎读者批评指正,以便进一步修正补充。

编 者

2007 年 10 月

目　录

第一章 绪论

本章重点

(1)公路技术分级的划分与选用。

(2)公路勘测设计的依据(设计车辆、设计速度、交通量)。

(3)公路勘测设计的程序。

第一节 公路发展概况及规划

一、交通运输网络构成

交通运输是国民经济的基础产业之一,它把国民经济各领域和各个地区联系起来,在社会物质财富的生产和分配过程与广大人民的生活中起着极为重要的作用。

(一)国家综合运输系统的构成

现代交通运输由铁路、公路、水运、航空以及管道等5种运输方式组成。这些运输方式在经济技术上具有各自的特点。

铁路运输适用于远程的大宗货物及旅客的运输,其特点是运量大、迅速,特别是高速铁路(轻轨、磁悬浮)的出现,使铁路运输能力得到进一步提高。但由于铁路运输需转运(2次、3次),装卸费用较高,使其一般只在远距离运输上占有优势。由于受铁路轨道的限制,铁路运输属线性运输。

公路运输适用于旅客及货物各种运距的批量运输。

水路运输是通航地区最廉价的运输方式,但速度慢,并受自然因素制约大;运输方式包括内河及海洋(近海、远洋)运输。

航空运输适用于快速运送旅客、紧急物资及邮件,速度快,但成本也高。

管道运输是用于液态、气态及散装粉状材料运输的专用方式。

(二)公路运输的特点及其在国民经济中的地位

公路运输与其他运输方式比较,具有如下特点:

(1)机动灵活,能迅速集中和分散货物,做到直达运输,不需中转,可以实现"门到门"的直接运输,节约时间和费用,减少货损,经济效益高。

(2)对短距离运输,只有公路运输最迅速。

(3)可适应小批量运输和大宗运输,也适应近距离运输和远距离运输,适应性强,服务面广。

(4)受地形、地物和地质等影响小,可伸展到任何山区、平川、城市、农村、机关、学校、工矿企业,直至家庭。

(5)投资省,资金周转快,社会效益高。

(6)与铁路、水运相比,公路运输由于汽车燃料价格高,服务人员多,单位运量小,所以在长途运输中,其运输成本偏高。但随着高速公路的迅速发展、汽车制造技术的不断改进,以及运输管理水平的不断提高,这些不足正在逐步得到改善。

公路运输是国民经济的命脉,它是联系工业与农业、城市与乡村、生产与消费的纽带,是国民经济发展的"先行官",中国的公路在交通运输中占有重要地位。

公路运输在整个交通运输事业中占有较大的比重,已经占客运量的90%,旅客周转量的50%,以及货运量、货运周转量的75%。特别是随着高速公路的发展、道路运输速度的提高、载质量的增大、集装箱运输的增多,公路运输发挥了更加重要的作用,并显示出更广阔的发展前景。

二、我国公路现状与发展规划

(一)公路发展史

"道路"这一名称始于周朝,秦朝时称"驿道",元朝称"大道"。我国是历史悠久的文明古国,早在公元前2 600多年前的原始社会,轩辕氏就发明了舟车,采用圆形车轮来运输货物,随后马车、战车和乘车相继问世,到周朝就有了专门管理道路的"司空官",可见当时的车辆运输与道路建设就已有了较大的发展。但是,由于封建经济的固有弱点和统治者的腐败,加之近代帝国主义的压迫和掠夺,致使我国道路运输在新中国成立前极端落后。从1902年我国引进第一批汽车,1906年修建第一条公路(广西友谊关),到新中国成立前,全国公路通车里程只有7.5万km,到1949年底有8.1万km,且质量非常低劣。

(二)公路现状分析

新中国成立后,特别是改革开放以来,我国公路建设取得了巨大成就,但是与世界上发达国家相比,仍有一定差距。归纳起来,还存在如下几方面的问题。

1. 公路数量少,通达深度不够

1)公路通车总里程少

2006年底,全国等级公路通车总里程达193万km,居世界第4位,但与公路建设水平高的国家相比,仍然相差较大。如美国、印度和巴西分别为641万km、332万km和198万km。

2)公路密度低

公路密度是指每100 km^2国土面积拥有的公路里程数。美国公路密度为67 km/(100 km^2),英国为160 km/(100 km^2),法国为147 km/(100 km^2),日本为303 km/(100 km^2),印度为61 km/(100 km^2),而我国只有17.5 km/(100 km^2)。

每万人拥有的公路长度,美国为242 km,英国为63 km,法国为140 km,日本为91.5 km,印度为22 km,而我国只有11 km。

由于公路里程少、密度低、通达深度不够,很多地区的经济发展仍受到制约。

2. 路网等级低,路面质量差、标准低

在通车里程中,二级以上的公路只占公路总里程的13.1%以上,等级以上公路所占比例为78.3%。高级、次高级路面里程占公路总里程的38.9%。无路面里程15.4万km,占9%。有的公路防护设施不全,抗灾能力很差。据统计,每年水毁公路造成的经济损失就达几亿元。

当前最突出的问题是公路建设发展速度跟不上经济发展的速度，也跟不上交通量发展的速度。据统计：我国干线公路有50%的路段，其交通量都在2 000 辆/昼夜以上，处于超负荷运行状态。而现有的10.8 万 km 的国道网中二级以上的公路只占30%。

3. 发展不平衡

东西部差距较大，平原区与山区差别大。公路密度各省市差距大，上海为95.4 km/(100 km^2)，天津为85.1 km/(100 km^2)，北京为81.0 km/(100 km^2)，海南为61 km/(100 km^2)，广东为58 km/(100 km^2)，江苏为56.6 km/(100 km^2)。10 km/(100 km^2)以下的省、自治区有5个，分别为西藏、青海、新疆、内蒙古、甘肃。

4. 通行能力低

通行能力大、运营效益高的公路主骨架未形成。由于我国二级以上公路所占比重较小，在公路几何条件、交通组成和汽车行驶环境等条件影响下，公路通行能力普遍偏低。

5. 服务水平低

公路服务水平是由汽车行驶速度、交通密度、交通中断情况、车辆行驶舒适度等来衡量的。总体上看，我国的公路服务水平还较低，还不能完全达到人民群众对公路运输服务水平的要求。

(三)发展规划

我国道路发展主要有两方面的基本任务：一是增建一批急需的新线，沟通断头线，使之布局合理；二是改建一批重点的老线，以提高道路的技术标准和通行能力。

1. 新建任务

为了实现我国的战略目标，赶上并超过世界发达国家的水平，我国需要建设大量的、符合标准的、高技术等级的道路，尤其是高速公路的国道主干线。目前世界上已有50多个国家和地区共建成长约20万km的高速公路。美国的高速公路最为发达，从1937年至2000年共修建高速公路近10万km，里程长度可绕赤道2圈，占世界高速公路总长度的50%，是世界上高速公路最长的国家。截至2006年底，我国高速公路里程达4.54万km，居世界第2位。

中国正在建设中的高速公路布局是1990年制定干线网时形成的。1992年，中国正式提出"五纵七横"12条通道的国道主干线系统规划，总长35 000 km，主要功能是将首都和省会以及大城市、重要的交通枢纽和经济中心连接起来。自1998年以来，中国公路建设年投资额仅高速公路一项就超过260亿美元，已经完成京津塘、沈大、沪宁、广深珠、广州至佛山、成渝等34 200 km高速公路。

我国交通部一直在反复修改和论证《国家高速公路网规划》，最终规划由7条首都放射线、9条南北纵向线和18条东西横向线组成，简称为"7918网"，总规模达85 000 km。

建成后的国家高速公路网，将实现"东部加密、中部成网、西部连通"，形成"首都连接省会、省会彼此相通、连接主要地市、覆盖重要县市"的高速公路网络。其具体目标是覆盖十多亿人口；直接服务范围东部地区超过90%、中部地区达83%、西部地区近70%；实现东部地区平均30 min、中部地区平均60 min、西部地区平均120 min上高速公路，大大提高客货流的机动性；连接全国所有省会城市(含港澳台地区)，以及目前城镇人口超过

50 万的大城市、超过 20 万的中等城市；连接全国重要的交通枢纽城市；连接重要的对外公路口岸；在环渤海、长三角、珠三角 3 大都市圈内部，形成较为完善的城际高速公路网。

公路主骨架在 2020 年国家要完成 7 射 9 纵 18 横共 34 条约 85 000 km 国道主干线，连接各省会、直辖市、中心城市、主要交通枢纽和重要口岸。

发展高级、次高级路面也是公路现代化的重要标志之一。

2. 改建任务

无论在经济效益还是在迫切性方面，改建都比新建更为重要。

随着交通量的高速增长和汽车速度的快速增加，对原有公路不断加以技术改造，是世界各国道路交通适应国民经济发展的重要措施和必然趋势。

第二节　公路的分级与技术标准

一、公路分级

(一) 技术分级

交通部 2004 年 1 月颁布实行的国家行业标准《公路工程技术标准》(JTGB 01—2003)(以下简称《标准》)将公路根据功能和适应的交通量分为 5 个等级，即高速公路、一级公路、二级公路、三级公路、四级公路。

1. 高速公路

高速公路是专供汽车分向、分车道行驶并应全部控制出入的多车道公路。

四车道高速公路应能适应将各种汽车折合成小客车的年平均日交通量 25 000 ~ 55 000辆；六车道高速公路应能适应将各种汽车折合成小客车的年平均日交通量 45 000 ~ 80 000 辆；八车道高速公路应能适应将各种汽车折合成小客车的年平均日交通量 60 000 ~ 100 000 辆。

2. 一级公路

一级公路是供汽车分向、分车道行驶，并可根据需要控制出入的多车道公路。

四车道一级公路应能适应将各种汽车折合成小客车的年平均日交通量 15 000 ~ 30 000 辆；六车道一级公路应能适应将各种汽车折合成小客车的年平均日交通量 25 000 ~ 55 000 辆。

一级公路是连接高速公路或是某些大城市的城乡结合部、开发区经济带及人烟稀少地区的干线公路。它实际上是有两种不同的任务和功能：一种是具有干线功能，部分控制出入；另一种是可以采用平交的距离不长的连接线等。一级公路强调必须分向、分车道行驶，《标准》规定一级公路一般应设置中央分隔带。

3. 二级公路

二级公路为供汽车行驶的双车道公路。

双车道二级公路应能适应将各种汽车折合成小客车的年平均日交通流量 5 000 ~ 15 000辆。

二级公路为中等以上城市的干线公路或者是通往大工矿区、港口的公路。为保证汽车的行驶速度和交通安全，在混合交通量大的路段，可设置慢车道供非汽车行驶。

4. 三级公路

三级公路为主要供汽车行驶的双车道公路。

双车道三级公路应能适应将各种车辆折合成小客车的年平均日交通量2 000～6 000辆。

5. 四级公路

四级公路为主要供汽车行驶的双车道或单车道公路。

双车道四级公路应能适应将各种车辆折合成小客车的年平均日交通量2 000辆以下；单车道四级公路应能适应将各种车辆折合成小客车的年平均日交通量400辆以下。

三、四级公路为"主要供汽车行驶的双车道公路"，是指公路应按汽车行驶的要求设计，同时也允许拖拉机、畜力车、人力车等非汽车交通使用的车道，其混合交通特征明显。

(二)行政分级

交通部颁发的《中华人民共和国公路管理条例实施细则》规定，我国公路管理工作实行"统一领导，分级管理"的原则，把公路分为国家干线公路(简称国道)、省干线公路(简称省道)、县公路(简称县道)、乡公路(简称乡道)和专用公路。

国道是由交通部负责编制，征求省及有关部门意见；省道是由各省、市、自治区交通部门负责编制，征求地、县及有关部门意见，交通部核备；县、乡道是由各县交通部门负责编制，省、市、自治区核备；专用公路是供厂矿企业所专用的公路。

国道规划是以北京为中心，连接各省市重要大、中城市及港站枢纽和工农业基地等。国道网由放射线、南北线、东西线组成，其编号前加字母"G"。以北京为中心的放射线共计12条，全长213 197 km，编号从G101～G112，如G107线为北京—深圳，G109线为北京—拉萨；南北线共28条，全长39 000 km，编号从G201～G228，如G209线为呼和浩特—北海，G212线为兰州—重庆；东西线共30条，全长53 000 km，编号从G301～G330，如G310线为连云港—天水，G320线为上海—瑞丽。

我国各省(自治区、直辖市)根据国道网的总体规划，对全省具有重要政治、经济意义的干线公路加以规划，连接省内中心城市和主要经济区的公路，以及不属于国道的省际间的重要公路称为省道。其编号方式在各省(自治区、直辖市)辖区内，以省会(首府)放射线、南北纵线、东西横线分别顺序编号，编号前加字母"S"，编号区间为S001～S999。

县道是指具有全县(旗、县级市)性政治、经济意义，连接县城和县内主要乡(镇)、商品生产和集散地以及不属于国道、省道的县际间的公路，其编号前加字母"X"，编号区间为X001～X999。

乡道是指主要为乡(镇)内经济、文化、行政服务的公路以及不属于县道的乡与乡之间的公路，其编号前加字母"Y"，编号区间为Y001～Y999。

专用公路是指专供或主要供厂矿、林区、油田、农场、旅游区、军事要地等对外联系的公路，其编号前加字母"Z"，编号区间为Z001～Z999。

二、公路技术标准

公路技术标准是指一定数量的车辆在车道上以一定的设计速度行驶时，对路线和各项工程的设计要求。公路技术标准是法定的技术要求，公路设计时必须遵守。各级公路的具体标准是由各项技术指标来体现的，主要技术指标一般包括设计速度、行车道数及宽度、路基宽度、最大纵坡、平曲线最小半径、行车视距、桥梁设计荷载等。设计速度是技术指标中最重要的指标，对工程费用和运输效率的影响最大。路线在公路网中具有重要经济、国防意义者，交通量较大者，地形平易者，规定较高的设计速度；反之则规定较低的设计速度。各级公路的具体指标值将在以后章节逐一介绍。

确定一条公路的等级，应首先确定该公路的功能，是用于干线公路，还是集散公路，即属于直达还是连接，以及是否需要控制出入等，根据预测交通量初拟公路等级；结合地形、交通组成等，确定设计速度、路基宽度。

（一）公路等级选用的基本原则

（1）公路等级的选用应根据公路功能、路网规划、交通量，并充分考虑项目所在地区的综合运输体系、远期发展规划等，经论证后确定。

一条公路，可分段选用不同的公路等级或同一公路等级选用不同的设计速度、路基宽度，但不同公路等级，设计速度、路基宽度间的衔接应协调，过渡应顺适。

（2）预测的交通量介于一级公路与高速公路之间时，拟建公路为干线公路，宜选用高速公路；拟建公路为集散公路，宜选用一级公路。

（3）干线公路宜选用二级及二级以上公路。公路等级应根据公路网的规划，从全局出发，按照公路的使用任务、功能和远景交通量综合确定。

（二）各级公路设计交通量的预测

确定一条公路建设标准的主要因素是公路功能、路网规划和交通量。交通量是指设计年限末期的设计交通量。因此，确定公路技术等级以前，首先应做好可行性研究，掌握该公路各路段的近期交通量资料并合理地预测远期交通量；其次应认真分析该公路在整个公路网中所占的地位，即公路的使用任务和功能，从而正确地确定公路的标准。避免一条公路投入使用不久，因为交通量不适应而又改建。

各级公路设计交通量的预测应符合下列规定：

（1）高速公路和具干线功能的一级公路的设计交通量应按 20 年预测；具集散功能的一级公路以及二、三级公路的设计交通量应按 15 年预测；四级公路可根据实际情况确定。

（2）设计交通量预测的起算年应为该项目可行性研究报告中的计划通车年。

（3）设计交通量的预测应充分考虑走廊带范围内远期社会、经济的发展和综合运输体系的影响。

（4）设计路段长度。

公路建设是带状的建设项目，沿途的社会环境、经济环境和自然环境都会有很大差异，其地形、地物以及交通量不会完全相同，甚至会有很大的差别。因此，对于一条比较长的公路可以根据沿途情况和交通量的变化，分段采用不同的车道数或不同的公路等级。

按不同设计速度设计的路段长度不宜太短。高速公路设计路段长度不宜小于 15 km；一、二级公路设计路段长度不宜小于 10 km。不同设计速度的设计路段间必须设置过渡段。

对于在现行标准以前已存在的各等级公路，仍然可以继续存在，发挥其应有的作用。对于某些需要改造的公路，根据需要与可能的原则，按照公路网发展规划，有计划地进行改善，提高通行能力及使用质量，以达到相应等级公路标准的规定。

公路分期修建必须遵照统筹规划、总体设计、分期实施的原则，使前期工程在后期仍能充分利用。高速公路整体式断面路段不得横向分割分期修建。

第三节 公路勘测设计的依据和程序

一、设计依据

路线设计是按国家有关条令和勘测设计程序、已批准的设计任务书、《标准》等进行的。无论是新建公路还是改建公路，都应有充分的技术经济依据，其最基本的设计依据是设计车辆、设计速度和交通量。

（一）设计车辆

公路上行驶的车辆主要是汽车。对于混合交通的公路还有一部分非机动车。汽车的物理特性及行驶于路上各种大小车辆的组成对于公路几何设计具有决定意义，因此选择有代表性的车辆作为设计的依据（即设计车辆）是必要的。

1. 设计车辆

研究公路路幅组成、弯道加宽、交叉口的设计、纵坡、视距等都与设计车辆的外廓尺寸有着密切的关系。汽车的种类很多，按使用的目的、结构或发动机的不同分成各种类型，而作为公路设计依据的汽车可分为 3 类，即小客车、载重汽车、鞍式列车。公路设计所采用的设计车辆外轮廓尺寸（我国国家标准《汽车外廓尺寸限界》（GB 1589—89））规定如图 1-1和表 1-1 所示。

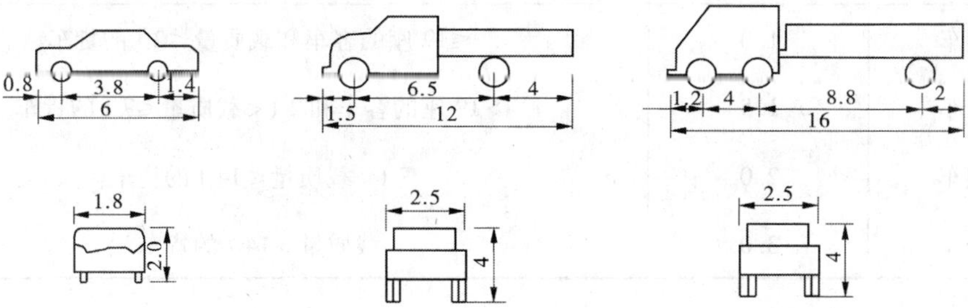

图 1-1 设计车辆外轮廓尺寸 （单位：m）

表 1-1 设计车辆外轮廓尺寸 （单位：m）

车辆类型	总长	总宽	总高	前悬	轴距	后悬
小客车	6	1.8	2	0.8	3.8	1.4
载重汽车	12	2.5	4	1.5	6.5	4
鞍式列车	16	2.5	4	1.2	4 + 8.8	2

汽车外轮廓尺寸限界即对汽车的总高、总宽、总长的限制规定，它适用于公路和城市道路运输用的汽车。

车高——一般以载重汽车及半挂车的高度确定净空高度，以小客车的高度确定驾驶员的视线高度。

车宽——世界各国大型客、货运输汽车的宽度大致相同，一般为 2. 5 m。如果超过 2. 5 m，会严重地降低通行能力。

车长——载重汽车的长度为不超过 12. 0 m，为提高运输效率，车辆的长度有向长的方面发展的趋势。车辆前悬、轴距及后悬的尺寸是依据双后轴的载重汽车考虑的。

鞍式列车分半挂车和全挂车两种。一般全挂车的车身较长，但在转弯时则半挂车占用路面的宽度较大，故选用了半挂车的车身长度，我国采用 16. 0 m，这个长度可以装运一个 30 t 的集装箱或是两个 20 t 的集装箱。

自行车在大城市近郊和居民密集的地段数量较多，而且有发展的趋势，在设计时应充分注意。自行车的外轮廓尺寸为宽 0. 75 m，长 2. 00 m，载人以后的高为 2. 00 m。

2. 交通量换算

公路上行驶的汽车有各种不同车型，为了设计方便，《标准》将公路上行驶的各种车辆折合成小客车。

各种车辆的折算系数与车辆的行驶速度和该车种行车时占用公路净空有关。《标准》规定交通量换算采用小客车为标准车型。确定公路等级的各汽车代表车型和车辆折算系数规定如表 1-2 所示。

表 1-2　代表车型与车辆折算系数

代表类型	车辆折算系数	说明
小客车	1. 0	≤19 座的客车和载质量≤2 t 的货车
中型车	1. 5	>19 座的客车和 2 t < 载质量≤7 t 的货车
大型车	2. 0	7 t < 载质量≤14 t 的货车
拖挂车	3. 0	载质量 >14 t 的货车

在求车辆折算系数时应考虑以下几个方面：

(1) 畜力车、人力车、自行车等非机动车，在设计交通量换算中按路侧干扰因素计。

(2) 一、二级公路上行驶的拖拉机按路侧干扰因素计；三、四级公路上行驶的拖拉机每辆折算为 4 辆小客车。

(3) 公路通行能力分析所要求的车辆折算系数应针对路段、交叉口等形式，按不同的地形条件和交通需求，采用相应的折算系数。

(二) 设计速度

评价一条公路首先要看它在客、货运输方面是否方便。这些是和运行速度和交通安全直接相关的。在驾车行驶中，驾驶人员采用的速度，除了他本身的驾驶技术和汽车的性能外，还取决于以下 4 个基本条件：公路及其路侧的外部特征、气候、其他车辆的存在以及限速标志或设施。上述任何一种条件都能控制速度。当交通量与气候条件良好时，公路的外部特征（包括公路本身的道路条件）基本上决定着驾驶人员采用的速度。

1.设计速度的定义

设计速度是指在气候条件良好、交通量正常、汽车行驶只受公路本身条件影响时，驾驶员能够安全、舒适驾驶车辆行驶的最大速度。

根据国内外观测研究，当设计速度高时，运行速度低于设计速度；而当设计速度低时，运行速度高于设计速度。这也说明设计速度与运行安全有关。

设计速度是公路设计时确定其几何线形的最关键参数。技术标准根据车辆动力性能和地形条件，确定了不同等级公路的设计速度指标。设计速度一经选定，公路的所有相关要素如圆曲线半径、视距、超高、纵坡、竖曲线半径等指标均与其配合以获得均衡设计。

2.设计速度的规定

设计速度的最大值：根据汽车性能，并参考国内外的实际经验，从节约能源以及人在感官上的感觉出发，设计速度的最大值采用120 km/h是适宜的。

设计速度的最低值：考虑我国实际的地形条件、土地利用和投资的可能性，确定设计速度的最低值为20 km/h。各级公路设计速度规定如表1-3所示。

表1-3　各级公路设计速度

公路等级	高速公路			一级公路			二级公路		三级公路		四级公路
设计速度（km/h）	120	100	80	100	80	60	80	60	40	30	20

3.设计速度的选用

设计速度不应仅考虑地形条件，还应根据公路的功能，结合地形、交通组成等条件来确定。

（1）高速公路特殊困难的局部路段，且因新建工程可能诱发工程地质病害时，经论证，该局部路段的设计速度可采用60 km/h，但其长度不宜大于15 km，或仅限于相邻两互通式立体交叉之间，与其他相邻路段的设计速度不应大于80 km/h。

（2）一级公路作为干线公路时，设计速度宜采用100 km/h或80 km/h，作为集散公路时，根据混合交通量、平面交叉间距等，设计速度宜采用60 km/h或80 km/h。

（3）二级公路作为干线公路时，设计速度宜采用80 km/h，作为集散公路时，在混合交通量较大、平面交叉间距较小的路段，设计速度宜采用60 km/h。二级公路位于地形、地质等自然条件复杂的山区，经论证该路段的设计速度可采用40 km/h。

（三）交通量

交通量是指单位时间内通过公路某断面的交通流量（即在单位时间内通过公路某一断面的车辆数）。

交通量的具体数值由交通调查和交通预测确定。交通调查、分析和交通量预测是公路建设项目可行性研究阶段进行现状评价、综合分析建设项目的必要性和可行性的基础，也是确定公路建设项目的建设规模、技术等级、工程设施、经济效益评价及公路几何线形设计的主要依据。

交通调查、分析及交通量预测水平的高低，尤其是预测的水平、质量和可靠程度，将直接影响到项目决策的科学性和工程技术设计的经济合理性。交通量根据单位时间可分为：日交通量（单向/双向，汽车/混合交通）、小时交通量和年累计交通量。

1. 设计日交通量

一条公路交通量普遍采用的计量单位是年平均日交通量（简写为 AADT），用全年总交通量除以 365 而得。设计日交通量是指拟建公路到达交通预测年限时能达到的年平均日交通量（辆/d）。它对确定道路等级，论证公路的计划费用或各项结构设计等有重要作用，但直接用于几何设计却不适宜。因为在一年中的每月、每日、每小时交通量都会变化，在某些季节、某些时段可能会高出年平均日交通量数倍，不宜作为具体设计的依据。

远景设计年平均日交通量以公路使用任务及性质，根据历年交通观测资料推算求得。一般按年平均增长率累计计算确定。

$$N_d = N_0(1+y)^{n+1} \tag{1-1}$$

式中 N_d——预测年的平均日交通量，辆/d；

N_0——起始年平均日交通量，辆/d，包括现有交通量和道路建成后从其他道路吸引过来的交通量；

y——年平均增长率，%；

n——远景设计年限。

2. 设计小时交通量

小时交通量（辆/h）是以小时为计算时段的交通量，是确定车道数和车道宽度或评价服务水平时的依据。大量的公路交通量变化图示表明，在一天以及全年时间内，每小时交通量的变化量是相当大的。如果用一年中最大的高峰小时交通量作为设计依据，会造成浪费，但如果采用日平均小时交通量则不能满足实际需要，造成交通拥挤，甚至阻塞。

为了使设计小时交通量的取值既保证交通安全畅通，又使工程造价经济、合理，我们借助一年中小时变化曲线来确定适合于设计使用的小时交通量。方法如下：

将一年中所有小时交通量按其与年平均日交通量百分数的大小顺序排列起来并绘成曲线，如图 1-2 所示。

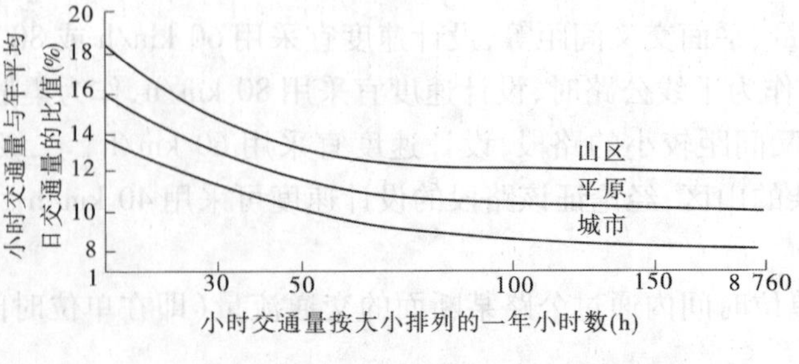

图 1-2　年平均日交通量与小时交通量关系曲线

从图 1-3 中可以看出，在 30 ~ 50 位小时交通量附近曲线急剧变化，从此向右，曲线明显变缓，而在它的左侧，曲线坡度则急剧加大。据此，设计小时交通量的合理取值，应选在第 30 ~ 50 位小时的范围以内。如以第 30 位小时交通量作为设计依据，则意味着在一年中有 29 h 超过设计值将发生拥挤，占全年小时数的 0.33%，而能顺利通过的保证率达 99.67%。

目前，世界上许多国家包括我国，均采用第 30 位小时交通量作为设计依据。《标准》规定公路设计小时交通量宜采用年第 30 位小时交通量，也可根据公路功能采用当地的年第 20 ~ 40 位小时之间最为经济合理时位的小时交通量。

如图 1-2所示的关系，对于各种不同年份、不同地区的公路都能绘出相应的曲线。虽然各条曲线的弯曲程度和上下位置各有所差别，但曲线的基本图形都是类同的。在确定设计小时交通量时，应绘制各路线交通量变化图。有平时观测资料的公路，必须使用观测资料，没有观测资料的，可参考性质相似、交通情况相仿的其他公路观测资料进行推算。

二、公路勘测设计程序

(一)工程可行性研究

可行性研究是基本建设前期工作的一项重要内容，是建设程序的组成部分，是建设项目决策和编制设计任务书的科学依据。公路工程可行性研究的目的是对某项工程建设的必要性、技术可行性、经济合理性、实施可能性等方面进行综合研究，推荐最佳方案，进行投资估算并做出经济评价，为建设项目的决策和审批提供科学的依据。

公路工程可行性研究一般包括下列内容:

(1)概论(或总论)。论述建设任务依据和历史背景、研究范围与主要内容、研究的主要结论等。

(2)现有公路技术状况评价。论述区域运输网的现状和存在的问题、拟建公路在区域运输网中的作用、现有公路技术状况及适应程度。

(3)经济与交通量发展预测。项目所在区域经济特征，经济发展与公路运量、交通量的关系，交通量的发展预测。

(4)建设规模与标准。论述项目建设规模和采用的等级及其主要技术指标。

(5)建设条件和方案比选。调查沿线自然条件和社会条件，进行方案比选，提出推荐方案走向及主要控制点和工程概况，对环境影响作出分析，并编制环境影响评价报告。

(6)投资估算与资金筹措。包括主要工程数量、公路建设与拆迁、单价拟定、投资估算及资金筹措等。

(7)工程建设实施计划。包括勘测设计和工程施工的计划与要求、工程管理人员和技术人员的培训等。

(8)经济评价。包括运输成本等经济参数的确定、建设项目的直接经济效益和费用的估算，进行经济评价敏感性分析、建设项目的间接经济效益分析。对于贷款项目还需要进行项目的财务评价。

根据上述研究结果，通过综合分析评价，提出技术先进、投资少、效益好的最优建设方案。

（二）设计任务书

公路勘测设计工作是根据批准的设计任务书进行的。设计任务书一般由提出计划的主管部门下达或由下级单位编制后报批。设计任务书应包括下列内容：①建设的依据和意义；②路线的建设规模和修建性质；③路线的基本走向和主要控制点；④工程技术等级和主要技术标准；⑤勘测设计的阶段划分及各阶段完成的时间；⑥建设期限，投资估算，需要钢、木、水泥的数量；⑦施工力量的原则安排；⑧路线示意图。

在计划任务书实施过程中，如对建设规模、期限、技术等级标准及路线走向等重大问题有变更，应报原批准机关审批同意。

（三）勘测设计阶段及任务

公路勘测设计根据路线的设计和要求，可分为一阶段设计、两阶段设计和三阶段设计。

（1）一阶段设计。适用于技术简单、方案明确的小型公路工程。即根据批准的设计任务书，进行一次详细定测、编制施工图和工程预算。

（2）两阶段设计。它是公路测设一般所采用的测设程序。其步骤为：先进行初测、编制初步设计和工程概算；经上级批准初步设计后，再进行定测、编制施工图和工程预算。也可直接进行定测、编制初步设计；然后根据批准的初步设计，通过补充测量编制施工图。

（3）三阶段设计。对于技术上复杂而又缺乏经验的建设项目或建设项目中的个别路段、特殊大桥、互通式立体交叉、隧道等，必要时应采用三阶段设计；即初步设计、技术设计和施工图设计三个阶段。技术设计阶段主要是对重大、复杂的技术问题，落实技术方案，计算工程量，提出修正的施工方案，修正设计概算。其深度和要求介于初步设计和施工图设计之间。

不论采用哪种阶段设计，在勘测前都要进行实地调查（或称视察），它是勘测前不可缺少的一个步骤，也可与可行性研究结合在一起，但不作为一个阶段。

（四）设计文件编制

设计文件是公路勘测设计的最后成果，经审查批准后是公路施工的依据。其组成、内容和要求随设计阶段不同而异。

根据《公路工程基本建设项目设计文件编制办法》规定，设计文件组成和内容有：总说明书，总体设计（高速公路、一级公路），路线，路基、路面及排水，桥梁、涵洞，隧道，路线交叉，交通工程及沿线设施，环境保护，渡口码头及其他工程，筑路材料，施工方案（施工组织计划），设计概算（施工图预算）共 13 篇组成。其表达形式有文字说明、设计图、表格 3 种。

第四节　本课程的任务和学习方法

一、本课程的性质

公路勘测设计，是交通土建专业的一门重要专业课。重点介绍公路勘测设计的基本理论、原理和方法，是实践性很强、与理论紧密结合的课程。

二、本课程的特点

公路是一条带状的空间三维结构物，它受人、车、路和环境等诸多因素的影响和约束。公路交通特性、驾驶员的心理状态与公路几何设计都有着密切的关系，为了能满足行车安全、快速、经济、舒适和路容美观并与自然环境相协调等要求，在设计时要深入调查、综合研究各方面的影响因素，从而设计出技术可行、方案合理、结构先进、费用节省、环境协调、效益明显的公路。

本课程与各专业基础知识、专业课程有着密切的联系，涉及的有工程制图、工程测量、工程地质、桥涵水文、桥梁工程、路基路面、道路建筑材料、道路工程经济与管理等，需综合运用。

三、本课程的主要内容

本课程的主要学习内容包括平面线形设计、纵断面设计、横断面设计、选线、定线及公路外业勘测和公路交叉设计及公路测设新技术等。

如何进行合理的公路线形几何设计和路线外业勘测是本课程研究的重点。有关公路结构的内容将在路基路面、桥梁工程、隧道工程等专业课中学习。

通过本课程的学习，应掌握公路平面、纵断面、横断面设计内容和方法，以及相应的技术标准规范的要求；了解不同地形条件下的选线要点和定线程序；掌握实地放线的方法以及公路外业勘测作业内容。本课程所学的内容是从事公路勘测设计和公路施工测设工作的必备知识。

四、本课程的学习方法

公路勘测设计是一门实践性很强的专业课程，所以学生在学习时，第一应认真听课，加强复习，多做练习，系统地掌握基本理论、基本概念、基本方法、设计原则；第二要在课外多阅读参考书，拓宽知识面；第三应认真做好课程设计、（毕业）实习和（毕业）设计等实践性环节，做到理论结合实践，提高运用基本原理处理实际问题的独立工作能力。尤其是（毕业）实习和（毕业）设计，它是全面应用所学的知识与本专业有关课程知识的“大彩排”，并对学生走上工作岗位能力的培养起到关键的作用。所以，学生必须掌握所学的理论知识，将其运用到实习和设计的实践过程中去。

复习思考题

1-1　简述国家高速公路网规划的主要内容。

1-2　《标准》将我国公路分为哪几个等级？

1-3　公路勘测设计的依据是什么？

1-4　公路工程可行性研究一般包括哪些内容？

1-5　公路勘测设计可分为哪几个阶段？简述各阶段的主要任务。

第二章 公路平面设计

本章重点

(1)圆曲线半径、加宽、超高值的取用。

(2)缓和曲线长度的取用。

(3)平曲线的设计要点。

公路是一条带状的三维空间实体,是由路基、路面、桥梁、涵洞、隧道和沿线设施组成的线形结构物。路线即是该空间实体的中心线。公路路线在水平面上的投影称为路线的平面。沿中线竖直剖切并拉直展开的是路线的纵断面。中线上任一点的法向切面是该点的横断面。公路线形设计实际上是确定平面、纵断面及横断面线形的尺寸和形状,即平面设计、纵断面设计和横断面设计。三者相互联系、相互制约,在路线设计中,必须综合考虑。

公路的平面线形由直线、圆曲线、缓和曲线3种线形构成,通常称为"平面线形三要素"。因此,公路平面线形设计实际是对平面线形三要素的研究,同时结合周围的自然条件对这三要素进行合适的组合,从而保证车辆能在公路上安全、迅速、舒适地行驶。

本章主要概述圆曲线、缓和曲线、平曲线超高、平曲线加宽、行车视距、平面线形设计要点和平面设计成果。教学重点是圆曲线半径的确定、最小半径的种类与确定、缓和曲线几何参数及平曲线要素的计算;平曲线超高;平曲线加宽;行车视距及其种类、平曲线视距的保证;平面线形设计要点、公路平面线形设计成果。

第一节 圆曲线半径

一、汽车转弯时力的平衡

汽车在圆曲线上行驶时,假定做的是匀速圆弧运动。汽车除受到自身的重力作用外,还受离心力的作用,坐在车厢里的人会感到自己向弯道外侧倾倒,这就是离心力作用在汽车上的效应。由于离心力的存在,行驶在圆曲线上的汽车有横向不稳定的危险:一是汽车向弯道外侧滑移问题,二是汽车向外侧倾覆问题。

(一)离心力计算

汽车(视为质点)做匀速圆弧运动时,虽然速度大小不变,但方向在不断改变,这是因为总是有一指向圆心的向心加速度 v^2/R 的存在。根据牛顿第二定律,必须有一指向圆心的合力作用在汽车上,这一合力称做向心力,其大小可用 mv^2/R 来表示。在惯性参照系内观察时,离心力是向心力的反作用。汽车在转弯时,在汽车这一非惯性系中,乘客好像受一个使他离开弯道中心向外倒去的力,这种虚拟的力就是惯性离心力,人必须拉住车上的拉杆,才不致倒下。但从地球参照系(惯性系)看来,人随车辆做圆弧运动,拉杆给人一个力，这个力提供了做圆弧运动的向心力，而人给拉杆的力就是离心力。这时，向心力和离心力大小相等、方向相反。所以，离心力为：

$$F = \frac{G}{g}\frac{v^2}{R} = \frac{G}{127}\frac{V^2}{R} \tag{2-1}$$

式中 F——离心力，N；

G——汽车的重力，N；

g——重力加速度，m/s^2；

R——圆曲线半径，m；

v、V——汽车的行驶速度，m/s、km/h。

由式(2-1)可知，离心力 F 的大小与汽车行驶速度 V^2 成正比，与圆曲线半径 R 成反比，即速度越大，离心力越大；半径越大，离心力越小。

(二)横向力系数

汽车在曲线上行驶受重力和离心力作用，沿着平行于路面的横向力方向 X 和垂直于路面的垂向力方向 Y 对离心力 F 和重力 G 进行分解(见图 2-1)，可得：

$$\left.\begin{aligned} X &= F\cos\alpha \pm G\sin\alpha \\ Y &= G\cos\alpha \mp F\sin\alpha \end{aligned}\right\} \tag{2-2}$$

式中 +——路拱双坡外侧；

-——路拱双坡内侧；

α——路面横向倾角(°)。

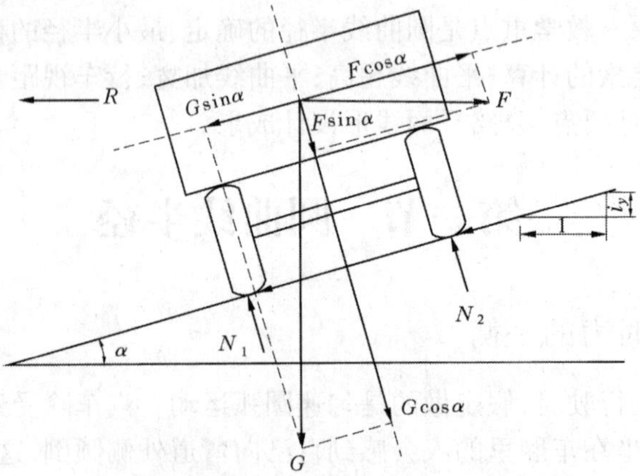

图 2-1 汽车在曲线内侧行驶时力的平衡

由于路面横向倾角通常很小，则取 $\sin\alpha = \tan\alpha = i$，$\cos\alpha \approx 1$，$F\sin\alpha$ 数值很小，略去不计，故：

$$\left.\begin{aligned} X &= F \pm Gi = \frac{G}{127}\frac{V^2}{R} \pm Gi = G\left(\frac{V^2}{127R} \pm i\right) \\ Y &\approx G \end{aligned}\right\} \tag{2-3}$$

横向力 X 和垂向力 Y 是反映汽车稳定性的两个重要因素，横向力是不稳定因素，垂向力是稳定因素。但大小相等的横向力作用在不同的汽车上会有不同的稳定程度，如某一横向力作用在小汽车上，可能会使小汽车翻车，而作用在重型载重汽车上则安然无恙。所以，只用横向力大小不能准确反映汽车的稳定性。为了反映汽车在圆曲线上行驶时的稳定、安全和舒适性，引出了横向力和垂向力的比值，称为横向力系数，它可近似地看做单位车重受到的横向力大小，以μ表示，即：

$$\mu = \frac{X}{Y} \approx \frac{X}{G} \tag{2-4}$$

将式(2-3)代入式(2-4)可得：

$$\mu = \frac{X}{G} = \frac{V^2}{127R} \pm i \tag{2-5}$$

从式(2-5)可知，行车速度愈大，横向力系数就愈大，表明单位车重受到的横向力也愈大，汽车在圆曲线上行驶时的稳定性愈差；而圆曲线半径愈大，横向力系数就愈小，表示汽车在圆曲线上行驶时的稳定性愈好。同时，也可从式(2-5)看出汽车在圆曲线内侧行驶时，重力的分力抵消了部分离心力，可见横向力系数小对汽车的稳定性是有利的。

（三）汽车转弯时横向稳定性分析

当汽车在圆曲线上行驶其不稳定因素剧烈增大时，可能使汽车产生横向滑移或倾覆。

1. 横向滑移稳定性分析

汽车在平曲线上行驶时，横向力的存在，可能使汽车沿横向力的方向产生横向滑移。为了使汽车不产生横向滑移，必须使横向力小于或等于轮胎和路面之间的横向附着力，即：

$$X \leqslant Y\varphi_h \approx G\varphi_h$$

$$\mu = \frac{X}{G} \leqslant \varphi_h \tag{2-6}$$

式中　φ_h——车轮与路面之间的横向附着系数，一般$\varphi_h = (0.6 \sim 0.7)\varphi$，$\varphi$为纵向附着系数。

2. 横向倾覆稳定性分析

汽车在平曲线上行驶时，由于离心力的作用，当横向力增加很大时，横向力可能使汽车绕外侧车轮边缘旋转而产生倾覆的危险。为了使汽车不产生倾覆，就必须使倾覆力矩小于或等于稳定力矩，即：

$$Xh_g \leqslant Y\frac{b}{2}$$

$$\mu = \frac{X}{Y} \approx \frac{X}{G} \leqslant \frac{b}{2h_g} \tag{2-7}$$

式中　b——汽车两后轮中心距，m；

　　　h_g——汽车重心到地面的高度，m。

3. 横向稳定性的保证

由式(2-6)和式(2-7)可知，汽车在平曲线上行驶时的横向稳定性主要取决于横向力系数μ值的大小。现代汽车在设计制造时重心较低，一般$b \approx 2h_g$，即$\frac{b}{2h_g} \approx 1$，而$\varphi_h < 0.5$，所以$\varphi_h < \frac{b}{2h_g}$。因此，当汽车在平曲线上行驶时，在发生横向倾覆之前先发生横向滑移现

象。在道路设计时,应保证汽车不发生横向滑移,同时也保证了横向倾覆的稳定性。只要设计时,采用的μ值满足式(2-6)的条件,一般在满载情况下能够保证横向行车的稳定性。但装载过高时可能发生倾覆现象。

二、圆曲线半径

汽车在圆曲线上行驶时,由于受到离心力的作用其稳定性受到影响,而离心力的大小与圆曲线半径密切相关,半径越小越不利,因此在选择圆曲线半径时应尽可能采用较大的值,只有在地形或其他条件受到限制时才可使用较小的圆曲线半径。

(一)圆曲线半径的计算公式

由式(2-5)可知圆曲线半径计算公式为:

$$R = \frac{V^2}{127(\mu \pm i)} \tag{2-8}$$

式中 V——行车速度,km/h;

μ——横向力系数;

i——路面横坡度,对于双向横坡度的路面,在圆曲线外侧行驶时,式中取“-”值,在圆曲线内侧行驶时,取“+”值,当路面为全超高断面时,取“+”值。

由式(2-8)可知,在指定车速条件下,圆曲线最小半径取决于容许的最大横向力系数和该曲线的超高横坡度值,故应加以讨论。

1. 关于横向力系数的取值

横向力系数的存在对行车产生种种不利影响,μ值越大越不利,表现在以下几个方面。

(1)危及行车安全。汽车能在弯道上稳定行驶的基本前提是轮胎在路面上不滑移,这就要求横向力系数不大于轮胎与路面之间所提供的横向摩阻系数,即:

$$\mu \leqslant f \tag{2-9}$$

f与车速、路面种类及状态、轮胎状态等有关。一般在干燥的路面上f为0.4~0.8;汽车在潮湿的黑色路面上高速行驶时,f降低至0.25~0.40;路面结冰和积雪时,f降到0.2以下;在光滑的冰面上f可降到0.06(不加防滑链)。

(2)增加驾驶操纵的困难。弯道上行驶的汽车,在横向力的作用下,弹性的轮胎会产生横向变形,使轮胎的中间平面与轨迹前进方向形成一个横向偏移角(见图2-2),其存在增加了汽车在方向操纵上的困难,特别是车速较高时。如果横向偏移角超过了5°,一般司机就不易保持驾驶方向的稳定。

(3)增加燃料消耗和轮胎磨损。横向力系数μ使车辆的燃料消耗和轮胎磨损增加,三者关系如表2-1所示。

(4)乘客感觉不舒适。随着μ值的增大,乘车舒适感恶化。据试验,乘客随μ值的变化其心理反应如下:

当$\mu<0.10$时,不感到有曲线存在,很平稳;

当$\mu=0.15$时,稍感到有曲线存在,尚平稳;

当$\mu=0.20$时,已感到有曲线存在,稍感不稳定;

当$\mu=0.35$时,感到有曲线存在,不稳定;

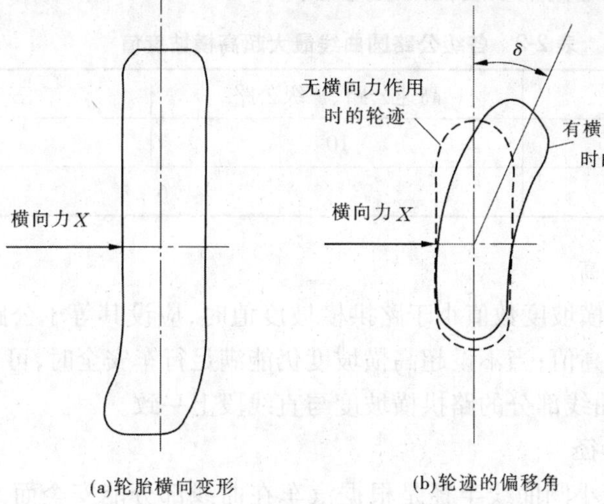

图 2-2　汽车轮胎的横向偏移角

当$\mu \geqslant 0.40$时，非常不稳定，有倾车的危险感。

表 2-1　横向力系数与燃料消耗及轮胎磨损关系

横向力系数μ	燃料消耗(%)	轮胎磨损(%)
0	100	100
0.05	105	160
0.10	110	220
0.15	115	300
0.20	120	390

综上所述，μ值的采用关系到行车的安全、经济、舒适。为计算最小圆曲线半径，应考虑各方面因素采用一个舒适的μ值。研究表明，μ的舒适界限为0.11～0.16，设计中随公路等级、公路所提供的服务水平不同可取不同的数值。

2. 关于超高横坡度的取值

1)最大超高

在车速较高、圆曲线半径较小的情况下，为了平衡离心力需要较大的超高，最大超高横坡度值用$i_{b\max}$表示。但对于慢车，若因故障停在弯道上，其离心力接近于0或等于0，而超高率过大，超出轮胎与路面间的横向摩阻系数，车辆有沿着路面的最大合成坡度下滑的危险，因此必须满足：

$$i_{b\max} \leqslant f_w \tag{2-10}$$

式中　f_w——一年中气候恶劣季节路面的横向摩阻系数。

确定最大超高横坡度$i_{b\max}$除了根据道路的行车速度、圆曲线半径大小和所在地区的气候条件外，还必须考虑给予驾驶者和乘客以心理上的安全感及路容的美观。对于山岭重丘区、城市附近、交叉口及有相当数量非机动车行驶的道路，最大超高值还要比一般道路小些。

《标准》对公路最大超高横坡度值的规定见表 2-2。

表 2-2　各级公路圆曲线最大超高横坡度值　　(%)

公路等级	高速公路、一级公路	二、三、四级公路
一般地区	10	8
积雪冰冻地区	6	

2)最小超高与反超高

当计算路面的超高横坡度数值小于路拱横坡度值时,应设其等于公路直线部分正常路拱横坡的最小单向超高值;当不设超高横坡度仍能满足行车安全时,可设与原路拱横坡度相同的反超高,即圆曲线部分的路拱横坡度与直线段上一致。

(二)圆曲线最小半径

《标准》中规定的最小圆曲线半径是根据汽车在曲线部分能安全而又顺适地行驶条件而确定的。

1. 极限最小半径

在计算极限最小半径时,横向力系数 μ 视设计速度采用 0.10 ~ 0.17,最大超高横坡度 $i_{b\max}$ 视道路的不同环境而定,公路采用 0.10、0.08、0.06,按式(2-8)计算得极限最小半径。《标准》所制定的极限最小半径是考虑了我国的具体情况,并参考国外资料,取适当的 $\mu_{\max}$ 和 $i_{b\max}$,代入式(2-8)计算,将结果取整归纳而得到的,见表 2-3。

表 2-3　各级公路圆曲线最小半径

设计速度(km/h)		120	100	80	60	40	30	20
一般最小半径(m)		1 000	700	400	200	100	65	31
极限最小半径(m)		650	400	250	125	60	30	15
不设超高最小半径(m)	路拱≤2%	5 500	4 000	2 500	1 500	600	350	150
	路拱>2%	7 500	5 250	3 350	1 900	800	450	200

极限最小半径是路线设计中各级公路所能允许的极限值,在特殊困难的条件下不得已才使用,一般不轻易采用。

2. 一般最小半径

为了避免在路线设计时只考虑节约投资,不考虑线形的整体协调和今后提高公路等级而过多采用极限最小半径的片面倾向,《标准》规定了一般最小半径。其一方面考虑了旅客行驶的舒适感,另一方面考虑了在地形比较复杂的情况下不会过多地增加工程量,对 μ 和 $i_{b\max}$ 取值见表 2-4。

在路线设计中,当地形条件允许时,圆曲线半径应尽量大于一般最小半径。

表 2-4　一般最小半径 μ、$i_{b\max}$ 取值

设计速度(km/h)	120	100	80	60	40	30	20
μ	0.05	0.05	0.06	0.06	0.06	0.05	0.05
$i_{b\max}$(%)	6	6	7	8	7	6	6

3. 不设超高最小半径

当路面不设超高时，路拱为双向横坡度，与直线段上的路拱横坡度相同，对于行驶在曲线外侧的车辆来说是反超高。当路线圆曲线半径大于某一定值时，即使汽车在外侧行驶也能获得足够的安全性和舒适性。《标准》规定的不设超高圆曲线最小半径，视路拱横坡度不同，μ 值取 0.035，i 值取 -0.015，代入式(2-8)计算取整得到。

《标准》所规定的圆曲线最小半径如表 2-3 所示。

(三)圆曲线最大半径

从以上的分析可知，选用圆曲线半径越大，离心力越小，行车的舒适度越好，所以在与地形等条件相适应的前提下应尽量采用大半径。但半径大到一定程度时，其几何性质和行车条件与直线无太大区别，容易给驾驶员造成判断上的错误反而带来不良后果，也会无谓地增加计算和测量上的麻烦。所以，圆曲线的最大半径不宜超过 10 000 m。

第二节　圆曲线上的全超高

一、设置超高的原因

当圆曲线半径小于不设超高最小半径时，汽车在圆曲线上行驶时受到的横向力可能使汽车产生滑移或倾覆。为了保证汽车能安全、稳定、舒适地通过圆曲线，必须把路面做成外侧向内侧倾斜的超高横坡度，从而让汽车在圆曲线上行驶时能获得一个向圆曲线内侧的横向分力，来克服离心力。由于从圆曲线起点到圆曲线终点的半径是不变的，当车速一定时，离心力也是不变的，故 i_b 从圆曲线起点至圆曲线终点也是一个定值，这个圆曲线上的超高值，称为该圆曲线的全超高横坡度，见图 2-3。

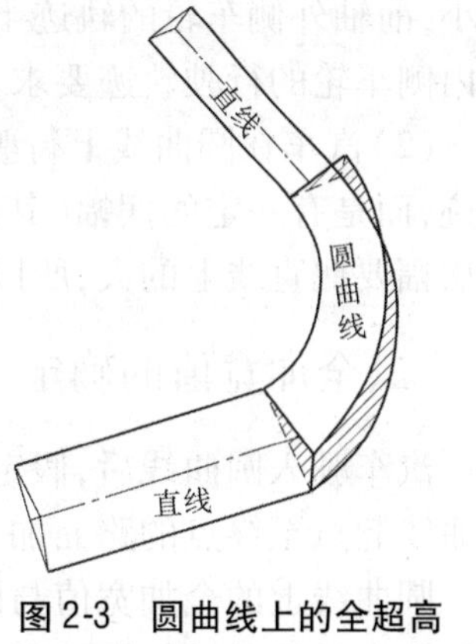

图 2-3　圆曲线上的全超高

二、全超高横坡度的确定

横向力系数的大小与作用在旅客身上的横向力有关。横向力越大，乘客感到越不舒适，所以超高应大一些，以此降低横向力。但由于超高越大，车辆行驶操作越困难，尤其是慢速车或停止在圆曲线上的车辆，有可能产生向内侧滑移的现象，特别是冬季结冰的情况下更有这种可能，所以超高又不宜太大。综合各种因素，《标准》根据公路等级、圆曲线半径、路面类型、交通组成和自然条件等，规定了各级公路圆曲线部分的最大全超高横坡度，见表 2-2。

三、设置全超高的规定和要求

(1)车辆在曲线上行驶时,均受离心力的作用,原则上都应设置全超高。当半径大于不设超高的最小半径时,行车的安全度和舒适性已获得了很大保障,所以《标准》规定,当圆曲线半径大于等于不设超高的最小半径时,可以不设超高。

(2)各级公路圆曲线部分的最小超高横坡度应是该级公路直线部分的路拱横坡度,以利于排水。

(3)当通过市镇或与市镇连接而作为城市街道使用的公路,按表 2-5 设置超高有困难,且该路段对车速有限制时,可按城市道路最大超高值的相关规定设置超高。

(4)在采用极限最小半径时,规定采用表 2-2 的超高横坡度,当半径选在极限最小半径和不设超高的最小半径之间时,应根据不同的半径、不同的公路等级和不同的自然条件,按表 2-5 确定位于圆曲线上的行车道、路肩、加减速车道、中间带和爬坡车道等不同的全超高横坡度。

(5)圆曲线部分设有全超高后,为了使圆曲线和直线之间平顺连接,应设置超高过渡段。

第三节　圆曲线上的全加宽

一、设置加宽的原因

通过对行车状态的观测与行车理论轨迹的分析得知,汽车在弯道上行驶时,需要比直线部分更大的行车道宽度,原因如下:

(1)汽车在圆曲线上行驶时,各个车轮的轨迹半径不等。后轴内侧车轮的轨迹半径最小,前轴外侧车轮的轨迹半径最大。因此,在车道内侧需要更宽一些的路面,以满足后轴内侧车轮的行驶轨迹要求,故需加宽曲线上的行车道。

(2)汽车在圆曲线上行驶时,驾驶员不可能将前轴中心的轨迹操纵得完全符合理论轨迹,而是有一定的摆幅(其摆幅值的大小与实际行车速度有关),汽车在曲线上行驶时的摆幅要比直线上的大,所以需要加宽曲线上的行车道宽度,以利于安全。

二、全加宽值的确定

汽车驶入圆曲线后,假定汽车从圆曲线起点至终点的车轮转向角是保持不变的,那么圆曲线起点至终点的路面加宽值也是定值,该定值称为圆曲线上的全加宽值。

圆曲线上的全加宽值与圆曲线半径、设计车辆的轴距有关,同时还要考虑弯道上行驶车辆摆动及驾驶员的操纵所需的附加宽度,因此圆曲线上的全加宽值由几何需要的加宽和汽车转弯时摆动加宽两部分组成。

(一)几何加宽值的计算

普通汽车一条车道的加宽值可由图 2-4 所示的几何关系求得:

$$b = R - (R_1 + B)$$

表 2-5　圆曲线半径和超高横坡度

超高横坡度(%)	不同公路等级下的圆曲线半径(m)																	
	高速公路、一级公路								二级公路、三级公路、四级公路									
	$V=120$ km/h		$V=100$ km/h		$V=80$ km/h		$V=60$ km/h		$V=80$ km/h		$V=60$ km/h		$V=40$ km/h		$V=30$ km/h		$V=20$ km/h	
	一般情况	积雪冰冻情况	一般情况	积雪冰冻情况	一般情况	积雪冰冻情况	一般情况	积雪冰冻情况	一般情况	积雪冰冻情况	一般情况	积雪冰冻情况	一般情况	积雪冰冻情况	一般情况	积雪冰冻情况	一般情况	积雪冰冻情况
2	<5 500 ~ 3 240	<5 500 ~ 1 940	<4 000 ~ 1 710	<4 000 ~ 1 550	<2 500 ~ 1 240	<2 500 ~ 1 130	<1 500 ~ 810	<1 500 ~ 720	<2 500 ~ 1 210	<2 500 ~ 1 130	<1 500 ~ 780	<1 500 ~ 720	<600 ~ 390	<600 ~ 360	<350 ~ 230	<350 ~ 210	<150 ~ 105	<150 ~ 95
3	<3 240 ~ 2 160	<1 940 ~ 1 290	<1 710 ~ 1 220	<1 550 ~ 1 050	<1 240 ~ 830	<1 130 ~ 750	<810 ~ 570	<720 ~ 460	<1 210 ~ 840	<1 130 ~ 750	<780 ~ 530	<720 ~ 460	<390 ~ 270	<360 ~ 230	<230 ~ 150	<210 ~ 130	<105 ~ 70	<95 ~ 60
4	<2 160 ~ 1 620	<1 290 ~ 970	<1 220 ~ 950	<1 050 ~ 760	<830 ~ 620	<750 ~ 520	<570 ~ 430	<460 ~ 300	<840 ~ 630	<750 ~ 520	<530 ~ 390	<460 ~ 300	<270 ~ 200	<230 ~ 150	<150 ~ 110	<130 ~ 80	<70 ~ 55	<60 ~ 40
5	<1 620 ~ 1 300	<970 ~ 780	<950 ~ 770	<760 ~ 550	<620 ~ 500	<520 ~ 360	<430 ~ 340	<300 ~ 190	<630 ~ 500	<520 ~ 360	<390 ~ 300	<300 ~ 190	<200 ~ 150	<150 ~ 90	<110 ~ 80	<80 ~ 50	<55 ~ 40	<40 ~ 25
6	<1 300 ~ 1 080	<780 ~ 650	<770 ~ 650	<550 ~ 400	<500 ~ 410	<360 ~ 250	<340 ~ 280	<190 ~ 125	<500 ~ 410	<360 ~ 250	<300 ~ 230	<190 ~ 125	<150 ~ 120	<90 ~ 60	<80 ~ 60	<50 ~ 30	<40 ~ 30	<25 ~ 15
7	<1 080 ~ 930	—	<650 ~ 560	—	<410 ~ 350	—	<280 ~ 230	—	<410 ~ 320	—	<230 ~ 170	—	<120 ~ 90	—	<60 ~ 50	—	<30 ~ 20	—
8	<930 ~ 810	—	<560 ~ 500	—	<350 ~ 310	—	<230 ~ 200	—	<320 ~ 250	—	<170 ~ 125	—	<90 ~ 60	—	<50 ~ 30	—	<20 ~ 15	—
9	<810 ~ 720	—	<500 ~ 440	—	<310 ~ 280	—	<200 ~ 160	—	—	—	—	—	—	—	—	—	—	—
10	<720 ~ 656	—	<440 ~ 400	—	<280 ~ 250	—	<160 ~ 125	—	—	—	—	—	—	—	—	—	—	—

而 $$R_1 + B = \sqrt{R^2 - A^2} = R - \frac{A^2}{2R} - \frac{A^4}{8R^3} - \cdots$$

故 $$b = \frac{A^2}{2R} + \frac{A^4}{8R^3} + \cdots$$

上式第二项以后数值极小，可忽略不计，故一条车道的加宽值为：

$$b_{单} = \frac{A^2}{2R} \tag{2-11}$$

式中 A——汽车后轴至前保险杠的距离，m；

R——圆曲线半径，m。

对于有 N 个车道的行车道的加宽值为：

$$b_N = \frac{NA^2}{2R} \tag{2-12}$$

而鞍式列车的加宽值由图 2-5 的几何关系求得：

$$b_1 = \frac{{A_1}^2}{2R}$$

$$b_2 = \frac{{A_2}^2}{2R}$$

式中 b_1——牵引车的加宽值，m；

b_2——拖车的加宽值，m；

A_1——牵引车保险杠至第二轴的距离，m；

A_2——第二轴至拖车最后轴的距离，m。

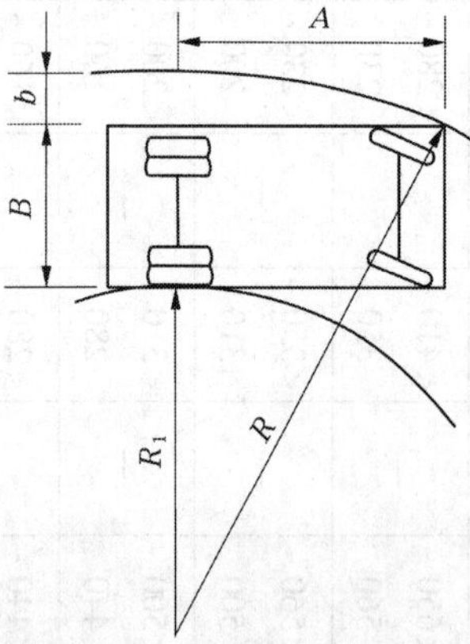

图 2-4 普通汽车的加宽

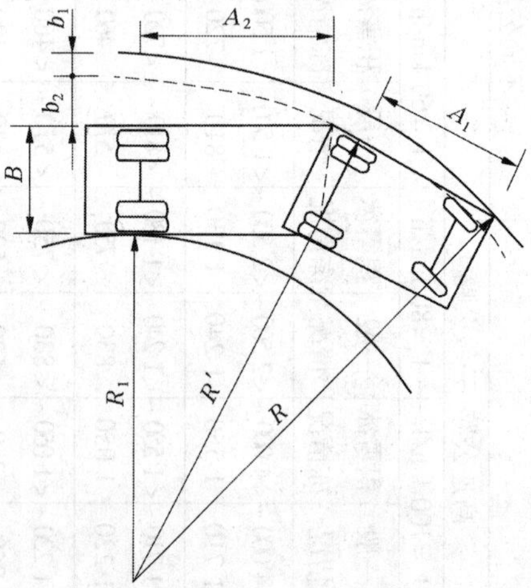

图 2-5 鞍式列车的加宽

由于 $R' = R - b_1$，而 b_1 与 R 相比甚微，可取 $R' = R$，于是鞍式列车的加宽值为：

$$b = b_1 + b_2 = \frac{{A_1}^2 + {A_2}^2}{2R} \tag{2-13}$$

令 $A_1^2 + A_2^2 = NA^2$，式(2-13)可归纳为：

$$b = \frac{NA^2}{2R} \tag{2-14}$$

(二)摆动加宽值

根据实测汽车转弯摆动加宽与车速有关,一个车道的摆动加宽值经验计算公式为:

$$b' = \frac{0.05V}{\sqrt{R}} \tag{2-15}$$

式中 V——汽车转弯时的车速,km/h。

(三)圆曲线上全加宽值

考虑上述几何加宽值和摆动加宽值两项因素,单车道全加宽值为:

$$b_j = b + b' = \frac{A^2}{2R} + \frac{0.05V}{\sqrt{R}} \tag{2-16}$$

多车道全加宽值为:

$$b_j = b + b' = N\left(\frac{A^2}{2R} + \frac{0.05V}{\sqrt{R}}\right) \tag{2-17}$$

三、设置全加宽的规定和要求

(1)当圆曲线半径等于或小于 250 m 时,应设置全加宽,随平面线半径的不同,双车道路面的全加宽值也不同,规定见表 2-6。

表 2-6 公路平曲线全加宽值 (单位:m)

加宽类别	汽车轴距加前悬	不同平曲线半径下的全加宽值								
		250 ~ 200	<200 ~ 150	<150 ~ 100	<100 ~ 70	<70 ~ 50	<50 ~ 30	<30 ~ 25	<25 ~ 20	<20 ~ 15
1	5	0.4	0.6	0.8	1.0	1.2	1.4	1.8	2.2	2.5
2	8	0.6	0.7	0.9	1.2	1.5	2.0			
3	5.2 +8.8	0.8	1.0	1.5	2.0	2.5				

(2)三条及其以上车道构成的行车道,其路面全加宽值应另行计算。单车道公路的路面全加宽值为表 2-6 所列值的一半。

(3)我国根据轴距的不同,将加宽分为三类,其轴距加前悬的长度分别为 5 m、8 m 和(5.2 +8.8)m。四级公路和山岭重丘区的三级公路采用 1 类全加宽值;对不经常通行集装箱运输半挂车的公路,可采用 2 类全加宽值;其余各级公路采用 3 类全加宽值。

(4)全加宽值应设在圆曲线的内侧,各级公路的路面加宽后,路基也应做相应加宽。

(5)四级公路路基采用 6.5 m 以上宽度时,当路面加宽后剩余的路肩宽度不小于 0.5 m 时,则路基可不予加宽;小于 0.5 m 时,则应加宽路基以保证路肩宽度不小于 0.5 m。

(6)对于分道行驶的公路,当圆曲线半径较小时,其内侧车道的加宽值应大于外侧车道的加宽值,设计时应通过计算确定其差值。

(7)圆曲线部分设置全加宽后,为保证顺适连接,应在圆曲线和直线之间设置加宽过渡段。

第四节　缓和段

一、缓和段的种类及其设置原因

缓和段有超高缓和段、加宽缓和段及缓和曲线 3 种。

当圆曲线半径小于不设超高最小半径时，必须设置全超高。汽车从没有超高的双向坡直线段进入设有单向坡全超高的圆曲线上是一个突变，不能顺利行车，从立面来看，这个突变很不美观。所以，在直线和圆曲线之间必须设置缓和段，才能使汽车顺适地从直线驶入圆曲线。这种使汽车平稳地从直线上的双向横坡逐渐过渡到圆曲线上的单向横坡的缓和段，称为超高缓和段。

当圆曲线半径等于或小于 250 m 时，圆曲线部分应设置全加宽。汽车前轮从没有加宽的直线刚进入设有全加宽的圆曲线时，前轮开始转向，后轮立即偏离直线而向内侧移动，因此在直线与圆曲线之间插入一个缓和段，才能使后轮不至于驶出路面；此外，从平面线形看，由直线上没有加宽到圆曲线上的全加宽是一个突变，很不美观；再者，在没有缓和段的情况下，圆曲线上的全加宽也没有充分发挥作用。所以，从直线段到圆曲线之间应插入缓和段，使其逐渐加宽，从而过渡到圆曲线上的全加宽。这种缓和段称为加宽缓和段。

为了更好地改善汽车从直线驶入圆曲线或从圆曲线驶入直线时的行驶条件，缓和段应做成缓和曲线，缓和曲线是较理想的缓和段形式。

当圆曲线半径小于不设超高最小半径时，应设置超高缓和段或缓和曲线；当选用的半径大于不设超高的最小半径但小于 250 m 时，应设置加宽缓和段或缓和曲线。例如，四级公路山岭、重丘区当圆曲线半径大于 150 m 而小于 250 m 的情况。

行车道的超高或加宽应在缓和段或缓和曲线内逐渐过渡到全加宽或全超高。

《标准》规定三级及其以上的公路，为改善行车条件，均应采用缓和曲线，超高缓和段和加宽缓和段只能在四级公路上代替缓和曲线。

二、超高缓和段

（一）超高缓和段的形式

超高缓和段上的超高横坡度从直线上的双向路拱横坡度变化到圆曲线上的全超高横坡度，就是每一个微分横断面上的公路路面随前进方向在逐渐旋转的过程，这就是缓和段上超高横坡度变化的规律。路面旋转取决于路面绕哪一条基线旋转，不同的旋转基线，就有不同的超高缓和段形式。所以，可以根据不同的旋转基线把超高缓和段分成两种情况（无中间带的公路和有中间带的公路）共 6 种形式。

1. 无中间带的公路

1）绕路面未加宽时的内侧边缘线旋转（简称绕内边轴旋转）

绕内边轴旋转是将路面未加宽时的内侧边缘线保留在原来位置不动，如图 2-6（a）所示，这种旋转形式，首先在超高缓和段之前，将两侧路肩的横坡度 i_j 分别同时绕内外侧路面未加宽时的边缘线旋转，使 i_j 逐渐变为路面的双向横坡度 i_G，这一段旋转过程的长度为

L_0，一般取 1 ~2 m，但不计入超高缓和段的长度（因为路面尚未旋转）。这时内外侧的路肩与路面均为双向路面横坡度 i_G，然后将外侧路面（连同外侧路肩）的 i_G，绕中轴旋转的同时向前推进，直至使外侧路面 i_G 逐渐变为内侧路面的 i_G，这时内外侧的路面和路肩均与内侧路面的 i_G 相同，成为 i_G 的单向横坡度，在这一旋转阶段中所需长度为 L_1。最后将内外侧的路面和路肩的单向横坡度 i_G 整体绕路面未加宽时的内侧边缘线旋转的同时向前推进，直至使单向坡 i_G 逐渐变为全超高横坡度 i_b 为止，在这一旋转阶段中，所需长度为 L_2。所以，绕内边轴旋转的超高缓和段全长 $L_c = L_1 + L_2$。

2）绕路面未加宽时的中心线旋转（简称绕中轴旋转）

绕中轴旋转是将未加宽时的路面中心线保留在原来位置不动，如图 2-6（b）所示。这种旋转形式，首先在超高缓和段以前，将两侧路肩的横坡度 i_j 分别同时绕内外侧未加宽时的路面边缘线旋转，使路肩横坡度 i_j 逐渐变为路面的双向横坡度 i_G，这一段旋转过程的长度为 L_0，一般取 1 ~2 m，但不计入超高缓和段的长度（因路面未旋转）。这时内外侧路肩与路面均为双向路面横坡度 i_G，再将外侧路面（连同外侧路肩）i_G 绕中轴旋转的同时向前推进，直至使外侧路面的 i_G 逐渐变为内侧路面的 i_G，成为 i_G 的单向坡，在这一旋转阶段中所需长度为 L_1（L_0 和 L_1 的旋转过程与绕内边轴旋转的形式完全相同）。最后将内外侧的路面和路肩的单向坡 i_G 整体绕中轴继续旋转，同时向前推进，直至使单向坡 i_G 逐渐变为全超高横坡度 i_b 为止，在这一旋转阶段中，所需长度为 L_2。所以，绕中轴旋转的超高缓和段全长 $L_c = L_1 + L_2$。

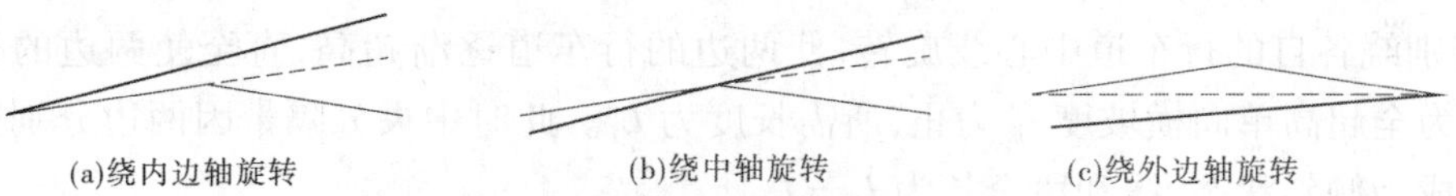

(a)绕内边轴旋转　　(b)绕中轴旋转　　(c)绕外边轴旋转

图 2-6　无中间带道路超高的过渡方式

3）绕路面未加宽时的外侧边缘线旋转（简称绕外边轴旋转）

绕外边轴旋转是将未加宽时的路面外边缘线保留在原来位置不动，如图 2-6（c）所示。这种旋转形式，首先在超高缓和段以前，将两侧路肩横坡度 i_j 分别同时绕内外侧未加宽时的路面边缘线旋转，使路肩横坡度 i_j 逐渐变为路面的双向横坡度 i_G，这一段旋转过程所需的长度为 L_0，一般取 1 ~2 m，但不计入超高缓和段的长度（因路面未旋转）。这时内外侧路肩与路面均为双向路面横坡度 i_G，再将外侧路面（连同外侧路肩）i_G 绕未加宽时的路面外侧边缘线旋转并向前推进，与此同时，内侧车道和路肩随中心线的降低而相应降坡，使外侧路面和路肩的 i_G 与内侧路面和路肩的 i_G 逐渐变成同一单一横坡 i_G，在这一旋转阶段中所需长度为 L_1。最后将内外侧的路面和路肩的单向坡 i_G 整体绕外边轴旋转，同时向前推进，直至使单向坡 i_G 逐渐变为全超高横坡度 i_b 为止，在这一旋转阶段中，所需长度为 L_2。所以，绕外边轴旋转的超高缓和段全长 $L_c = L_1 + L_2$。

2. 有中间带的公路

1）绕中间带的中心线旋转

绕中间带的中心线旋转是将超高前的中间带中心线保留在原来位置不动，如图 2-7

(a)所示。这种旋转形式,首先在超高缓和段之前,将两侧路肩横坡度 i_j 分别同时绕内外侧路面边缘线旋转,使 i_j 逐渐变为内外侧路面的双向横坡度 i_G,所需长度为 L_0,一般取 1 ~2 m,但 L_0 不计在缓和段长度之内。然后将外侧路面的 i_G 绕中间带中心线旋转,待达到与内侧路面构成单向坡 i_G 后,所需长度为 L_1,再将中间带两侧路肩和路面整个断面的 i_G 一起绕中间带中心线旋转,直至使其逐渐变为圆曲线上的全超高单向横坡度 i_b 为止,所需长度为 L_2。此时中央带呈倾斜状,缓和段全长为 $L_c = L_1 + L_2$。

2)绕中央分隔带边缘旋转

绕中央分隔带边缘线旋转是将分隔带保留在原来位置不动,如图 2-7(b)所示。这种旋转形式首先在超高缓和段之前,将两侧路肩横坡度 i_j 分别同时绕内外侧路面边缘线旋转,使 i_j 逐渐变为内外侧路面双向横坡度 i_G,所需长度为 L_0,一般取 1 ~2 m,但 L_0 不计在缓和段长度之内。然后将分隔带两侧路面和路肩的坡度 i_G 做同方向的旋转,使分隔带两侧的路面和路肩逐渐超高,直至成为两个独立的全超高单向横坡度 i_b 为止,所需长度为 L_1。此时中央分隔带呈水平状态,缓和段全长为 $L_c = L_1$。

3)绕各自行车道中心线旋转

绕各自行车道中心线旋转是将超高前中央分隔带两边的行车道中心线保留在原来的位置不动,如图 2-7(c)所示。这种旋转形式,首先在超高缓和段之前,将两侧路肩横坡度 i_j 分别同时绕内外侧路面边缘线旋转,使 i_j 逐渐变为内外侧路面双向横坡度 i_G,所需长度为 L_1,一般取 1 ~2 m,但 L_0 不计入缓和段长度之内。然后将中央分隔带两侧路面和路肩的 i_G 分别绕各自的行车道中心线旋转,使两边的行车道逐渐超高,直至使两边的行车道分别成为全超高单向横坡度 i_b 为止,所需长度为 L_1。此时中央分隔带因两边分别升高或降低而成为倾斜状态,缓和段全长为 $L_c = L_1$。

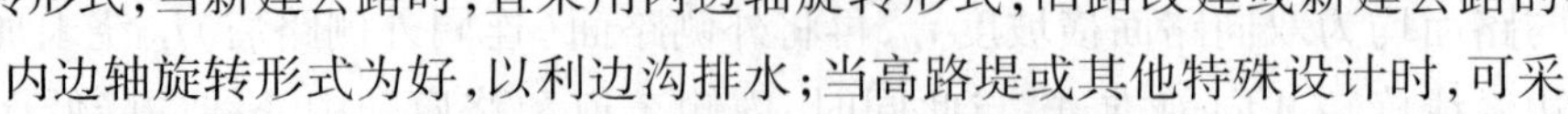

(a)绕中间带的中心线旋线　(b)绕中央分隔带边缘旋转　(c)绕各自行车道中心线旋转

图 2-7　有中间带道路超高的过渡方式

以上两种情况 6 种形式的超高缓和段,一般来说,在无中间带,当旧路改建时,宜采用中轴旋转形式;当新建公路时,宜采用内边轴旋转形式;旧路改建或新建公路的深路堑地段,也以内边轴旋转形式为好,以利边沟排水;当高路堤或其他特殊设计时,可采用外边轴旋转,以节省工程量。有中间带公路,一般采用绕中央分隔带边缘旋转的形式,但大于四车道的公路宜采用绕各自行车道中心线旋转的形式;绕中间带中心线旋转的形式采用较少,只在行车道多时采用。总之,设计时应从有利排水、保证最小填土高度和便于控制构造物的设计标高及节约工程量等因素出发,选择合理的超高缓和段形式。

有中间分隔带的公路,除上述介绍的超高缓和段形式外,也可以将它当做两条独立的公路(即分离式公路),分别处理,这样就和无中间分隔带的公路一样了。所以,本节只介绍无中间带公路超高缓和段,且只讨论常用的内边轴旋转和中轴旋转两种形式。

(二)超高缓和段的长度

1. 确定超高缓和段长度应考虑的因素

公路等级不同,确定超高缓和段长度所考虑的因素也有差异,要求的超高缓和段形式和长度也不同。在确定超高缓和段长度时,应考虑以下因素:

由于在超高缓和段上逐渐超高,引起行车道外侧边缘或内侧边缘的纵坡逐渐增大或减小,使边缘纵坡与原路线设计纵坡不一,这个由于逐渐超高而引起外侧纵坡与路线原设计纵坡的差值称为超高渐变率。在考虑超高缓和段长度时,应将超高渐变率控制在一定的数值范围内。超高渐变率太大,路形不美观,乘客不舒适;超高渐变率太小,纵向排水困难。

超高渐变率的取值要考虑两个方面:一是要控制路面外侧边缘的加高速度或路面内侧边缘的降低速度;二是以路面前进方向为旋转轴的路面旋转角速度不超过一定的限度。后者对驾驶员和乘客舒适程度的影响比前者更大。

2. 超高缓和段长度的计算

为了行车的舒适、路容的美观和排水的通畅,必须设置一定长度的超高缓和段,超高的过渡则是在超高缓和段全长范围内进行的。双车道公路超高缓和段长度按下式计算:

$$L_c = \frac{\beta \Delta i}{p} \tag{2-18}$$

式中 L_c——超高缓和段长度,m;

β——旋转轴至行车道(设路缘带时为路缘带)外侧边缘的宽度,m;

Δi——超高横坡度与路拱横坡度代数差,%;

p——超高渐变率,即旋转轴线与行车道(设路缘带时为路缘带)外侧边缘线之间的相对升降的比率,其值如表 2-7 所示。

表 2-7 超高渐变率 p

设计速度(km/h)	超高旋转位置	
	绕中线旋转	绕边线旋转
120	1/250	1/200
100	1/225	1/175
80	1/200	1/150
60	1/175	1/125
40	1/150	1/100
30	1/125	1/75
20	1/100	1/50

对绕中轴旋转时的超高缓和段长度计算,式(2-18)可表示为:

$$L_c = \frac{\frac{B}{2}(i_b + i_G)}{p} \tag{2-19}$$

对绕边线旋转时的超高缓和段长度计算,式(2-18)可表示为:

$$L_c = \frac{Bi_b}{p} \tag{2-20}$$

式中 B——路面宽度，m；

i_b——最大超高横坡度，%；

i_G——路拱横坡度，%。

在确定超高缓和段长度时，应注意以下几点：

(1)超高缓和段长度应采用 5 m 的整数倍，并不小于 10 m 的长度。

(2)多车道公路的超高缓和段长度，视车道数按式(2-18)计算数值乘以相应系数：旋转轴至行车道边缘的距离为 1.5 倍车道宽时，乘以 1.2；旋转轴至行车道边缘的距离为 2 倍车道宽时，乘以 1.5；旋转轴至行车道边缘的距离为 3 倍车道宽时，乘以 2.0。

(3)超高的过渡应在回旋线全长范围进行，但当超高渐变率过小时，就不能满足排水要求，故超高渐变率不得小于 1/330，且只设在该回旋线的某一区段范围之内。

(三)超高值计算

平曲线上设置超高以后，道路中线、路基内外边缘等计算点与路基设计高程的高差 h_c 称为超高值。计算超高值后可根据路基设计标高计算路基内外缘的设计标高，这些高程是弯道施工的依据，应列于路基设计表中。这些超高计算公式见表 2-8 和表 2-9，并可参看图 2-8。

表 2-8 绕边线旋转超高值计算公式

<table>
<tr><th colspan="2" rowspan="2">超高位置</th><th colspan="2">计算公式</th></tr>
<tr><th>$x \leqslant x_0$</th><th>$x > x_0$</th></tr>
<tr><td rowspan="3">圆曲线上</td><td>外缘 h_c</td><td colspan="2">$b_j i_j + (b_j + B) i_b$</td></tr>
<tr><td>中线 h'_c</td><td colspan="2">$b_j i_j + \frac{B}{2} i_b$</td></tr>
<tr><td>内缘 h''_c</td><td colspan="2">$b_j i_j - (b_j + b) i_b$</td></tr>
<tr><td rowspan="3">过渡段上</td><td>外缘 h_{cx}</td><td colspan="2">$b_j(i_j - i_G) + [b_j i_G + (b_j + B) i_b] \frac{x}{L_c}$（或 $\approx \frac{x}{L_c} h_c$）</td></tr>
<tr><td>中线 h'_{cx}</td><td>$b_j i_j + \frac{B}{2} i_G$</td><td>$b_j i_j + \frac{B}{2} \frac{x}{L_c} i_b$</td></tr>
<tr><td>内缘 h''_{cx}</td><td>$b_j i_j - (b_j + b_x) i_G$</td><td>$b_j i_j - (b_j + b_x) \frac{x}{L_c} i_b$</td></tr>
</table>

注：1. 计算结果均为与设计标高之高差。

2. 临界断面距缓和段起点：$x = \frac{i_G}{i_b} L_c$。

3. x 距离处的加宽值：$b_x = \frac{x}{L_c} b$。

表 2-9　绕中线旋转超高值计算公式

超高位置		计算公式	
		$x \leqslant x_0$	$x > x_0$
圆曲线上	外缘 h_c	$b_j(i_j - i_G) + (b_j + \frac{B}{2})(i_G + i_b)$	
	中线 h'_c	$b_j i_j + \frac{B}{2} i_G$	
	内缘 h''_c	$b_j i_j + \frac{B}{2} i_G - (b_j + \frac{B}{2} + b) i_b$	
过渡段上	外缘 h_{cx}	$b_j(i_j - i_G) + (b_j + \frac{B}{2})(i_G + i_b)\frac{x}{L_c}$（或 $\approx \frac{x}{L_c} h_c$）	
	中线 h'_{cx}	$b_j i_j + \frac{B}{2} i_G$	
	内缘 h''_{cx}	$b_j i_j - (b_j + b_x) i_G$	$b_j i_j + \frac{B}{2} i_G - (b_j \cdot \frac{B}{2} + b_x)\frac{x}{L_c}$

注：1. 计算结果均为与设计标高之高差。

2. 临界断面距缓和段起点：$x_0 = \frac{2i_G}{i_G + i_b} L_c$。

3. x 距离处的加宽值：$b_x = \frac{x}{L_c} b$。

表 2-8、表 2-9 公式中各字母含义如下：B 为路面宽度，m；b_j 为路肩宽度，m；i_G 为路拱横坡度；i_j 为路肩横坡度；i_b 为超高横坡度；L_c 为超高缓和段长度（或缓和曲线长度），m；L_0 为路基横坡度由 i_j 变为 i_G 所需的距离，m，一般可取 1 m；x_0 为与路拱同坡度的单向超高点至超高缓和段起点的距离，m；x 为超高缓和段上任意一点至起点的距离，m；h_c 为路基外缘最大超高值，m；h'_c 为路中线最大抬高值，m；h''_c 为路基内缘最大降低值，m；h_{cx} 为 x 距离处路基外缘抬高值，m；h'_{cx} 为 x 距离处路中线抬高值，m；h''_{cx} 为 x 距离处路基内缘降低值，m；b 为路基加宽值，m；b_x 为 x 距离处路基加宽值，m。

三、加宽缓和段

（一）加宽缓和段长度的确定

为了改善行车条件，三级以上的公路采用缓和曲线的形式是有利的，而四级公路要求较低，可采用超高缓和段或加宽缓和段。

由于加宽缓和段主要考虑平面线形顺适的要求，故其长度一般都小于超高缓和段的长度。所以，当圆曲线部分既有超高又有加宽的时候，缓和段长度应以缓和曲线或超高缓和段长度为准；当圆曲线部分不设超高仅有加宽时，为了使圆曲线上的全加宽顺适地与直线段连接，一般取不小于 10 m 的过渡长度即可，全加宽值增大，则缓和段可略长些，可取 5 m 的整数倍，且应取其渐变率为 1∶15。

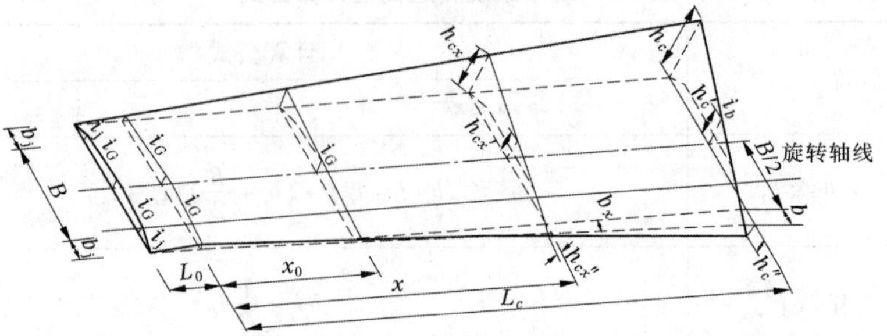

(a)绕内边轴旋转

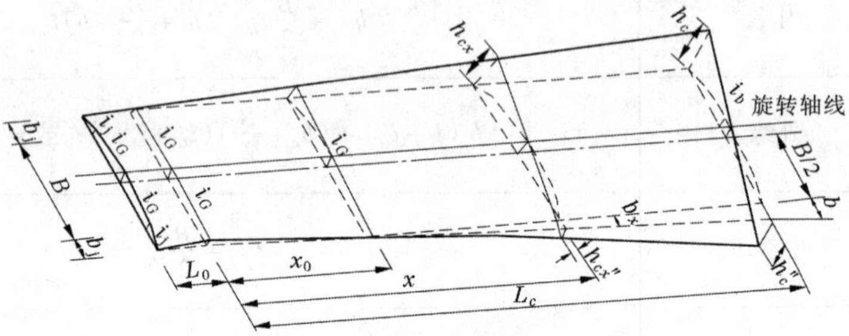

(b)绕中轴旋转

图 2-8 超高过渡方式

(二)加宽的过渡

在加宽缓和段上,路面具有逐渐变化的宽度。加宽过渡的设置根据道路的性质和等级可采用不同的方法。

1. 比例过渡

在加宽缓和段全长范围内,按其长度成比例逐渐加宽,如图 2-9 所示。加宽缓和段内任意点的加宽值为:

$$b_x = \frac{L_x}{L}b \tag{2-21}$$

式中 L_x——任意点距缓和段起点的距离,m;

L——加宽缓和段长度,m;

b——圆曲线上的全加宽值,m。

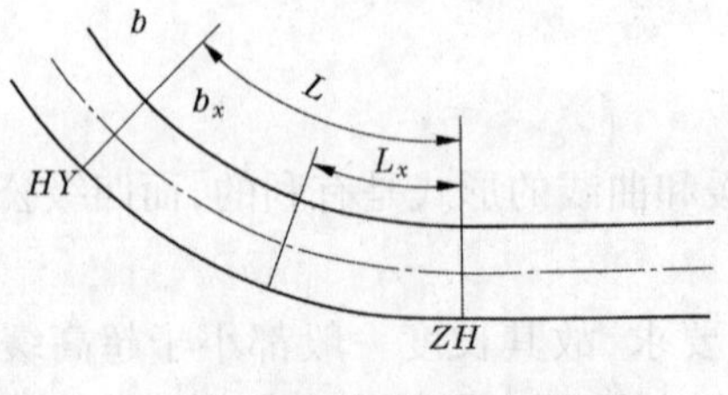

(a)设缓和曲线的弯道比例过渡

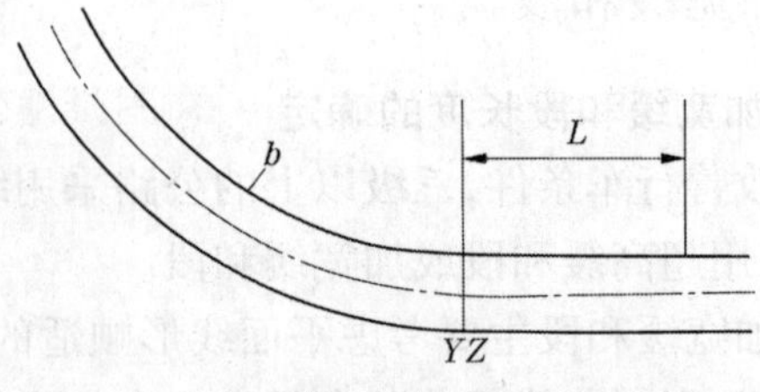

(b)不设缓和曲线的弯道比例过渡

图 2-9 加宽过渡方式

比例过渡简单易做,但加宽以后的路面与内侧的行车轨迹不符,缓和段的起终点出现突变，路容也不美观。这种方法可适用于二、三、四级公路。

2. 高次抛物线过渡

在加宽缓和段上插入一条高次抛物线，抛物线上任意点的加宽值为：

$$b_x = (4k^3 - 3k^4)b \tag{2-22}$$

$$k = \frac{L_x}{L} \tag{2-23}$$

式中符号意义同前。

用这种方法处理以后的路面内侧边缘线圆滑、顺适、美观，适用于高速、一级公路以及对路容有较高要求的二级公路。

3. 回旋线过渡

在缓和段上插入回旋线，这样不但中线上有回旋线，而且加宽以后的路面边线也是回旋线，与行车轨迹相符，保证了行车的顺适与线形的美观。

此种过渡方法适用于高速、一级公路及对路容有要求的二级公路的下列路段：

(1) 位于大城市近郊的路段；

(2) 桥梁、高架桥、挡土墙、隧道等构造物处；

(3) 设置安全防护设施的地段。

4. 插入二次抛物线过渡

对于设有缓和曲线的公路，弯道按比例过渡处理后的加宽缓和段起终点曲率并不连续。为了弥补这一缺陷，可以在 *ZH* 点和 *HY* 点处各插入一条二次抛物线。插入以后，缓和段长度有所增加，路容有所改观。

该种过渡方法适用于高等级公路或大城市郊区、桥梁、高架桥、挡土墙、隧道、构造物以及设置各种安全防护设施等路段。

此外还有很多方法可以进行加宽过渡，在这里不一一介绍。在上述的各种方法中，对于高等级公路和人工构造物的地段应尽量采用有利于线形的方法，一般道路上宜优先考虑采用线形有利的加宽过渡方法。

（三）超高加宽缓和段的规定和要求

(1) 四级公路不设缓和曲线而采用超高或加宽缓和段时，应将超高或加宽缓和段设在紧接圆曲线起点、终点的直线上。在困难地段上，允许将超高、加宽缓和段的一部分插入曲线，但插入曲线内的长度不得超过超高、加宽缓和段长度的一半。

(2) 不同半径的同向圆曲线径相连接构成的复曲线，其超高、加宽缓和段一般对称地设在衔接处的两侧。

(3) 超高缓和段和加宽缓和段同时存在时，加宽缓和段长度应采用超高缓和段长度，超高和加宽同时在该长度内完成。

(4) 超高缓和段或加宽缓和段长度不得小于 10 m。

第五节　缓和曲线

一、设置缓和曲线的目的

(一)有利于驾驶员操纵方向盘

汽车从直线驶入圆曲线时,即从无限大的半径到一个定值的半径,或从大半径圆曲线驶入小半径曲线时,从汽车前轮转向角逐渐变化的必要性来看,其中间需要插入一个逐渐变化的缓和曲线,才能保持车速不变而使汽车前轮的转向角从 0 至 β 逐渐转向,从而有利于驾驶员操纵方向盘。

(二)消除离心力的突变

为了车辆能安全、迅速、平稳、舒适地从没有离心力的直线逐渐驶入到离心力为 F 的圆曲线,或从离心力小的大半径圆曲线逐渐驶入到离心力大的小半径圆曲线,消除离心力的突变,并使离心加速度的变化率控制在一定数值内,其中间也应插入缓和曲线。

(三)完成超高和加宽的过渡

行车道从直线上的双坡断面过渡到圆曲线上的单坡断面和由直线上的正常宽度过渡到圆曲线上的加宽宽度,一般情况下是在缓和曲线内完成的。为了避免车辆在这一过渡行驶中急剧地左右摇摆,并要保证路容的美观,设置一定长度的缓和曲线也是必要的。

(四)增加线形的美观

圆曲线与直线径相连接时,在连接处曲率突变,在视觉上有不平顺的感觉。设置缓和曲线后,线形连续圆滑,增加线形美观。

二、缓和曲线的线形选择

(一)汽车转向行驶的理论轨迹

当汽车逐渐由直线驶入圆曲线时,为方便讨论作两个假设:一是汽车做匀速行驶,即汽车从半径 ρ 为∞过渡到半径 ρ 为 R 时,汽车以等速通过距离 s,所需时间为 t;二是驾驶员操纵方向盘做等角速度转动,即汽车的前轮转向角由直线上的 0 均匀地增加到圆曲线上定值 β。图 2-10 表示汽车从开始转动方向盘到行驶 t 秒后汽车的行驶轨迹,如果汽车方向盘仅转动 φ,则前轮只变化方向 ϕ,ϕ 与 φ 的关系为:

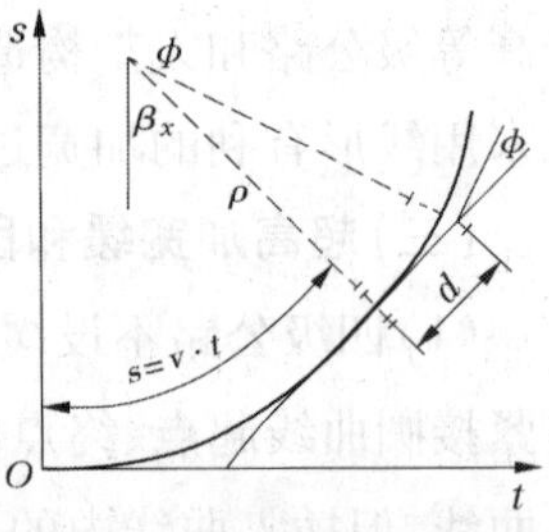

图 2-10　汽车转向行驶轨迹

$$\phi = k\varphi \tag{2-24}$$

$$\varphi = \omega t \tag{2-25}$$

式中　k——系数,小于 1;

φ——方向盘的转动角度,rad;

t——行驶时间,s;

ω——方向盘转动的角速度,rad/s。

由式(2-24)及式(2-25)得:

$$\phi = k\omega t \tag{2-26}$$

假定汽车前后轮之间的距离为 d,当前轮只转向 ϕ 角度时,汽车行驶轨迹线的半径为:

$$\rho = \frac{d}{\tan\phi} \tag{2-27}$$

因为 d 很小,d 所对应的圆心角也很小,所以 $\phi \approx 0$,$\tan\phi \approx \phi$,则有:

$$\rho = \frac{d}{\phi} = \frac{d}{k\omega t} = \frac{d}{k\omega}\frac{v}{s} \tag{2-28}$$

即

$$s = \frac{d}{k\omega}\frac{v}{\rho} = \frac{1}{\rho}\frac{d}{k\omega}v \tag{2-29}$$

因 d、k、ω、v 均为常数,令 $A^2 = \frac{d}{k\omega}v$,可得:

$$s = \frac{A^2}{\rho} \tag{2-30}$$

式中 s——汽车从曲线起点行驶时间 t 至所求任一点的距离,m;

A——参数,为常数,因 s 与 ρ 的乘积为二次量纲,故设为 A^2 值;

ρ——曲线上所求点处的曲率半径,m。

式(2-30)为汽车转弯时的理论轨迹方程,故可以得出两个结论:一是曲线上任意一点的曲率半径 ρ 与该点至曲线起点的距离 s 成反比;二是参数 A 对某一曲线来讲是一个参数,但对整个道路线形而言,实质是一个放大倍数,R 确定圆的大小,A 则确定了缓和曲线曲率变化的缓急。

(二)缓和曲线的线形选择

由上述的分析可知,汽车转弯时曲线上任意一点的曲率半径与该点至曲线起点距离成反比。数学上满足这一几何特性的曲线有很多,如回旋曲线、双纽曲线、正弦曲线、多圆弧曲线、样条曲线、高次抛物线等,如图 2-11 所示。

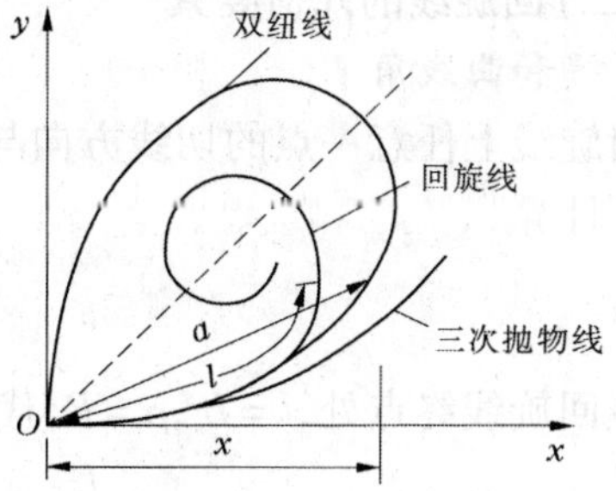

图 2-11 回旋线、双纽线和抛物线图

在诸多曲线中,由于回旋曲线与汽车由直线驶入圆曲线的轨迹完全相符,而且计算简便,因此《标准》规定:当圆曲线的半径小于不设超高最小半径时,应设缓和曲线;四级公路的直线与圆曲线直接连接,可不设缓和曲线,且道路缓和曲线采用回旋曲线。

数学上回旋线的定义是指曲率随曲线长度成正比例增大的曲线,其数学表达式为:

$$\rho l = A^2 \tag{2-31}$$

式中 l——回旋线上任意一点到回旋线起点的距离,m。

在回旋线上的任意一点,ρ 随 l 的变化而变化,但在缓和曲线的终点处,$l = L_s$,$\rho = R$,则式(2-31)可写成:

$$RL_s = A^2 \tag{2-32}$$

则参数

$$A = \sqrt{RL_s} \tag{2-33}$$

式中 R——回旋线所连接的圆曲线半径，m；

L_s——缓和曲线长度，m。

三、回旋线作为缓和曲线的数学计算

（一）回旋线的数学表达式

在回旋线上任意点取微分单元，见图 2-12，经微分、积分，并用级数展开整理即可得出参数 ρ 和 l 表示的回旋线直角坐标方程为：

$$x = l - \frac{l^3}{40\rho^2} + \frac{l^5}{3\,456\rho^4} - \cdots \tag{2-34}$$

$$y = \frac{l^2}{6\rho} - \frac{l^4}{336\rho^3} + \frac{l^6}{42\,240\rho^5} - \cdots \tag{2-35}$$

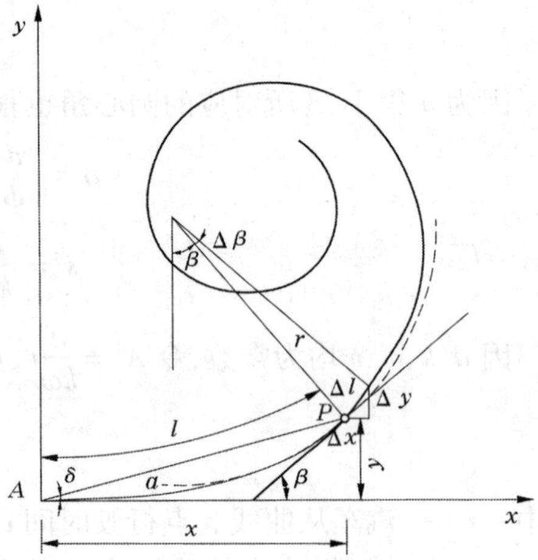

图 2-12 回旋曲线图

在回旋线终点处，$l = L_s, \rho = R$，则有：

$$x = L_s - \frac{{L_s}^3}{40R^2} + \frac{{L_s}^5}{3\,456R^4} - \cdots \tag{2-36}$$

$$y = \frac{{L_s}^2}{6R} - \frac{{L_s}^4}{336R^3} + \frac{{L_s}^6}{42\,240R^5} - \cdots \tag{2-37}$$

上述长度单位均以 m 计。

（二）回旋线的几何要素

1. 缓和曲线角

回旋线上任意一点的切线方向与 x 轴的夹角，称为缓和曲线角，用 β 表示，可通过下式进行计算：

$$\beta = \frac{l}{2\rho} \ (\mathrm{rad}) \tag{2-38}$$

在回旋线终点处，$l = L_s, \rho = R$，代入式(2-38)，则得缓和曲线角为：

$$\beta_0 = \frac{L_s}{2R} \ (\mathrm{rad}) = 28.647\,9\frac{L_s}{R} \ (^\circ) \tag{2-39}$$

2. 有缓和曲线的道路平曲线要素

如图 2-13 所示，在单圆曲线与直线连接两端，分别加入一段参数 A 相同的缓和曲线，即构成对称基本型平曲线，该平面线形三要素的基本组成是：直线—回旋线—圆曲线—回旋线—直线。其几何要素的计算公式如下：

$$p = \frac{L_s^2}{24R} - \frac{L_s^4}{2\,384R^3} \tag{2-40}$$

$$q = \frac{L_s}{2} - \frac{L_s^3}{240R^2} \tag{2-41}$$

$$\beta_0 = 28.647\,9\frac{L_s}{R} \tag{2-42}$$

$$T = (R + p)\tan\frac{\alpha}{2} + q \tag{2-43}$$

$$L = (\alpha - 2\beta_0)\frac{\pi}{180}R + 2L_s \tag{2-44}$$

$$E = (R + p)\sec\frac{\alpha}{2} - R \tag{2-45}$$

$$J = 2T - L \tag{2-46}$$

式中 p——缓和曲线内移值,m;

q——缓和曲线切线增长值,m;

β_0——缓和曲线终点处的缓和曲线角(°);

T——切线长,m;

L——曲线长,m;

E——外距,m;

J——校正值,m;

R——圆曲线半径;

L_s——缓和曲线长度;

α——路线转角。

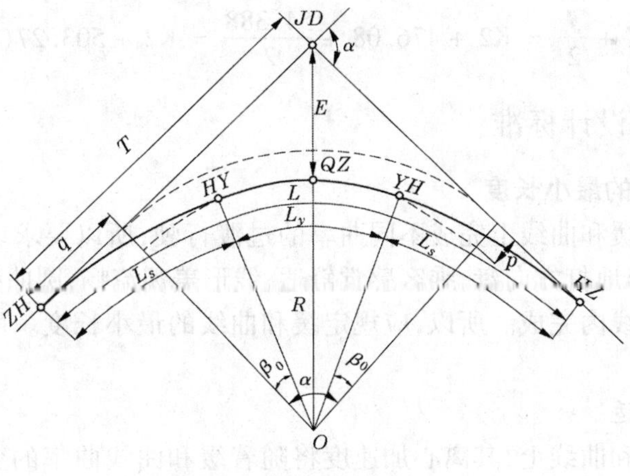

图 2-13 对称基本型平曲线

(三)有缓和曲线的道路平曲线计算示例

【例 2-1】 某平原丘陵地区二级公路有一弯道,其平曲线半径 $R = 200$ m,交点的桩号为 K2 +503. 27,偏角 $\alpha = 78°53'21''$,缓和曲线长度 $L_s = 45$ m,试计算平曲线要素及曲线主点里程桩号。

解:(1)平曲线要素计算:

$$p = \frac{L_s^2}{24R} - \frac{L_s^4}{2\ 384R^3} = \frac{45^2}{24 \times 200} - \frac{45^4}{2\ 384 \times 200^3} = 0.422(\text{m})$$

$$q = \frac{L_s}{2} - \frac{L_s{}^3}{240R^2} = \frac{45}{2} - \frac{45^3}{240 \times 200^2} = 22.491(\text{m})$$

$$\beta_0 = 28.647\,9\frac{L_s}{R} = 28.647\,9 \times \frac{45}{200} = 6.446° = 6°26'46''$$

$$T = (R+p)\tan\frac{\alpha}{2} + q = (200+0.422)\tan\frac{78.889°}{2} + 22.491 = 187.381(\mathrm{m})$$

$$L = (\alpha - 2\beta_0)\frac{\pi}{180}R + 2L_s = (78.889 - 2\times 6.446)\frac{\pi}{180}\times 200 + 2\times 45 = 320.374(\mathrm{m})$$

$$L_y = (\alpha - 2\beta_0)\frac{\pi}{180}R = (78.889 - 2\times 6.446)\frac{\pi}{180}\times 200 = 230.374(\mathrm{m})$$

$$E = (R+p)\sec\frac{\alpha}{2} - R = (200+0.422)\sec\frac{78.889°}{2} - 200 = 59.533(\mathrm{m})$$

$$J = 2T - L = 2\times 187.381 - 320.374 = 54.388(\mathrm{m})$$

(2)主点里程桩号计算：

$$ZH = JD - T = \mathrm{K2} + 503.27 - 187.381 = \mathrm{K2} + 315.89$$

$$HY = ZH + L_s = \mathrm{K2} + 315.89 + 45 = \mathrm{K2} + 360.89$$

$$YH = HY + L_y = \mathrm{K2} + 360.89 + 230.374 = \mathrm{K2} + 591.27$$

$$HZ = YH + L_s = \mathrm{K2} + 591.27 + 45 = \mathrm{K2} + 636.27$$

$$QZ = HZ - \frac{L}{2} = \mathrm{K2} + 636.27 - \frac{320.374}{2} = \mathrm{K2} + 476.08$$

$$JD' = QZ + \frac{J}{2} = \mathrm{K2} + 476.08 + \frac{54.388}{2} = \mathrm{K2} + 503.27\text{(校核无误)}$$

四、缓和曲线设计标准

(一)缓和曲线的最小长度

由于车辆要在缓和曲线上完成不同曲率的过渡行驶，所以要求缓和曲线有足够的长度，以使司机能从容地打方向盘，乘客感觉舒适，线形美观流畅，圆曲线上的超高和加宽的过渡也能在缓和曲线内完成。所以，应规定缓和曲线的最小长度。可从以下几个方面考虑：

1.旅客感觉舒适

汽车行驶在缓和曲线上，其离心加速度将随着缓和曲线曲率的变化而变化。如果变化太快，将使旅客有不舒适的感觉，为了保证乘客乘车的舒适性，需要控制离心力的变化率。

在缓和曲线起点处：$\rho = \infty$，$a_1 = 0$

在缓和曲线终点处：$\rho = R$，$a_2 = \frac{v^2}{R}$

如果设汽车从缓和曲线起点行驶至终点的行驶时间为 t，则：

$$t = \frac{L_s}{v} \tag{2-47}$$

离心加速度变化率为：

$$a_s = \frac{\Delta a}{t} = \frac{a_2 - a_1}{t} = \frac{v^3}{RL_s} = \frac{0.021\,4V^3}{RL_s} \tag{2-48}$$

式中　a_s——离心加速度变化率，m/s^3；

V——设计速度，km/h；

v——设计速度，m/s；

R——圆曲线半径，m；

Δa——离心加速度的变化值，m/s^2；

t——汽车在缓和曲线上的行驶时间，s。

在确定缓和曲线的最小长度时，我国公路设计离心加速度变化率取 0.6 m/s^3，则有：

$$L_s = 0.036\frac{V^3}{R} \tag{2-49}$$

2. 超高渐变率适中

由于在缓和曲线上设置了超高缓和段，如果缓和段太短则会因路面横坡急剧地由双坡变为单坡而形成一个扭曲的面，对行车和路容均不利。

在超高过渡段上，路面外侧逐渐抬高，从而形成一个"附加坡度"，当圆曲线的超高值一定时，这个附加坡度就取决于缓和段长。附加坡度，或称超高渐变率，太大或太小都不太好，太大对行车不利，太小对排水不利。《公路路线设计规范》(JTG D30—2004)(以下简称《规范》)规定了适中的超高渐变率，由此可计算出缓和段的最小长度，其公式为：

$$L_{s\min} = \frac{\beta\Delta i}{p} \tag{2-50}$$

3. 行驶时间不过短

缓和曲线不管其参数如何，都不可使车辆在缓和曲线上的行驶时间过短，而使司机驾驶操纵过于匆忙。一般认为汽车在缓和曲线上的行驶时间至少应有 3 s，则缓和曲线最小长度为：

$$L_{s\min} = \frac{V}{1.2} \tag{2-51}$$

4. 视觉条件良好

从回旋线起点至终点形成的方向变位最好是 β 在 3° ~ 29°之间，即$\frac{R}{3} \leqslant A \leqslant R$。根据实践研究而得：$\beta = \frac{A^2}{2R^2}$，则 $A = \sqrt{2\beta} \times R$。

当 $\beta = 3° = 0.0556$ rad 时，$A = \sqrt{2 \times 0.0556} \times R \approx \frac{R}{3}$，$L = \frac{A^2}{R} = \frac{R}{9}$。

当 $\beta = 29° = 0.5$ rad 时，$A = \sqrt{2 \times 0.5} \times R = R$，$L = \frac{A^2}{R} = R$，则$\frac{R}{9} \leqslant L_s \leqslant R$。

按上述四点要求，计算缓和曲线长度的公式与行车速度关系较大，与半径关系则有差异，其中 2、3 两点与半径无关；1、4 两点则计算的结果相反。我国《标准》规定按行车速度来求缓和曲线的最小长度，同时考虑了行车时间和行车道外侧超高变化率的要求。因此，在相同设计速度的道路上，不论曲线半径大小如何都可采用同一个缓和曲线长度。

综合考虑上述四种情况，各级公路规定的缓和曲线最小长度见表 2-10。选用缓和曲线长度时取用 5 m 的整倍数。

表 2-10　缓和曲线最小长度

设计速度(km/h)	120	100	80	60	40	30	20
缓和曲线最小长度(m)	100	85	70	50	35	25	20

(二)回旋曲线参数的确定

上述讨论的缓和曲线长度,是条件受限制时的最小长度。在一般情况下,车速较高时,应该使用更长的缓和曲线。而现代道路的缓和曲线广泛采用的是回旋线,回旋线的基本公式是以参数形式表达的($RL_s = A^2$),对其参数的最小允许值应作出规定。

(1)若按离心加速度的变化率来确定回旋线的最小参数,则有:

$$a_s = \frac{0.021\,4V^3}{RL_s} = \frac{0.021\,4V^3}{A^2} \tag{2-52}$$

$$A = \sqrt{\frac{0.021\,4V^3}{a_s}} \tag{2-53}$$

若限定离心加速度的变化率 a_s,则可按式(2-53)求出最小参数 $A_{\min}$。

(2)若按车辆在缓和曲线上的行驶时间不过短、超高变化率适中等条件,同样可以得出回旋线的最小参数。

(3)若按视觉美观来推导参数 A,经研究发现,缓和曲线角在 3°~29°之间时,缓和曲线和圆曲线才能很好地协调。由回旋线的缓和曲线角计算公式 $\beta_0 = 28.647\,9\,\frac{L_s}{R}$ 可知:

$$L_s = \frac{R\beta_0}{28.647\,9} \tag{2-54}$$

而

$$A = \sqrt{RL_s} = R\sqrt{\frac{\beta_0}{28.647\,9}} \tag{2-55}$$

在回旋线终点,$\beta = \beta_0$,将 $\beta_0 = 3°$ 和 $\beta_0 = 29°$ 分别代入式(2-55)可得:

$$\frac{R}{3} \leqslant A \leqslant R \tag{2-56}$$

不过上述关系只适用于 R 在某范围内。经验证明:当 R 在 100 m 左右时,通常取 $A = R$,如果 R 小于 100 m,则选择 $A \geqslant R$;反之,在 R 较大或接近 3 000 m 时,取 $A = \frac{R}{3}$,若 R 大于3 000 m,则取 $A < \frac{R}{3}$,如图 2-14 所示。当然,缓和曲线长度和回旋线参数的确定还必须考虑到地形、排水和中间所夹圆曲线长度等因素。当限制较严时,方可选用极限值。

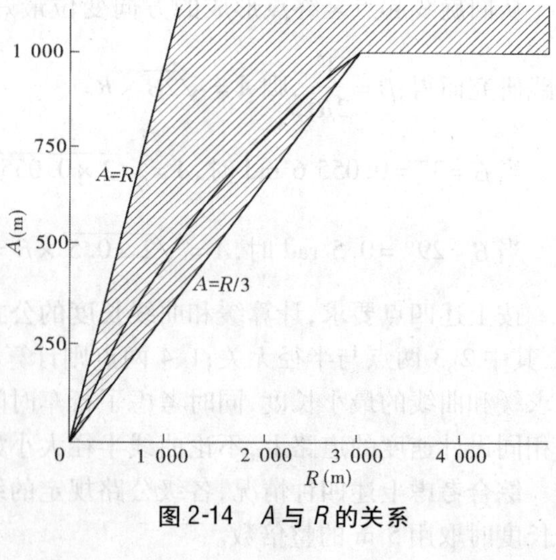

图 2-14　A 与 R 的关系

(三)缓和曲线的省略

在直线和圆曲线之间设置缓和曲线后,圆曲线产生了内移值 p,在 L_s 一定的情况下，p 与圆曲线半径成反比，当 R 增大到一定程度时，p 值甚微，即使直线与圆曲线径相连接，汽车也能完成缓和曲线的行驶，因为在路面的富余宽度中已经包含了这个内移值。所以，《规范》规定，在下列情况下可不设回旋线。

1. 直线和圆曲线之间缓和曲线的省略

当圆曲线半径大于或等于表 2-3 所列“不设超高最小半径”时，四级公路可将直线与圆曲线直接连接，在圆曲线的起、终点设超高、加宽缓和段。

2. 半径不同的圆曲线之间缓和曲线的省略

（1）半径不同的同向圆曲线间，当小圆半径大于或等于“不设超高最小半径”时。

（2）小圆半径大于表 2-11 中所列半径，且符合下列条件之一时：①小圆曲线按规定设置相当于最小回旋线长的回旋线时，其大圆与小圆的内移值之差不超过 0.10 m；②设计速度≥80 km/h 时，大圆半径 R_1 与小圆半径 R_2 之比小于 1.5；③设计速度＜80 km/h 时，大圆半径 R_1 与小圆半径 R_2 之比小于 2。

表 2-11　复曲线中的小圆临界曲线半径

设计速度（km/h）	120	100	80	60	40	30
临界曲线半径（m）	2 100	1 500	900	500	250	130

第六节　平曲线最小长度

平曲线包括缓和曲线和圆曲线，不设缓和曲线的平曲线只有圆曲线，超高、加宽缓和段不计入平曲线内。除四级公路的各级公路一般都应有缓和曲线及圆曲线。而缓和曲线是插入圆曲线内的，所以圆曲线长度必须满足能设置缓和曲线的要求。

当圆曲线半径很大时，虽然比较短的圆曲线也能满足离心加速度的要求，但是如果此时公路偏角较小，驾驶员会把曲线长度误以为比实际的短，认为圆曲线半径也很小，因而降低车速。那么，驾驶员若来不及降速或不想降低车速，势必增加行车转弯半径而侵入其他车道，由此造成车祸。所以，平曲线的最小长度应考虑下列因素而定。

一、不使驾驶员操纵方向盘时感到困难

同缓和曲线一样，平曲线最小长度 L 也应不使驾驶员操纵方向盘时感到困难。设平曲线长度为 L，车速以 v 等速前进，汽车通过 L 时，操纵不感到困难的时间为 t，则：

$$L \geqslant vt \tag{2-57}$$

即

$$L \geqslant \frac{Vt}{3.6} \tag{2-58}$$

式中　L——平曲线最小长度，m；

V——设计速度，km/h；

t——操纵方向盘不感到困难所需的时间，s，一般取用 6 s，这样平曲线长度大于缓和曲线最小长度的 2 倍。

现将平曲线长度的一般值和最小值列于表 2-12，当受地形条件和其他特殊情况限制时，可采用最小值。

表 2-12　平曲线长度

设计速度(km/h)	120	100	80	60	40	30	20
一般值(m)	1 000	850	700	500	350	250	200
最小值(m)	200	170	140	100	70	50	40

二、离心加速度的变化率不应超过某定值

经验表明,乘客感到不舒服的离心加速度变化率为大于 0.6 m/s^3,而表 2-3 规定的一般最小半径的离心加速度变化率都在 0.5 m/s^3 以下,所以乘客在不设缓和曲线的单曲线上也会感到比较舒服。极限最小半径的离心加速度变化率虽然大于 0.6 m/s^3,但是因设置超高后对离心加速度变化率有很大缓和,所以离心加速度变化率不超过乘客感到舒适的极限定值(0.6 m/s^3)是容易达到要求的。

三、转角小时要防止把曲线半径误认为比实际的小

当路线交点转角非常小时,驾驶员在高速行车时会把平曲线长度看得比实际的小,产生急转弯的错觉,转角越小这种错觉倾向越明显。所以,要采用比较长的平曲线,使驾驶员产生公路是顺适转弯的感觉。在转角小的曲线部分,圆曲线的外距必须大于某一数值。

一般认为,当路线转角小于等于 7°时,属于小偏角范畴,容易产生错觉。对小偏角的弯道应设置较长的平曲线,其长度应大于表 2-13 中规定的一般值,但受地形或其他特殊情况制约时,可减短至表 2-13 中的最小值。

表 2-13　公路转角 θ 小于等于 7°时的平曲线长度

设计速度(km/h)	120	100	80	60	40	30	20
一般值(m)	1 400/θ	1 200/θ	1 000/θ	700/θ	500/θ	350/θ	280/θ
最小值(m)	200	170	140	100	70	50	40

总之,平曲线在一般情况下,应具有设置缓和曲线和圆曲线的足够长度,平曲线最小长度应大于缓和曲线长度的 2 倍。

第七节　行车视距

为了确保行车安全,驾驶员应能随时看到汽车前面相当远的一段路程,一旦发现有障碍物或迎面来车,能及时采取措施,避免相撞,这一必需的最短距离即为行车视距。行车视距是否充分,直接关系到行车的安全与速度,它是道路使用质量的重要指标之一。在道路平面上的暗弯(处于挖方路段的弯道和内侧有障碍物的弯道)、纵断面上的凸型竖曲线以及下穿式立体交叉的凹型竖曲线上都有可能存在视距不足的问题,如图 2-15 所示。

视距的几何标定,对小客车而言,从内侧车辆行车轨迹线上 1.2 m 的高度(按设计车型为小客车时驾驶员的眼睛高度位置),看到该车辆行车轨迹线上高为 0.1 m(按设计车型底盘高度控制)的物体顶点的距离;对载重汽车而言,按目高取 2.0 m、物高取 0.1 m 进行计算。行车轨迹线一般取弯道内侧车道路面边缘(不包括加宽)加 1.5 m。值得注意的

是，视距是沿该车道轨迹线量得的曲线距离，而视线是司机看到前方障碍物的方向，是一条直线，两者不可混淆。

驾驶员发现障碍物或迎面来车，根据其采取措施的不同，行车视距可分为停车视距、会车视距、超车视距、错车视距及避让障碍物视距等。

下面就停车、会车、超车所需要的视距分别进行讨论。

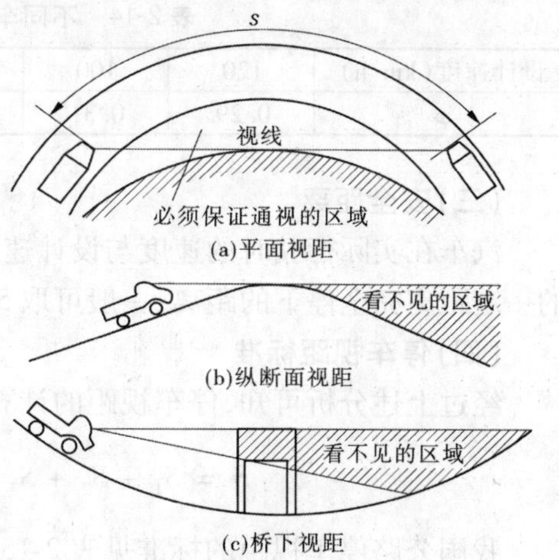

图 2-15　影响行车视距的地点

一、停车视距

停车视距是指从驾驶员发现前方有障碍物到汽车在障碍物前停住所需要的最短距离。停车视距可分解为反应距离 S_1 和制动距离 S_2 两部分来研究。同时，实际行车速度与设计速度有所差异，故用安全距离 S_3 来保证车辆在障碍物前安全停车。因此，总的停车视距为：

$$S = S_1 + S_2 + S_3 \tag{2-59}$$

（一）反应距离

反应距离是指当驾驶员发现前方有障碍物时，经过判断决定采取制动措施的那一瞬间起到制动器真正开始起作用的那一瞬间，汽车所行驶的距离。在这段时间内，也可分为感觉时间和反应时间，并可用试验测定。感觉时间在很大程度上取决于物体的外形、颜色、司机的视力和机敏度以及大气的可见度等。在高速行车时的感觉时间要比低速时短一些，这是由于高速行驶时警惕性会更高。根据测定的资料，设计上采用的感觉时间为 1.5 s，制动反应时间取 1.0 s 是比较适当的。感觉和制动反应的总时间 $t = 2.5$ s，在这个时间内汽车行驶的距离为：

$$S_1 = \frac{V}{3.6}t \tag{2-60}$$

（二）制动距离

制动距离是指汽车从制动生效到汽车完全停住，这段时间内汽车所走过的距离。汽车在刹车制动过程中受到的阻力有迎风面的空气阻力、弹性轮胎变形引起的滚动阻力、上下坡车辆自重引起的坡度阻力和路面对车辆的摩阻力。略去影响较小的空气阻力、滚动阻力，考虑坡度阻力和路面阻力等因素，根据功能守恒定律则有：

$$S_2 = \frac{V_1^2}{254(\varphi \pm i)} \tag{2-61}$$

式中　S_2——制动距离，m；

V_1——制动初速度，当设计速度为 120 ~ 80 km/h 时，取其 85%，当设计速度为 60 ~ 40 km/h时，取其 90%，当设计速度为 30 ~ 20 km/h，取其 100%；

i——路线纵坡值，上坡为“+”，下坡为“-”；

φ——路面与轮胎之间的纵向摩阻系数，其大小因轮胎新旧、路面、制动条件等的不同而异，计算停车视距一般按路面潮湿状况考虑，数据见表 2-14。

表 2-14 不同车速下的路面纵向摩阻系数

设计速度(km/h)	120	100	80	60	40	30	20
φ	0.29	0.31	0.31	0.33	0.38	0.44	0.44

(三)安全距离

汽车在实际行驶时的速度与设计速度可能存在差异,安全距离是汽车在障碍物之前的一定距离完全停下的距离,一般可取 5 ~10 m。

(四)停车视距标准

经过上述分析可知,停车视距的计算公式为:

$$S = S_1 + S_2 + S_3 = \frac{V}{3.6}t + \frac{V_1^2}{254(\varphi \pm i)} + S_3 \tag{2-62}$$

我国公路停车视距的标准见表 2-15 和表 2-16。

表 2-15 高速公路、一级公路停车视距

设计速度(km/h)	120	100	80	60
停车视距(m)	210	160	110	75

表 2-16 二、三、四级公路停车视距、会车视距

设计速度(km/h)	80	60	40	30	20
停车视距(m)	110	75	40	30	20
会车视距(m)	220	150	80	60	40

二、会车视距

会车视距是指两对向行驶的车辆在同一车道上相遇,从相互发现时起到同时采取制动措施使两车完全停止所需的最短距离。

会车视距由 3 部分组成,即双方驾驶员反应时间所行驶的距离、双方汽车的制动距离、安全距离。可见,会车视距略小于停车视距的 2 倍,《标准》规定会车视距长度不应小于停车视距的 2 倍,见表 2-16。

三、超车视距

超车视距是指在双车道道路上,后车超越前车,从开始驶离原车道之处起,至超车后安全驶离原车道并与对向来车保持所必要的安全距离所需的最短距离,如图 2-16 所示。

超车视距的全程可分为 4 个阶段。

(一)超车汽车加速行驶距离 S_1

当超车汽车经判断认为有超车的可能,于是加速行驶移向对向车道,在进入该车道之前的行驶距离为:

$$S_1 = \frac{V_0}{3.6}t_1 + \frac{1}{2}a\,t_1^{\,2} \tag{2-63}$$

式中 V_0——被超汽车的速度,km/h;

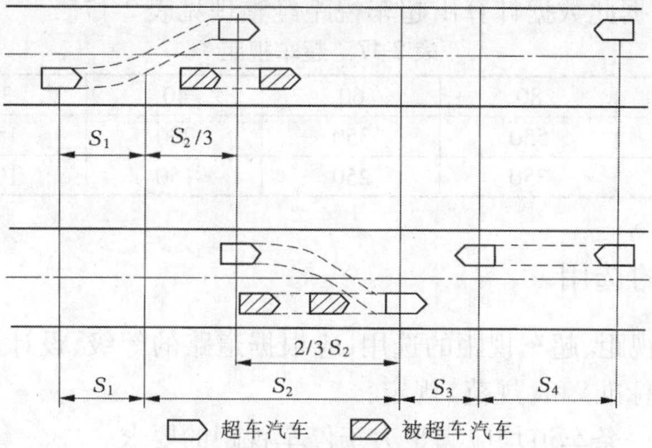

图 2-16 超车视距图

t_1——加速时间,s;

a——平均加速度,m/s^2。

(二)超车汽车在对向车道上行驶的距离 S_2

超车汽车在对向车道上行驶的距离为:

$$S_2 = \frac{V}{3.6}t_2 \tag{2-64}$$

式中 V——超车汽车的速度,km/h;

t_2——超车汽车在对向车道上的行驶时间,s。

(三)超车结束时,超车汽车与对向汽车之间的安全距离 S_3

这个距离视超车汽车和对向汽车的行驶速度不同,采用不同的数值,一般取:

$$S_3 = 15 \sim 100\ \text{m} \tag{2-65}$$

(四)超车汽车从开始加速到超车结束时对向汽车的行驶距离 S_4

超车汽车从开始加速到超车结束时对向汽车的行驶距离为:

$$S_4 = \frac{V}{3.6}(t_1 + t_2) \tag{2-66}$$

以上4个距离之和是比较理想的全超车视距,但距离较长,在地形比较复杂的地点很难实现。实际上,在计算 S_4 所需时间时,只考虑超车汽车从完全进入对向车道到超车完成所行驶的时间就可保证安全了。因为,尾随在慢车后面的快车司机往往在看到前面的安全区段就开始超车了,当进入对向车道之后发现迎面有汽车开来而超车距离不足时,还来得及返回自己的车道。因此,对向汽车的行驶时间大致为 t_2 的2/3就足够了,即:

$$S'_4 = \frac{2}{3}S_2 = \frac{2}{3} \times \frac{V}{3.6} \times t_2 \tag{2-67}$$

于是,最小必要的超车视距为:

$$S_{超} = S_1 + S_2 + S_3 + S'_4 \tag{2-68}$$

在地形困难或由于其他原因不得已时,可采用:

$$S_{超} = \frac{2}{3}S_2 + S_3 + S_4' \tag{2-69}$$

计算中,采用设计速度,设超车汽车和对向汽车都按设计速度行驶。被超汽车的速度按设计速度低5~20 km/h取值,各阶段的行驶时间据实测大致为 $t_1 = 2.9 \sim 4.5$ s,$t_2 =$

9.3～10.4 s,《标准》据此数据计算出超车视距经整理见表2-17。

表2-17　超车视距

设计速度(km/h)	80	60	40	30	20
超车视距一般值(m)	550	350	200	150	100
超车视距最小值(m)	350	250	150	100	70

四、视距标准的选用

停车视距、会车视距、超车视距的选用,应根据道路的等级、设计速度、交通管理方式和具体条件选用。《标准》和《规范》规定:

(1)各级道路每一条车道均应满足大于停车视距的要求。

(2)高速公路、一级公路的设计视距采用停车视距。因为高速公路和一级公路都有中央分隔带,无对向行车,不存在会车问题。同时车道数均在4个以上,快、慢车画线分隔行驶,各行其道,故也不存在超车问题。《规范》中也不提供设计速度大于80 km/h的超车视距指标。

(3)二、三、四级公路的视距应满足会车视距的要求,会车视距长度应不小于停车视距的2倍。工程特别困难或受其他条件限制地段,可采用停车视距,但必须采用分道行驶措施,如设分隔带、分道线、分隔桩或分离式的单车道。

(4)二级公路宜在3～4 min的行驶时间内,提供一次满足超车视距要求的超车视距。一般情况下,超车路段不小于路线总长度的10%～30%。

(5)三、四级公路除满足停车、会车视距外,应根据地形、地物条件,在适当间隔处设置满足一般值的超车视距,当地形及由于其他因素不得已时,超车视距可适当缩短,但最小值不应小于《规范》推荐的最小值。

五、视距的保证

在道路的弯道设计中,除了要考虑诸如曲线半径、参数、超高、加宽等因素外,还必须注意路线内侧是否有树林、房屋、边坡等阻碍司机的视线,这种处于隐蔽地段的弯道简称为"暗弯"。凡属"暗弯"都应该进行视距检查,若不能保证该级公路或城市道路的最短视距,则应该将阻碍视线的障碍物清除。如果是因曲线内侧及中间带设置护栏及其他人工构造物等而不能保证视距时,可采取加宽中间带、加宽路肩或将构造物后移等措施予以处理;如果是因挖方边坡妨碍了视线,则应按所需净距绘制包络线(视距曲线)开挖视距台。

(一)视距包络图法

所谓横净距指的是行车轨迹线至视距线之间的距离,称为横净距 Z,而净距指的是障碍线至行车轨迹线之间的距离,称为净距 Z_0。当 $Z \leqslant Z_0$ 时,则视距可以保证;当 $Z > Z_0$ 时,不能满足视距的要求,需要清除障碍物。

横净距可通过公式计算得到,目前多采用图解法来确定清除范围,即绘制视距包络图(见图2-17),其步骤如下:

(1)按比例(1∶500或1∶1 000)绘制路基边缘线、路中线、内侧行车轨迹线位置。

(2)从平曲线起、终点沿直线方向量取设计视距长,定出包络线起、终点。

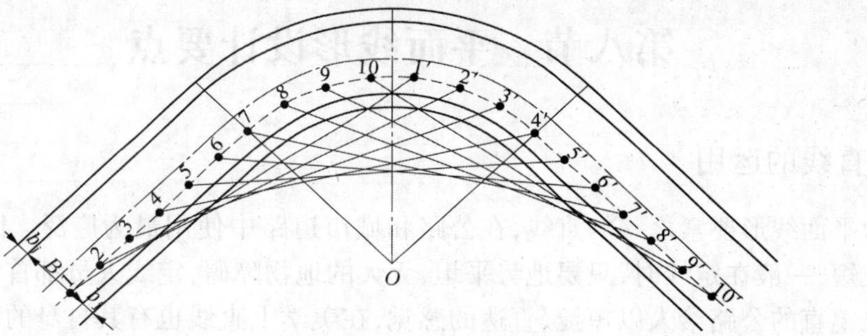

图 2-17　视距包络线图

(3)从包络线起、终点向曲线中点,将行车轨迹线等分为 10 等份,定出多组视线 1—1′、2—2′、3—3′、…、10—10′。

(4)从每一等份量取设计视距长度,交于行车轨迹线上,用直线连接。

(5)用曲线板连接各交叉的直线,画出内切曲线即视距包络图。

(6)量出相应断面位置的横净距,进而确定相应横断面上的视距切除范围。

(二)开挖视距台

通过计算或绘制视距包络图求出横净距后,可按照比例在各桩号的横断面图上画出视距台,以供施工放样。其作图步骤如下(见图 2-18):

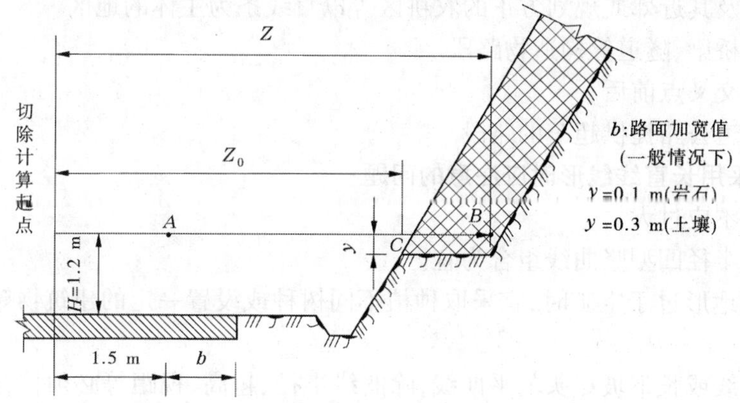

图 2-18　开挖视距台断面

(1)按比例画出需要保证设计视距的各桩号横断面图。

(2)由未加宽时的路面内侧边缘向路中心量取 1.5 m,并垂直量取 1.2 m 得 A 点,则 A 点为驾驶员眼睛位置。

(3)由 A 点作水平线,并沿内侧方向量取横净距 Z(由计算方法求出,或在视距包络图上按比例量取某一桩号的横净距)得 B 点。

(4)由 B 点垂直向下量取 y 高度得 C 点(由于泥土或岩石碎落在视距台上影响视线,为保证通视,当为土质边坡时,$y=0.3$ m;石质边坡时,$y=0.1$ m)。

(5)由 C 点按边坡比例画出边坡线,则图中阴影部分即为挖除的部分。

第八节　平面线形设计要点

一、直线的运用

作为平面线形要素之一的直线，在公路和城市道路中使用最为广泛。因为两点间直线距离最短，一般在定线时，只要地势平坦，无大的地物障碍，定线人员都首先考虑使用直线。加之笔直的公路给人以短捷、直达的感觉，在美学上直线也有其自身的特点。汽车在直线上行驶受力简单，方向明确，驾驶操纵简易。从测设上看，直线只需定出两点，就可方便地测定方向和距离。基于直线的这些优点，其在各种线形工程中都被广泛使用。

但是直线线形的灵活性差，难以适应地形的变化，不易与地形、地物等周围环境相协调。如果直线段太长，容易造成驾驶员思想麻痹、感觉单调、精神疲倦、反应缓慢及盲目采用超速行驶，因此易造成交通事故。鉴于上述原因，选用直线时不宜太长。直线的极限长度（最大及最小长度）从理论上求解是很困难的，主要应根据驾驶员视觉反应及心理上的承受能力来确定。在实际工作中，应根据地形、地物、景观、安全及经验等，由设计者判断确定。因此，在运用直线时应考虑以下几点。

（一）适宜采用直线的路段

（1）不受地形、地物限制的平坦地区和山间的开阔谷地。

（2）市镇及其近郊或规划方正的农耕区等以直线条为主体的地区。

（3）长大桥梁、隧道等构造物路段。

（4）路线交叉点前后。

（5）双车道公路提供超车的路段。

（二）当采用长直线线形时应注意的问题

（1）纵坡不应过大。

（2）同大半径凹型竖曲线组合为宜。

（3）两侧地形过于空旷时，宜采取种植不同树种或设置一定的建筑物等措施，消除空旷感。

（4）长直线或长下坡尽头的平曲线，除曲线半径、超高、视距等必须符合规定要求外，还必须采取设置标志、增加路面抗滑能力等安全措施。

（5）根据国外研究资料，对于设计速度≥60 km/h 的公路，最大直线长度以该级公路设计速度行驶 70 s 左右的行程距离为限度。

（三）最小直线长度的限制

直线不宜太长，也不宜太短，特别是同向平曲线间不得设置短直线，以免产生视觉差。

（1）同向曲线间尽量避免插入短直线，若不得已必须插入时，当设计速度≥60 km/h 时，其最小长度（以 m 计）以不小于设计速度（以 km/h 计）的 6 倍为宜。

（2）当设计速度≥60 km/h 时的反向曲线间最小直线长度（以 m 计）以不小于设计速度（以 km/h 计）的 2 倍为宜。

（3）当设计速度≤40 km/h 时，其最大、最小直线长度则有所放宽，可参照上述规定执行。

二、圆曲线的运用

圆曲线和直线都是公路线形的基本形式，但圆曲线能较好地适应地形的变化，适用范围较广且灵活。但选用圆曲线时应考虑以下问题：

(1)在适应地形的情况下应选用较大的曲线半径。

(2)在确定圆曲线半径时，应注意：①一般情况下宜采用极限最小圆曲线半径的4～8倍或超高为2%～4%的圆曲线半径；②地形条件受限制时，应采用大于或接近一般最小半径的圆曲线半径；③地形条件特殊困难而不得已时，方可采用极限最小半径；④圆曲线应同前后线形要素相协调，悬殊不要过大，使之构成连续、均衡的曲线线形；⑤应同纵面线形相配合，必须避免小半径曲线与陡坡相重合。

三、回旋线的运用

回旋线在平面线形设计中，也是一种主要线形，凡圆曲线半径小于不设超高的最小半径时，都会遇到回旋线的运用问题。在运用回旋线时应注意：

当圆曲线半径 R 接近于100 m时，回旋线参数 $A=R$；当 R 小于100 m，则取 $A \geqslant R$。当圆曲线半径 R 较大或接近3 000 m时，回旋线参数 $A=\frac{R}{3}$；当 R 大于3 000 m时，则取 $A<\frac{R}{3}$。当直线、圆曲线、回旋线相互组合连接时，可根据具体情况选用基本型、S型、卵型、凸型、复合型等组合类型。

(一)基本型

按直线—回旋线—圆曲线—回旋线—直线的顺序组合，如图2-19所示。

基本型的回旋参数、圆曲线最小长度都应符合有关规定。两回旋参数可以相等，也可以根据地形条件设计成不相等的非对称型曲线，此时回旋线参数应满足 $A_1:A_2 \leqslant 1.5$。

从线形的协调性看，宜将回旋线、圆曲线、回旋线之长度比设计成1:1:1。

(二)S型

两个反向圆曲线用两段回旋线连接的组合，如图2-20所示。

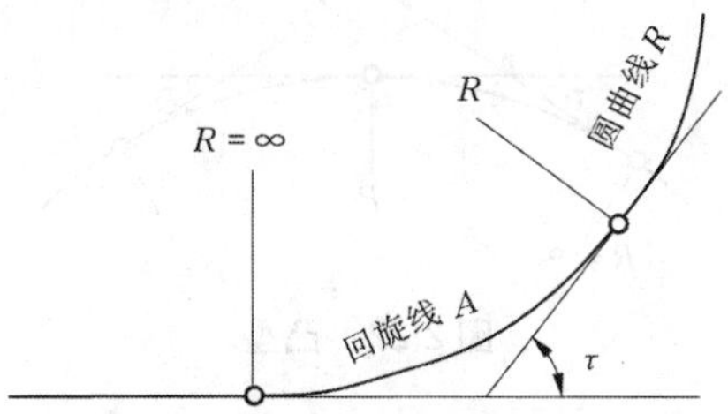

图2-19　基本型

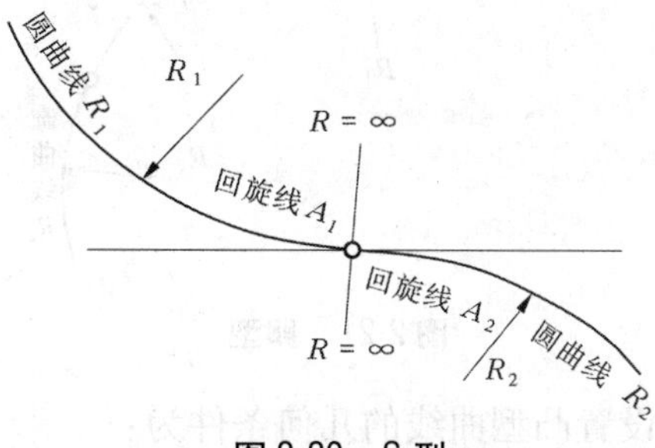

图2-20　S型

S型相邻两个回旋线参数 A_1 与 A_2 宜相等。当采用不同的参数时，A_1 与 A_2 之比应小于2.0，有条件时以小于1.5为宜。此时，在S型曲线上，两个反向回旋线之间不设直线，是行驶力学上所希望的。不得已插入直线时，必须尽量短些，其短直线的长度或重合段的长度 l 应符合下式：

$$l \leqslant \frac{A_1 + A_2}{40} \tag{2-70}$$

S 型两圆曲线半径之比不宜过大，宜为：

$$\frac{R_2}{R_1} = \frac{1}{3} \sim 1 \tag{2-71}$$

式中 R_1——大圆半径，m；

R_2——小圆半径，m。

（三）卵型

用一个回旋线连接两个同向圆曲线的组合，如图 2-21 所示。

卵型的回旋线参数 A 不应小于该级公路关于回旋线最小参数的规定，同时宜在下列界限之内：

$$\frac{R_2}{2} \leqslant A \leqslant R_2 \tag{2-72}$$

式中 R_2——小圆半径，m。

两圆曲线半径之比宜在下列界限之内：

$$0.2 \leqslant \frac{R_2}{R_1} \leqslant 0.8 \tag{2-73}$$

式中 R_1——大圆半径，m。

两圆曲线的间距，宜在下列界限之内：

$$0.003 \leqslant \frac{D}{R_2} \leqslant 0.03 \tag{2-74}$$

式中 D——两圆曲线最小间距，m。

（四）凸型

在两个同向回旋线间不插入圆曲线而径相衔接的组合，如图 2-22 所示。

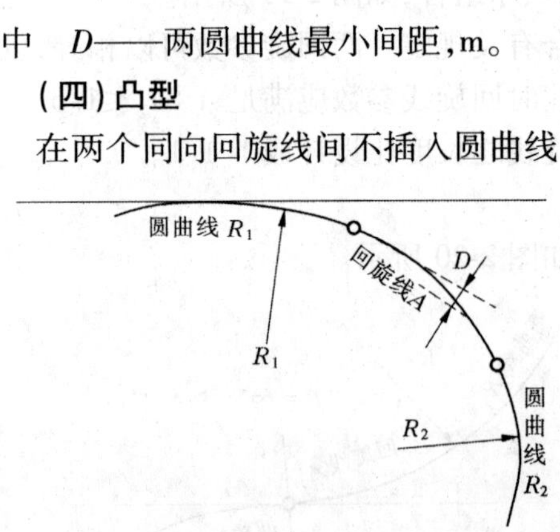

图 2-21 卵型

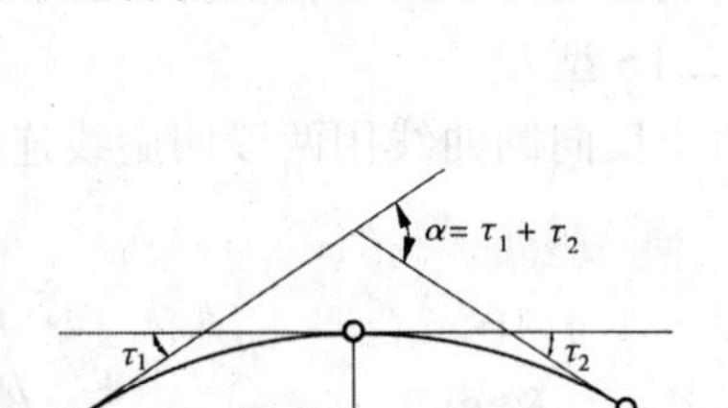

图 2-22 凸型

设置凸型曲线的几何条件为：

$$\alpha = \tau_1 + \tau_2 \tag{2-75}$$

凸型的回旋线参数及其连接点的曲率半径，应分别符合允许最小回旋参数和圆曲线一般最小半径的规定。

凸型曲线尽管在各衔接处的曲率是连续的，但因中间圆曲线的长度为0，对驾驶操纵亦造成一些不利影响，所以只有在路线严格受地形、地物限制处方可采用。

（五）复合型

两个以上同向回旋线在曲率相等处相互连接的组合形式，如图2-23所示。

复合型两个回旋线参数之比宜为：

$$A_1 : A_2 = 1 : 1.5 \tag{2-76}$$

复合型回旋线除了受地形和其他特殊限制外，一般很少使用，多出现在互通式立体交叉的匝道线形设计中。

（六）C型

同向曲线的两回旋线在曲率为0处径相衔接的线形组合，如图2-24所示。其连接处的曲率为0，也就是$R=\infty$，相当于两基本型的同向曲线中间直线长度为0，对行车和线形都带来一些不利的影响，所以C型曲线只有在特殊地形条件下方可采用。

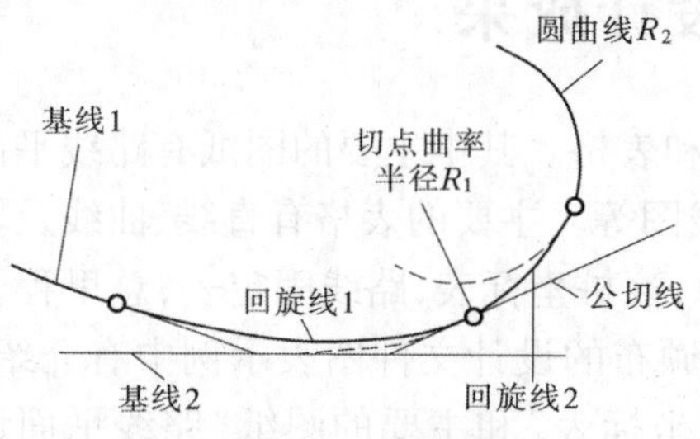

图2-23　复合型

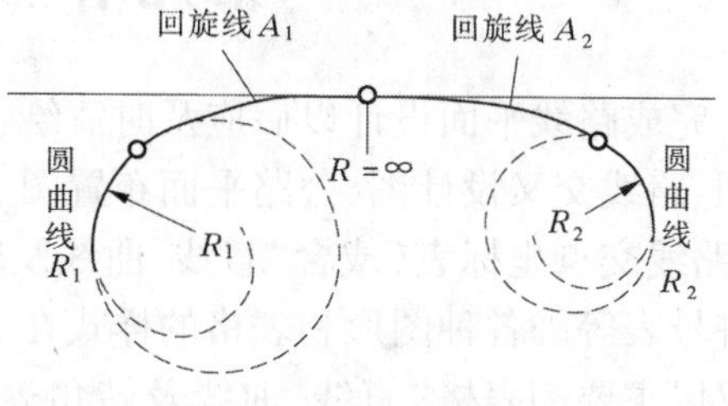

图2-24　C型

四、平面线形的设计要求

（1）平面线形应直捷、连续、均衡，并与地形、地物相适应，与周围环境相协调。

（2）两相邻的同向曲线间应设有足够长度的直线段，不得以短直线相连，否则应调整线形使之成为一个单曲线或复曲线或运用回旋线组合成卵型、凸型、复合型等曲线，以免产生断背曲线。

（3）反向曲线间夹有直线段时，以设置不小于最小直线长度的直线段为宜，否则应调整线形或运用回旋线以组合成S型曲线，使其连续、均衡。

三、四级公路两相邻反向曲线无超高、加宽时可径相衔接；无超高有加宽时，中间应设有长度不小于10 m的加宽缓和段；工程特殊困难的山岭区，三、四级公路设置超高时，中间直线长度不得小于15 m。

（4）曲线线形应特别注意技术指标的均衡与连续性；应避免连续急弯的线形，曲线间应插入足够长度的直线段或回旋线，以利行车安全。

（5）高速公路、一级公路以及设计速度≥60 km/h的公路应注重立体线形设计，尽量做到线形连续、指标均衡、视觉良好、景观协调、安全舒适，设计速度愈高，线形设计所考虑的因素应愈周全；设计速度≤40 km/h的公路，首先应在保证行车安全的前提下，正确地运用平面线形要素最小值，在条件允许、不过多增加工程量的情况下力求做到各种线形要素的合理组合，并尽量避免和减轻不利的组合，以期充分发挥投资效益。

(6)平面线形设计应在地形、地物、地质等各种具体条件的基础上选用相应的技术指标进行组合,应合理地运用直线和曲线(包括圆曲线和回旋线)等地形要素,不得片面强调以直线或曲线为主,或必须高于某一比例等。

(7)"一般公路"跨河或跨线时,宜与被跨河道或被跨线路正交,当必须斜交时,其交角宜大于45°;"一般公路"上的特大、大、中桥桥位,原则上应服从路线的走向,高速公路和一级公路的线形指标较高,必要时其桥梁应随公路而布设成弯、坡、斜桥;各级公路的人工构造物与路基连接时应符合路线布设要求,并使之视野开阔、视线诱导良好。

(8)各级公路隧道与公路的衔接应符合路线布设的有关规定,同时应考虑:①隧道宜采用直线线形,当必须设置曲线时,应采用不设超高的圆曲线半径,并满足停车视距的要求;②隧道洞口的连接线应与隧道线形相协调;③高速公路、一级公路一般应设计成上、下行分离的两座独立隧道,两相邻隧道间的最小间距见《规范》。

第九节 平面设计成果

完成路线平面设计以后应及时清绘各种图纸和表格。其中主要的图纸有路线平面设计图、路线交叉设计图、公路平面布置图、纸上移线图等。主要的表格有直线、曲线及转角表,路线交点坐标表(或含"直线、曲线及转角表"),逐桩坐标表,路线固定表,总里程及断链桩号表等。各种图形和表格的样式在交通部所颁布的设计文件图表示例中有介绍,这里仅以主要的表格"直线、曲线及转角表"、"逐桩坐标表"和主要的图纸"路线平面设计图"予以说明。

一、直线、曲线及转角表

直线、曲线及转角表全面地反映了路线的平面位置和路线平面线形的各项指标,它是道路设计的主要成果之一。只有在完成"直线、曲线及转角表"以后,才能据此计算"逐桩坐标表"和绘制"路线平面设计图",同时在做路线的纵断面设计、横断面设计和其他构造物设计时都要使用本表的数据,其格式见表2-18。表2-18中"交点坐标"一栏视道路等级和测设情况取舍。

二、逐桩坐标表

高等级公路的线形指标高,表现在平面上是圆曲线半径较长,在测设和放样时需采用坐标法,方能保证其测设精度,所以计算一份"逐桩坐标表"是必要的。

(一)坐标系统的采用

根据测区内原坐标系统,一般可做下列几种选择:

(1)采用统一的高斯正投影3°带平面直角坐标系统。

(2)采用高斯正投影3°带或任意带平面直角坐标系统,投影面可采用1985年国家高程基准、测区抵偿高程面或测区平均高程面。

(3)三级和三级以下的公路、独立桥梁、隧道及其他构造物等小测区,可不经投影,采用平面直角坐标系统在平面上直接进行计算。

(4)在已有平面控制网的地区,应尽量沿用原有的坐标系统,如精度不合要求,也应充分利用其点位,选用其中一点的坐标及含此点的方位角,作为平面控制的起算依据。

表 2-18　直线、曲线及转角表

交点编号	交点坐标(m)		交点桩号 JD	转角值		曲线要素值(m)						曲线位置	
	X	Y		左转角 α_z	右转角 α_y	半径 R	缓和曲线长度 L_s	切线长度 T	曲线长度 L	外距 E	校正值 J	第一缓和曲线起点 ZH	第一缓和曲线终点或圆曲线起点 $HY(ZY)$
1	2	3	4	5	6	7	8	9	10	11	12	13	14

曲线位置			直线长度及方向			测量断链			备注
曲线中点 QZ	第二缓和曲线或圆曲线终点 $YH(YZ)$	第二缓和曲线起点 HZ	直线长度 L(m)	交点间距(m)	计算方位角或计算方向角(°)	桩号	增长(m)	减短(m)	
15	16	17	18	19	20	21	22	23	24

(二)中桩坐标的计算

逐桩坐标即是各个中桩的坐标,其计算和测量的方法是从整体到局部进行的,其步骤如下。

1. 计算导线点坐标

采用二阶段勘测设计的公路或一阶段设计但遇地形困难的路段,一般都要先做平面控制测量,而路线的平面控制测量多采用导线测量的方法,在有条件时可优先采用全球定位系统(简称 GPS)测量的方法。导线测量的方法,有经纬仪导线法和全站仪导线法。其中全站仪可以直接读取导线点的坐标,经纬仪导线法可以在测得各边边长及其夹角后,用坐标增量法逐点推算其坐标。用 GPS 定位技术观测,则可在测站之间不通视的情况下,高精度、高效率地获得测点的三维坐标,这是今后公路勘测中控制测量的发展方向。

2. 计算交点坐标

当导线点的精度满足要求并经平差后,即可展绘在图纸上供测绘地形图,或以导线点为依据在现场直接测得路线各交点的坐标(直接定线)。纸上定线的交点坐标可以在图纸上量取,而直接定线的交点坐标若是用全站仪测量则也可以很方便地获得。

3. 计算各中桩坐标

可先计算直线和曲线主要点坐标,然后计算缓和曲线、圆曲线上每一个中桩的坐标。计算结果如表 2-19 所示,这是图 2-25 中的一部分路段。

三、路线平面设计图

路线平面设计图是道路设计文件的重要组成部分,通过路线平面设计图可以体现出路线平面的位置、走向和高程,还可反映沿线人工构造物和工程设施的布置以及它们与地形、地物的关系。路线平面设计图是直线、曲线及转角表的形象化和具体化。从路线平面图上可以更清楚更全面地分析路线方案的优缺点,从而提出路线改善方案的可能性。路线平面图是平面设计的重要成果之一,绘制步骤如下:

表 2-19 逐桩坐标表

桩号	坐标(m)		方向角	桩号	坐标(m)		方向角
	X	*Y*			*X*	*Y*	
K2 +000.00	40 452.257	91 297.811	82°14′27.0″	K2 +340.00	40 497.902	91 634.730	84°05′26.5″
K2 +010.00	40 453.607	91 307.719	82°14′27.0″	*HY* +360.00	40 499.302	91 655.568	88°14′08.7″
K2 +030.00	40 456.307	91 327.536	82°14′27.0″	K2 +380.00	40 498.828	91 674.665	94°09′37.0″
K2 +050.00	40 495.007	91 347.353	82°14′27.0″	K2 +400.00	40 496.383	91 694.506	99°53′23.8″
K2 +070.00	40 461.707	91 367.170	82°14′27.0″	K2 +420.00	40 491.969	91 714.005	105°37′10.3″
K2 +100.00	40 465.757	91 396.895	82°14′27.0″	K2 +440.00	40 485.631	91 732.965	111°20′56.7″
K2 +120.00	40 468.458	91 416.712	82°14′27.0″	K2 +460.00	40 477.431	91 751.198	117°04′43.2″
K2 +140.00	40 471.158	91 436.529	82°14′27.0″	*QZ* +476.08	40 469.544	91 765.206	121°41′06.9″
K2 +160.00	40 473.858	91 456.346	82°14′27.0″	K2 +500.00	40 455.794	91 784.761	128°32′16.2″
K2 +180.00	40 476.558	91 476.163	82°14′27.0″	K2 +520.00	40 442.573	91 799.757	134°16′02.6″
K2 +200.00	40 479.258	91 495.980	82°14′27.0″	K2 +540.00	40 427.920	91 813.357	139°59′49.1″
K2 +220.00	40 481.959	91 515.797	82°14′27.0″	K2 +560.00	40 411.983	91 825.427	145°43′35.6″
K2 +240.00	40 484.659	91 535.613	82°14′27.0″	K2 +580.00	40 394.921	91 835.845	151°27′22.1″
K2 +260.00	40 487.359	91 555.430	82°14′27.0″	*YH* +591.27	40 384.875	91 840.947	154°41′05.3″
K2 +280.00	40 490.059	91 575.247	82°14′27.0″	K2 +600.00	40 376.910	91 844.518	156°56′35.0″
K2 +300.00	40 492.759	91 595.064	82°14′27.0″	K2 +620.00	40 358.262	91 851.740	160°17′15.4″
ZH K2 +315.89	40 495.905	91 610.809	82°14′27.0″	*HZ*(*GQ*) K2 +636.27	40 342.893	91 857.077	161°07′48.0″

(1)选定平面图比例尺(可选用 1∶2 000 或 1∶5 000,一般用 1∶2 000,人烟稀少的平原微丘区可用 1∶5 000)。

(2)根据直线、曲线、转角一览表按比例绘出公路中线图。

(3)在公路中线图上注出公路起终点、里程桩、百米桩、曲线要素桩、桥涵桩及位置。

(4)根据水平记录标注出各加桩处的高程。

(5)依照横断面图较正确地勾绘出横断面范围内的地形等高线。

(6)按比例实地勾绘横断面图范围以外中线左右各 100 ~ 200 m 范围内的地形等高线,标注地物、地貌位置、建筑物的位置和名称。

(7)整理等高线和地物、地貌和建筑物。

(8)划表列出本页图例、平曲线要素,编注页码和指北方向。

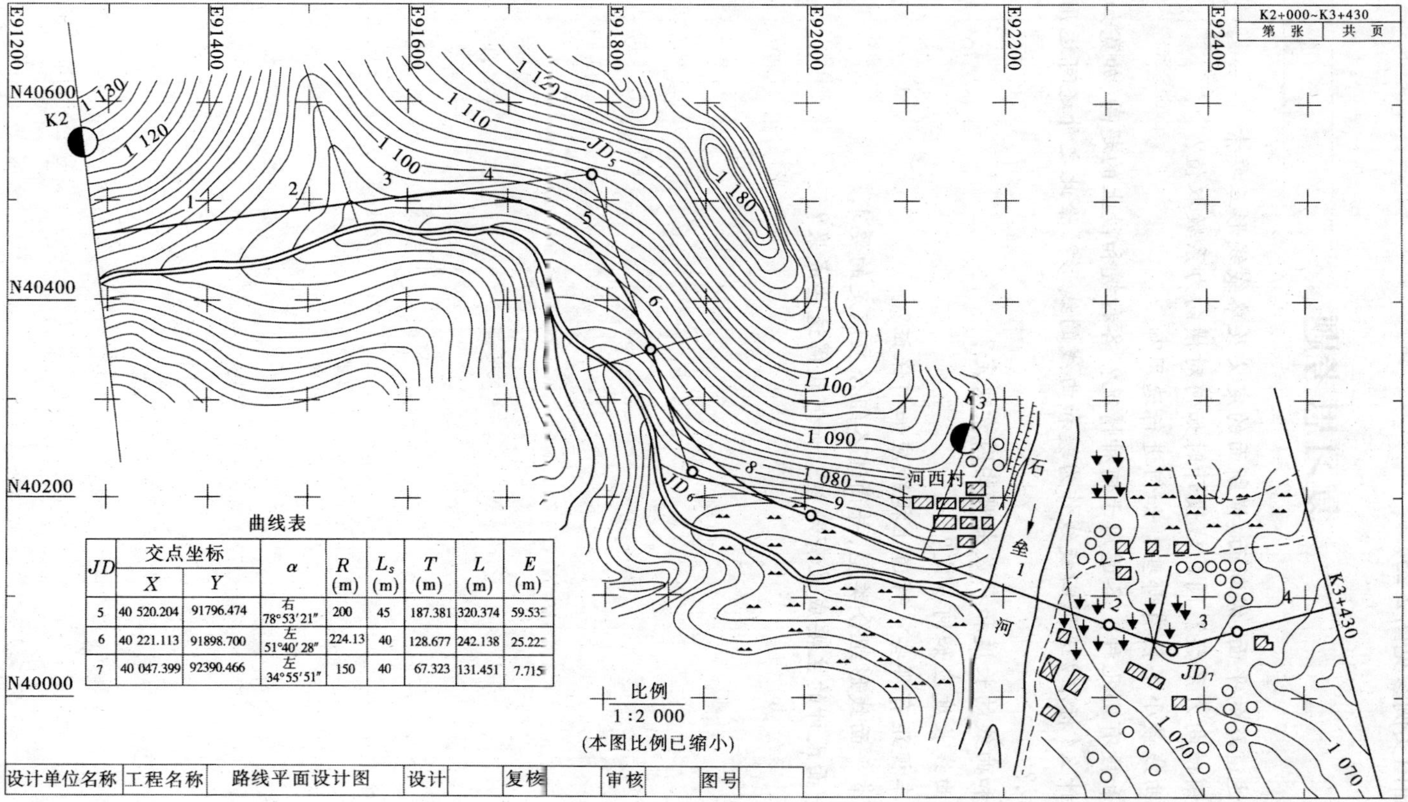

曲线表

JD	交点坐标 X	交点坐标 Y	α	R (m)	L_s (m)	T (m)	L (m)	E (m)
5	40 520.204	91796.474	右 78°53′21″	200	45	187.381	320.374	59.53
6	40 221.113	91898.700	左 51°40′28″	224.13	40	128.677	242.138	25.22
7	40 047.399	92390.466	左 34°55′51″	150	40	67.323	131.451	7.715

图 2-25 路线平面设计图

(9)描图出版。

以上步骤(5)、(6)若是实地测绘地形图,则可直接在实地绘制。

路线平面图实例参见图 2-25。

复习思考题

2-1 试述道路的平面、纵断面、横断面的定义及路线线形三要素。

2-2 何谓横向力系数?圆曲线设计时如何对横向力系数取值?

2-3 圆曲线最小半径有哪些?如何进行选用?

2-4 缓和段有哪几种?各适用于何种情况?各种缓和段上的超高、加宽如何设置?

2-5 为什么《标准》选用回旋线作为缓和曲线的线形?除此之外还可运用哪些线形作为缓和曲线?

2-6 缓和曲线的长度和参数由哪些因素决定?

2-7 平曲线长度应如何确定?

2-8 行车视距有哪些?弯道上视距应如何保证?

2-9 列举平面线形组合类型,并简述各组合应满足的要求。

2-10 平面设计的主要成果有哪些?如何获得这些成果?

第三章　纵断面设计

本章重点

(1)纵坡设计的一般规定和要求。

(2)纵坡设计的步骤。

(3)竖曲线设计及平纵组合。

第一节　概　述

沿着公路中线竖向剖切而展开的断面即为路线纵断面。由于自然因素的影响以及经济性要求，路线纵断面总是一条有起伏的空间线。纵断面设计主要是解决公路线形在纵断面上的位置、形状和尺寸问题。纵断面设计要依据汽车的动力特性、道路等级、当地的自然地理条件以及工程经济性等，同时要满足汽车行驶力学、驾驶员视觉及心理和乘客的舒适性要求。

图 3-1 为路线纵断面示意图。纵断面图是道路纵断面设计的主要成果，也是道路设计的重要技术文件之一。把道路的纵断面图与平面图结合起来，就能准确地定出道路的空间位置。

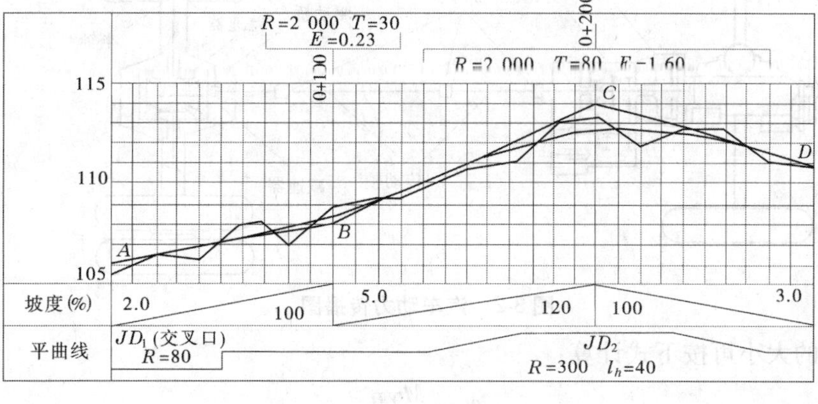

图 3-1　路线纵断面示意图　(单位:m)

纵断面图上由两条主要的线及文字资料两部分构成:一条是地面线，它是根据中线上各桩点的高程而点绘的一条不规则的折线，反映了沿中线地面的起伏变化情况;另一条是设计线，是路线上各点路基设计高程的连线，由直线和竖曲线组成。直线(即均匀坡度线)有上坡和下坡，是用高差和水平长度表示的;在直线的坡度转折处为了平顺过渡要设置竖曲线，按坡度转折形式的不同，竖曲线有凹有凸，其大小用半径和水平长度表示。

纵断面线是经过技术、经济以及美学上等多方面比较后定出的一条具有规则形状的几何线,反映了道路路线的起伏变化情况。

如图 3-1 所示,中线上地面点高程叫地面高程;路基未设加宽超高前的路肩边缘的高程叫设计高程;同一桩点的设计高程与地面高程之高差叫填挖高度;当设计高程大于地面高程时,为填方的路段称为路堤;当设计高程小于地面高程时,为挖方的路段称为路堑。

第二节　汽车的动力性能

为研究汽车在道路上的运行状况,需要掌握沿汽车行驶方向作用于汽车的各种外力,即驱动力与行驶阻力。

一、汽车的驱动力及驱动平衡

(一)汽车的驱动力

汽车在道路上行驶时,必须有足够的驱动力来克服各种行驶阻力。汽车行驶的驱动力来自于它的内燃发动机。在发动机里热能转化成机械能,从而产生有效功率 N,驱使曲轴以每分钟 n 转的转速旋转,产生 M 的扭矩,再经过汽车的传动系统(离合器、变速器、传动轴、主传动器、差速器和半轴等)一系列的变速和传动,将曲轴的扭矩传给驱动轮,产生 M_k 的扭矩驱动汽车驱动轮旋转。汽车驱动轮与路面接触滚动时,对路面产生向后的作用力,路面对车轮产生反作用力,即为使汽车前进的驱动力。

如图 3-2 所示为汽车动力传播图。

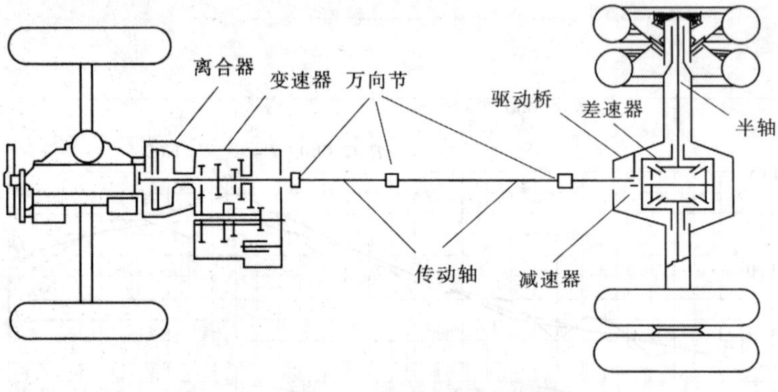

图 3-2　汽车动力传播图

驱动力的大小可按下式计算:

$$T = \frac{M\gamma\eta}{r} \tag{3-1}$$

式中 T——汽车驱动力,N;

γ——变速器的变速比;

M——汽车发动机的扭矩,N·m;

η——传动系统的机械效率,载货汽车一般为 0.8 ~ 0.85,小汽车一般为 0.85 ~ 0.95;

r——计入轮胎变形后的车轮工作半径,m,一般为车轮几何半径的 0.93 ~ 0.96 倍。

(二)汽车的行驶阻力

汽车行驶时需要不断克服运动中所遇到的各种阻力。这些阻力有的来自汽车周围空气介质的阻力,有的来自道路的路面不平整和上坡行驶所形成的阻力,还有的来自于汽车变速行驶时克服惯性的阻力,它们分别是空气阻力、道路阻力和惯性阻力。

1. 空气阻力

汽车在行驶中,由于迎面空气受阻所引起的阻力称为空气阻力。现代汽车的行驶速度很高,空气阻力对汽车行驶的动力性和燃料消耗的经济性影响较大,当汽车行驶速度在100 km/h 以上时,有时一半的功率要用来克服空气阻力。

由空气动力学的研究和试验可知,空气阻力与汽车迎风面的压力、形状、大小及汽车后面因空气稀薄产生的吸力和汽车表面与空气的摩阻等有关。汽车在空气介质中运动时所产生的空气阻力 R_W 可由下式计算:

$$R_W = \frac{1}{2}KA\rho v^2 = \frac{KAV^2}{13} \tag{3-2}$$

式中 K——空气阻力系数,kg/m^3,它与汽车的流线形有关,可参考表 3-1 选用或查阅有关资料;

ρ——空气密度,一般 $\rho = 1.2258\ N \cdot s^2/m^4$;

A——汽车迎风面积(或称正投影面积),m^2;

v——汽车与空气的相对速度,m/s,可近似地取汽车的行驶速度;

V——相对速度,km/h。

表 3-1　空气阻力系数 K 值

车 型	$K(kg/m^3)$	$A(m^2)$	$KA(kg/m)$
闭式车身小客车	0.20~0.35	1.6~2.8	0.3~0.9
敞式车身小客车	0.40~0.50	1.5~2.0	0.6~1.0
载重汽车	0.50~0.70	3.0~5.0	1.5~3.5
车厢式车身大客车	0.25~0.40	4.5~6.5	1.0~2.6

对汽车列车的空气阻力,一般可按每节挂车的空气阻力为其牵引车的20%折算。

2. 道路阻力

道路阻力是因轮胎弹性变形和道路的不同路面类型及纵坡度而产生的阻力,主要包括滚动阻力和坡度阻力。

滚动阻力是车轮滚动时轮胎与路面之间的摩擦阻力。坡度阻力是汽车在坡道上行驶时汽车重力在平行于路面方向的分力。上坡时它与汽车前进方向相反,阻碍汽车行驶;而下坡时与前进方向相同,助推汽车行驶。

滚动阻力和坡度阻力均与道路状况有关,且都与汽车的总重力成正比,将它们统称为道路阻力,以 R_R 表示,其表达式为:

$$R_R = G(f + i) \tag{3-3}$$

式中 R_R——道路阻力,N;

G——车辆总重力,N;

f——滚动阻力系数,它与路面类型、轮胎结构和行驶速度等有关,一般应由试验确定,一定类型的轮胎和在一定车速范围内,可视为只和路面状况有关的常数,见表 3-2;

i——道路纵坡度,上坡为“+”,下坡为“-”。

表 3-2　各种路面的滚动阻力系数值

路面类型	水泥混凝土及沥青混凝土路面	表面平整的黑色碎石路面	碎石路面	干燥平整土路	潮湿不平土路
f	0.01 ~ 0.02	0.02 ~ 0.025	0.03 ~ 0.05	0.04 ~ 0.05	0.07 ~ 0.15

3. 惯性阻力

汽车变速行驶时,需要克服其质量变速运动时所产生的惯性力和惯性力矩,统称为惯性阻力,用 R_J 表示。汽车的质量分为平移质量和旋转质量(如飞轮、齿轮、传动轴和车轮等)两部分,变速时平移质量产生惯性力,旋转质量产生惯性力矩。

汽车的惯性阻力可按下式计算:

$$R_J = \delta \frac{G}{g} \frac{\mathrm{d}v}{\mathrm{d}t} \tag{3-4}$$

式中　R_J——惯性阻力,N;

G——车辆总重力,N;

g——重力加速度,$\mathrm{m/s^2}$;

δ——惯性力系数(或旋转质量换算系数)。

惯性力系数 δ 主要与飞轮的转动惯量、车轮的转动惯量以及传动系的传动比有关,其值可用下式计算:

$$\delta = 1 + \delta_1 + \delta_2 i_k^2 \tag{3-5}$$

式中　δ_1——汽车车轮惯性力的影响系数,一般取 0.03 ~ 0.05;

δ_2——发动机飞轮惯性力的影响系数,一般小客车取 0.05 ~ 0.07,载重汽车取 0.04 ~ 0.05;

i_k^2——变速箱的速比。

这样,汽车的总行驶阻力 R 为:

$$R = R_W + R_R + R_J \tag{3-6}$$

(三)汽车的驱动平衡方程与行驶条件

1. 汽车的运动方程式

汽车在道路上行驶时,必须有足够的驱动力来克服各种行驶阻力。即当牵引力与各种行驶阻力之代数和相等的时候,称为驱动平衡。其驱动平衡方程式(也称汽车的运动方程式)为:

$$T = R = R_W + R_R + R_J$$

$$\frac{M\gamma\eta}{r} = \frac{KAV^2}{13} + G(f \pm i) \pm \delta \frac{G\mathrm{d}v}{g\mathrm{d}t} \tag{3-7}$$

式中　i——“+”表示上坡；“-”表示下坡。

2. 汽车的行驶条件

汽车在道路上行驶，当驱动力等于各种行驶阻力之和时，汽车就等速行驶；当驱动力大于各种行驶阻力之和时，汽车就加速行驶；当驱动力小于各种行驶阻力之和时，汽车就减速行驶，直至停车。所以，要使汽车行驶，必须具有足够的驱动力来克服各种行驶阻力。但是，仅有这一条件还是不够的，因为汽车牵引力的产生，还必须依靠路面对轮胎提供足够的切向反力，如果路面与轮胎之间的摩擦力很小，就不能产生足够的反作用力，轮胎在路面上打滑、空转，汽车却不能前进。因此，汽车能否正常行驶，还要受轮胎与路面之间附着条件的制约，即汽车行驶的另一条件是驱动力小于或等于轮胎与路面之间的附着力，表达式为：

$$T \leqslant jG_k \tag{3-8}$$

式中　j——附着系数，主要取决于路面的粗糙程度和潮湿泥泞程度、轧胎的花纹和气压，以及车速和荷载等；

G_k——驱动轮荷载，一般情况下，小汽车为总重的 0.5～0.65 倍，载重车为总重的 0.65～0.80 倍。

当车轮在未受侧向力的条件下，车轮与路面在接触面上无相对滑移时，路面对车轮的切向反作用力的极限值称为附着力。它与驱动轮的法向反作用力成正比。

根据以上分析可知，牵引力平衡条件和附着条件是汽车行驶的两个必要条件，在实际工作中对路面提出了一定要求，从宏观上讲要求路面平整而坚实，从微观上讲又要求路面粗糙而不滑，以增大附着力。

二、汽车的动力性能

汽车的动力性能是指汽车所具有的加速、上坡、最大速度等的性能。汽车的动力性能愈好，速度就愈高，所能克服的行驶阻力也愈大。其中，汽车的最高速度、最小稳定速度以及汽车所能克服的最大坡度、加速和滑行能力等，是评价汽车性能的主要技术指标。道路设计应使所设计的路线能充分发挥出汽车的最大动力性能。

（一）汽车的动力因数

在汽车的运动平衡方程式中，T、R_W 之值均与汽车的构造和行驶速度有关；而汽车在道路上行驶时的道路阻力 R_R 和惯性阻力 R_J 与道路状况和汽车的行驶方式有关。为了更好地研究汽车行驶与道路的关系，将式(3-7)改为：

$$T - R_W = R_R + R_J$$

$$T - R_W = G(f \pm i) \pm \delta \frac{G}{g} \frac{\mathrm{d}v}{\mathrm{d}t} \tag{3-9}$$

两边同除以 G：

$$\frac{T - R_W}{G} = (f \pm i) \pm \frac{\delta}{g} \frac{\mathrm{d}v}{\mathrm{d}t} \tag{3-10}$$

令

$$\frac{T - R_W}{G} = D$$

则有

$$D=(f\pm i)\pm\frac{\delta}{g}\frac{\mathrm{d}v}{\mathrm{d}t}$$

令

$$\psi=f\pm i$$

$$D=\psi\pm\frac{\delta}{g}\frac{\mathrm{d}v}{\mathrm{d}t} \tag{3-11}$$

式中 D——动力因数,它表征某型汽车在海平面高程上,满载情况下,每单位车重克服道路阻力和惯性阻力的性能;

ψ——道路阻力系数。

(二)动力特性图

由于 T、G 和 R_W 仅与汽车的构造有关,因而对任一汽车都可以通过计算而绘出 $D\sim V$ 关系曲线,即汽车动力特性图。利用该图可直接查出各排挡下不同车速对应的动力因数值。

如图 3-3 所示为东风 EQ140 载重车的动力特性图。

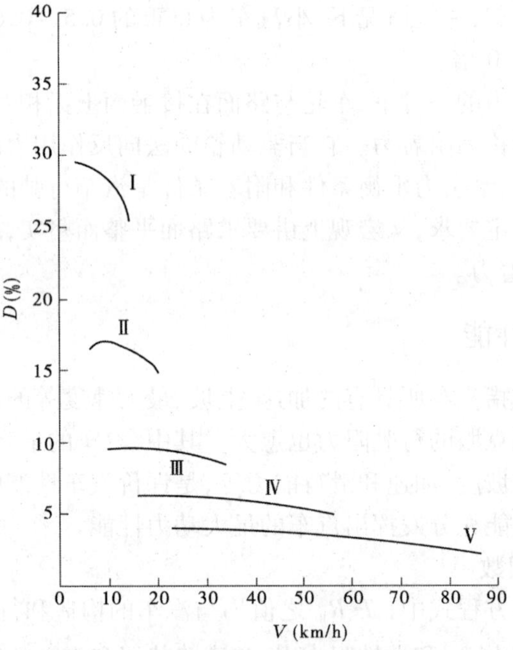

图 3-3 东风 EQ140 载重车的动力特性图

利用汽车的动力特性图,可以求出汽车在某一行驶条件下所能保持的稳定行驶速度,并能确定汽车克服此时的行驶阻力的排挡以及汽车所具有的加速度和爬坡能力。

(三)海拔荷载修正系数

动力因数和动力特性图是按海平面及汽车满载情况下的标准值计算绘制的,若道路所在地不在海平面上,汽车也不是满载,则海拔增高,气压降低,使发动机输出功率、汽车的驱动力及空气阻力都随之降低,所以应对动力因数 D 进行修正。方法是给 D 乘以一个修正系数 λ,即:

$$\lambda D = f \pm i \pm \frac{\delta}{g}\frac{dv}{dt}$$

$$D = \frac{1}{\lambda}(\psi \pm \frac{\delta}{g}\frac{dv}{dt}) \tag{3-12}$$

λ 为动力因数 D 的海拔荷载修正系数，其值为：

$$\lambda = \xi \frac{G_a}{G_T} \tag{3-13}$$

式中 ξ——海拔系数，$\xi = (1 - 2.26 \times 10^{-5}H)^{5.3}$，其中，$H$ 为海拔高度，m；

G_a——满载时汽车的总重力，N；

G_T——实际装载时汽车的总重力，N。

第三节 纵坡设计的一般规定和要求

一、纵坡设计的一般要求

为使纵坡设计经济合理，必须在全面掌握勘测资料的基础上，结合选（定）线的纵坡安排意图，经过综合分析、反复比较定出设计纵坡。纵坡设计的一般要求如下：

（1）纵坡设计必须满足《标准》的各项规定。

（2）为保证车辆能以一定速度安全顺适地行驶，纵坡应具有一定的平顺性，起伏不宜过大和过于频繁。尽量避免采用极限纵坡值，合理安排缓和坡段，不宜连续采用极限长度的陡坡夹最短长度的缓坡。连续上坡或下坡路段，应避免设置反坡段。越岭线垭口附近的纵坡应尽量缓一些。

（3）纵坡设计应对沿线地形、地下管线、地质、水文、气候和排水等综合考虑，视具体情况加以处理，以保证道路的稳定与通畅。

（4）平原微丘区地下水埋深较浅，或池塘、湖泊分布较广的地区，纵坡除应满足最小纵坡要求外，还应满足最小填土高度要求，保证路基稳定。

（5）山岭重丘区纵坡设计时，一般情况下应考虑填挖平衡，尽量使挖方运作就近路段填方，以减少借方和废方，降低造价和节省用地。

（6）对连接段纵坡，如大、中桥引道及隧道两端接线等，纵坡应缓和，避免产生突变，交叉处前后的纵坡应平缓一些。

（7）高速公路、一级公路应充分考虑通道、农田水利等方面的要求；低等级公路应注意考虑民间运输、农业机械等方面的要求。

二、最大纵坡与最小纵坡

（一）最大纵坡

最大纵坡是指在纵坡设计时各级道路允许使用的最大坡度值。它是公路纵坡极限值，是纵面线形设计的重要控制指标。在地形起伏较大地区，它的大小直接影响路线的长短、使用质量、运输成本及工程的经济性。

1. 制定最大纵坡的依据

车辆类型：各级道路允许的最大纵坡是根据汽车的动力特性、道路等级、自然条件以及工程、运营经济等因素，通过综合分析，全面考虑，合理确定的。

设计速度：由于不同类型的汽车具有不同的动力性能和制动性能，其上坡时的爬坡能力和下坡时的制动能力也不同，要求的最大纵坡也不同。所以，在确定最大纵坡时应以国产典型载重汽车作为标准车型。

自然条件：汽车的爬坡能力与行驶速度成反比，车速越高爬坡能力越低。因此，确定道路路线最大纵坡应以保证一定的速度为前提。

2. 最大纵坡设计标准

各级公路最大纵坡的规定如表 3-3 所示。

表 3-3　各级公路最大纵坡

设计速度（km/h）	120	100	80	60	40	30	20
最大纵坡（%）	3	4	5	6	7	8	9

高速公路受地形条件或其他特殊情况限制时，经技术经济论证合理，最大纵坡可增加 1%；公路改建中，设计速度为 40 km/h、30 km/h、20 km/h 的利用原有公路路段，经技术经济论证合理，最大纵坡可增加 1%。

位于海拔 2 000 m 以上或严寒冰冻地区，四级公路山岭、重丘区的最大纵坡不应大于 8%。

桥上及桥头路线的最大纵坡：

(1) 小桥与涵洞处纵坡应按路线规定采用。

(2) 大、中桥上纵坡不宜大于 4%，桥头引道纵坡不宜大于 5%；紧接大、中桥桥头两端的引道纵坡应与桥上纵坡相同，即引道应有一段纵坡与桥梁保持一致。

(3) 隧道部分路线纵坡：隧道内纵坡不应大于 3%，但独立明洞和短于 50 m 的隧道其纵坡不受此限；紧接隧道洞口的路线纵坡应与隧道内纵坡相同。

(4) 位于市镇附近非汽车交通较多的地段，桥上及桥头引道纵坡均不得大于 3%。

在非机动车交通比例较大的路段，为照顾其交通要求可根据具体情况将纵坡适当放缓：平原、微丘区一般不大于 2% ~3%；山岭、重丘区一般不大于 4% ~5%。

3. 高原纵坡折减

在海拔 3 000 m 以上的高原地区，由于空气密度下降而使汽车发动机的功率、汽车的驱动力以及空气阻力降低，导致汽车的爬坡能力下降。同时，汽车水箱中的水易于沸腾而破坏冷却系统。为此，在高原地区除了汽车本身要采取一些措施使得汽油充分燃烧，避免随海拔增高而使功率降低过甚外，在道路纵坡设计中还应适当采用较小的坡度。

《规范》规定：位于海拔 3 000 m 以上的高原地区的各级公路的最大纵坡值应按表 3-4 的规定予以折减，折减后若小于 4%，则仍采用 4%。

表 3-4 高原纵坡折减值

海拔高度(m)	3 000 ~4 000	4 000 ~5 000	5 000 以上
折减值(%)	1	2	3

(二)最小纵坡

最小纵坡是各级公路在特殊情况下容许使用的最小坡度值。

一般情况下,为使公路上汽车速度快、安全和通畅,希望道路纵坡设计的小一些为好。但是,在长路堑以及其他横向排水不通畅地段,为保证排水要求,防止积水渗入路基而影响其稳定性,均应设置不小于0.3%的纵坡,当必须设计平坡(0)或小于0.3%的纵坡时,边沟应作纵向排水设计。

在弯道超高横坡渐变段上,为使行车道外侧边缘不出现反坡,设计最小纵坡不宜小于超高允许渐变率。

干旱少雨地区最小纵坡可不受上述限制。

三、坡长限制与缓和坡段

(一)坡长限制

坡长限制是指最小坡长和最大坡长两方面的内容。

1.最小坡长限制

最小坡长的限制主要是从汽车行驶平顺性、乘客舒适性等的要求考虑的。如果坡长过短,变坡点增多,汽车行驶在连续起伏地段产生的增重与减重的频繁变化,导致乘客感觉不舒适,车速越高感觉越突出。路容美观、相邻两竖曲线的设置和纵面视距等也要求坡长应有一定最短长度。

最小坡长通常以设计速度行驶9 15 s的行程作为规定值。《标准》规定,各级公路最短坡长应按表3-5选用。在平面交叉口、立体交叉的匝道以及过水路面地段,最短坡长可不受此限。

表 3-5 各级公路最小坡长

设计速度(km/h)	120	100	80	60	40	30	20
最小坡长(m)	300	250	200	150	120	100	60

2.最大坡长限制

最大坡长限制是指控制汽车在坡道上行驶,当车速下降到最低容许速度时所行驶的距离。实际资料表明,道路纵坡的大小及其坡长对汽车正常行驶影响很大,纵坡越陡,坡长越长,汽车因克服行驶阻力而使行车速度显著下降,甚至要换较低排挡以克服坡度阻力,易使水箱“开锅”,导致汽车爬坡无力,甚至熄火;下坡行驶制动次数频繁,易使制动器发热而失效,甚至造成车祸。

要从理论上确切计算由希望速度到允许速度的最大坡长是困难的,必须结合试验调查资料、海拔高度、装载、油门开启程度、滚动阻力系数及挡位等综合研究后确定。

《标准》规定:各级公路不同纵坡时的最大坡长可按表 3-6 选用。

表 3-6 各级公路纵坡长度限制

纵坡坡度(%)	不同设计速度(km/h)所对应的最大坡长(m)						
	120	100	80	60	40	30	20
3	900	1 000	1 100	1 200			
4	700	800	900	1 000	1 100	1 100	1 200
5		600	700	800	900	900	1 000
6			500	600	700	700	800
7					500	500	600
8					300	300	400
9						200	300
10							200

高速公路、一级公路,当连续陡坡由几个不同坡度值的坡段组合而成时,应对纵坡长度受限制的路段采用平均坡度法进行验算。

二、三、四级公路,当连续纵坡大于 5% 时,应对纵坡长度加以限制,以利于提高车速和行车安全 。对计算行车速度小于或等于 80 km/h 的道路,当连续纵坡大于坡长限制值时,应在不大于规定长度处设缓和坡段。

(二)缓和坡段

在纵断面设计中,当连续陡坡的长度大于限制最大坡长的规定值时,应安排一段缓坡,以恢复在陡坡上降低的速度。同时,从下坡安全考虑,缓坡也是需要的。在缓坡上汽车将以加速行驶,理论上缓坡的长度应适应这个加速过程的需要,但实际设计中很难满足这个要求。

《标准》规定缓和坡段的纵坡应不大于 3%,其长度应不小于最短坡长。

设置缓和坡段应结合纵向地形起伏情况,尽量减少填挖方工程数量,同时应考虑路线的平面线形要素。在一般情况下,缓和坡段宜设置在平面的直线或较大半径的平曲线上,以便充分发挥缓和坡段的作用,提高整条道路的使用质量。为了提高行驶质量,保证行车安全,在必须设置缓和坡段而地形又困难的地段,可以将缓和坡段设于半径比较小的平曲线上,但应适当增加缓和坡段的长度,以使缓和坡段端部的竖曲线位于该小半径平曲线之外。

四、合成坡度与平均纵坡

(一)合成坡度

由路线纵坡与弯道超高横坡或路拱横坡组合而成的坡度称为合成坡度,其方向即流水线方向。如图 3-4 所示,合成坡度的计算公式为:

$$I = \sqrt{i^2 + i_b^2} \tag{3-14}$$

式中　I——合成坡度,%;

i_b——超高横坡度或路拱横坡度,%;

i——路线设计纵坡坡度,%。

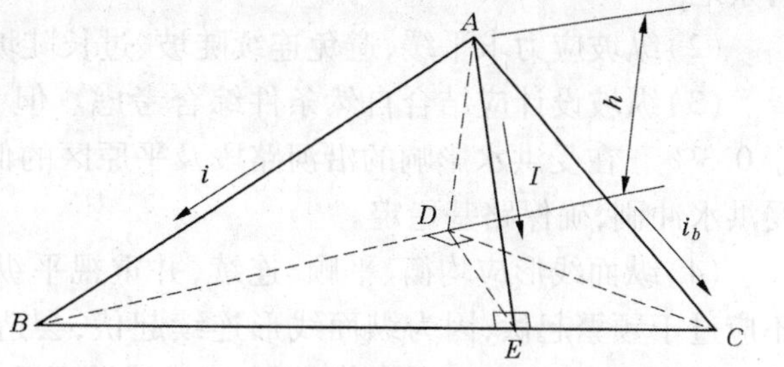

图 3-4　合成坡度

将合成坡度控制在一定范围之内,目的是尽可能地避免急弯和陡坡的不利组合,防止因合成坡度过大而引起的横向滑移和行车危险,保证车辆在弯道上安全而顺适地运行。表 3-7 为各级公路最大容许合成坡度规定值。

表 3-7　公路最大合成坡度

公路等级	高速公路			一			二		三		四
设计速度(km/h)	120	100	80	100	80	60	80	60	40	30	20
合成坡度值(%)	10.0	10.0	10.5	10.0	10.0	10.5	9.0	10.0	9.5	10.0	10.0

特别是在冬季路面有积雪结冰的地区;自然横坡较陡峻的傍山路段和非汽车交通比率高的路段,要求合成坡度必须小于 8%。

为了保证路面排水,《规范》规定合成坡度的最小值不宜小于 0.5%。特别在超过过渡段,合成坡度小于 0.5% 时,应采取综合排水措施,以保证排水通畅。

(二)平均纵坡

在公路设计中,平均纵坡是指一定长度的路段纵向所克服的高差与路线长度之比,是为了合理运用最大纵坡、坡长及缓和坡长的规定,以保证车辆安全顺利地行驶的限制性指标。

平均纵坡与坡道长度有关,还与相对高差有关。《标准》规定,二、三、四级公路越岭路线连续上坡(或下坡)路段,相对高差为 200～500 m 时,平均纵坡不应大于 5.5%;相对高差大于 500 m 时,平均纵坡不应大于 5%,并注意任意连续 3 km 路段的平均纵坡不宜大于 5.5%。

第四节　纵坡设计

纵坡设计主要是指设计人员根据选线(定线)的意图,结合公路等级、沿线自然条件和构造物控制标高等,在综合考虑工程技术和经济的基础上,确定路线合适的高程、各坡段的纵坡度和坡长的工作。

一、纵坡设计要点

(一)关于纵坡极限值、坡长的运用

(1)纵坡设计应满足《标准》中有关纵坡的一切规定,纵坡极限值不可轻易采用,应留有余地。

(2)纵坡应力求平缓,避免连续陡坡、过长陡坡和反坡。

(3)纵坡设计应结合自然条件综合考虑。但为了路面和边沟排水,最小纵坡不应小于0.3%。在受洪水影响的沿河路段及平原区的低洼地区,应保持路面的最低标高,以免受洪水冲刷,确保路基稳定。

(4)纵面线形应均衡、平顺、连续,并重视平纵线形的配合。①纵面线形在短距离内不应过于频繁起伏,因为纵面线形连续起伏,会造成视觉不良,视线中断;②路段避免凹陷,因为线形凹陷会出现隐蔽路段,造成视觉不适,影响行车速度和安全;③在较长的连续陡坡路段,应将最陡的纵坡放在底部,较缓的纵坡放在顶部;④应与平面线形配合得当。

(5)纵坡设计应考虑填挖平衡,尽量应以挖作填,减少借方和废方,降低工程造价。

(二)各种地形条件下的纵坡设计

(1)平原、微丘地区的纵坡应均匀平缓,注意保证最小填土高度和最小纵坡的要求。丘陵地区的纵坡应避免过分迁就地形而使路线起伏过大,注意纵坡应顺适不产生突变。

(2)山岭、重丘地形的沿河线应尽量采用平缓纵坡,坡长不应超过限制长度,纵坡不宜大于6%,注意路基控制高程的要求。

(3)越岭线的纵坡应力求均匀,尽量不采用极限或接近极限的坡度,更不应在连续采用极限长度的陡坡之间夹短的缓和坡段。越岭路线一般不应设置反坡。

(4)山脊线和山腰线除结合地形不得已时采用较大纵坡外,在可能条件下纵坡应缓些。

沿水库上游岸边的路线,路基设计标高应考虑水库水位升高后地下水位壅升,以及水库淤积后壅水曲线抬高和浪高的影响;在寒冷地区还应考虑冰塞壅水对水位增高的影响。

大、中桥桥头引道(在洪水泛滥范围内)的路基设计标高,一般应高于该桥设计洪水位(并包括壅水和浪高)至少0.5 m;小桥涵附近的路基设计标高应高于桥涵前壅水水位至少0.5 m(不计浪高)。

二、纵坡设计方法和步骤

(一)纵坡设计方法与步骤

1.准备工作

纵坡设计以前,应根据中桩和水准记录按比例标注里程桩号和标高,点绘出地面线;绘出平面直线与平曲线资料,以及沿线土壤地质说明资料;将桥梁、涵洞、地质土质等与纵断面设计有关的资料在纵断面图纸上标明;熟悉全线有关勘测设计资料,领会设计意图和设计要求。

2.标注控制点

影响纵坡设计的高程点都是控制点。如路线起、终点,越岭垭口,重要桥梁、涵洞的桥面标高,最小填土高度,最大挖深,沿溪线的洪水位,隧道进出口,平面交叉和立体交叉点,与铁路交叉点及受其他因素限制路线必须通过的标高控制点等。

山区道路根据路基填挖平衡控制路中心填挖值的高程点,称为经济点。如图3-5所示,横断面上的经济点有三种情况:

(1)当地面横坡不大时,可在中桩地面标高上下找到填方和挖方基本平衡的标高,纵坡通过此标高时,在该断面上挖方数量基本等于填方数量,该标高为经济点。

(2)当地面横坡较陡时,填方往往不易填稳,有时坡脚伸得较远,采用多挖少填或挖出全部路基的方法更经济,这时多挖少填或全挖路基的标高为经济点。

(3)当地面横坡很陡,必须做挡土墙时,应当采用某一设计标高使该断面按 1 m 长度计算的土石方和挡土墙综合费用最省,该标高为经济点。

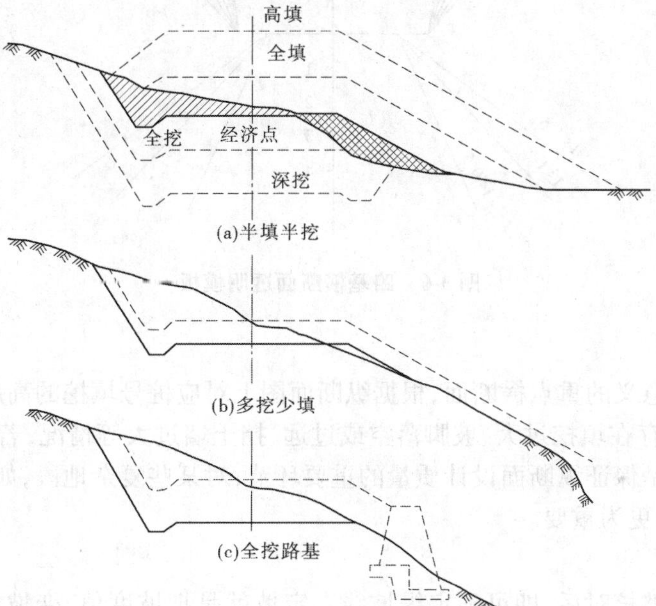

图 3-5 横断面上的经济点

经济点是用"路基断面透明模板"在横断面图上得到的。如图 3-6 所示,该"模板"可用透明描图纸或透明胶片制成,其上按横断面测图比例绘出路基宽度和各种不同边坡坡度线。使用时将"模板"扣在断面图上使中线重合,上下移动,使填、挖面积大致相等,这时"模板"上路基顶面到中桩地面线的高差为经济填挖值。将此值按比例点绘到纵断面的桩号上即为经济点。平原区道路一般不存在经济点。

3. 试坡

在已标出控制点、经济点的纵断面图上,根据技术指标、定线意图,以控制点为依据,同时照顾经济点的原则,对各种可能坡度线方案反复比较,最后定出既符合技术标准,又满足控制点要求,且土石方最省的坡度线,将前后坡度线延长交会出变坡点的初定位置。

4. 调坡

调坡时应结合选线意图,将试坡线与选线时所考虑的坡度进行比较,两者应基本相符。若脱离实际情况和考虑不周,则调坡应全面分析,权衡利弊,决定取舍。同时要对照技术标准,检查纵坡度、坡长、纵坡折减、合成坡度及平面与纵面配合是否适宜以及路线交叉、桥隧和接线等处的纵坡是否合理,不符合要求时则应调整纵坡线。

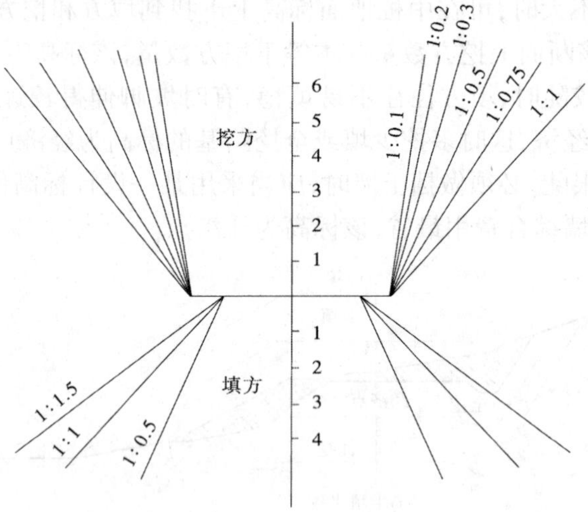

图 3-6　路基横断面透明模板

5. 核对

选择有控制意义的重点横断面，根据纵断面图上对应桩号填挖的高度，在横断面图上"戴帽"检查是否存在填挖过大、坡脚落空或过远、挡土墙过大等情况，若有问题应及时调整纵坡线。核对是保证纵断面设计质量的重要环节，对某些复杂地段，如山区横坡陡峻的傍山线，这一工作更为重要。

6. 定坡

纵坡线经调整核对后，即可确定纵坡线。定坡就是把坡度值、变坡点位置（桩号）和高程确定下来。坡度值用三角板推平行线的办法，直接读厘米格子得出。要求取值为万分之一，即 0.01%，变坡点一般设在 10 m 的整桩号处，相邻变坡点的桩号之差为坡长。变坡点高程由纵坡度和坡长依次推算得出，精确度为 0.001 m。

（二）纵坡设计应注意的问题

（1）设置回头曲线地段，拉坡时应按回头曲线技术标准先定出该地段的纵坡，然后从两端接坡，应注意在回头曲线地段不宜设竖曲线。

（2）小桥涵允许设在斜坡地段或竖曲线上，为保证行车平顺，应尽量避免在小桥涵处出现驼峰式纵坡。

（3）大、中桥上不宜设置竖曲线，桥头两端竖曲线的起、终点应设在桥头 10 m 以外。

（4）拉坡时如受"控制点"制约，导致纵坡起伏过大，或土石方工程量太大，经调整仍难以解决时，可用纸上移线的方法修改原定纵坡线。

（5）注意平面交叉口纵坡及两端接线要求。公路与公路交叉点一般宜设在水平坡段，其长度应不小于最短坡长规定。两端接线纵坡应不大于 3%，山区工程艰巨地段不大于 5%。

（6）对连接段纵坡，如大、中桥引道及隧道两端接线等，纵坡应平缓，避免产生突变。

第五节　竖曲线设计

一、竖曲线的作用及线形

纵断面上相邻两条纵坡线相交形成变坡点，其相交角用转坡角表示。为了行车平顺、舒适，在相邻两条纵坡线相交的转折处，用一段曲线来缓和，这条连接两纵坡线的曲线叫竖曲线。

竖曲线的形状，通常采用圆曲线或二次抛物线。

在设计和计算上为方便一般采用二次抛物线形式。当竖曲线转坡点在曲线上方时为凸型竖曲线，反之为凹型竖曲线。

竖曲线的主要作用如下：

(1)缓冲作用。用竖曲线代替折线可以消除汽车在变坡点的冲击。

(2)保证公路纵向的行车视距。凸型竖曲线减少纵坡变化产生的盲区；凹型竖曲线可增加下穿路线的视距。

(3)有利于平竖曲线组合，有利于路面排水和改善行车的视线诱导和增加舒适感。

二、竖曲线要素计算

竖曲线坡度图如图 3-7 所示。

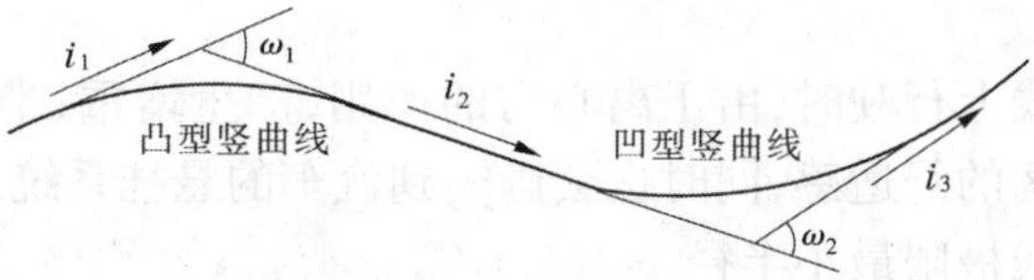

图 3-7　竖曲线坡度图

设相邻两纵坡坡度分别为 i_1 和 i_2，则相邻两坡度的代数差即转坡角为 $\omega = i_1 - i_2$，其中 i_1、i_2 为本身之值，当上坡时取正值，下坡时取负值。

当 $i_1 - i_2$ 为正值时，则为凸型竖曲线；当 $i_1 - i_2$ 为负值时，则为凹型竖曲线。

我国采用二次抛物线作为竖曲线的常用形式，其基本方程为：

$$x^2 = 2Py \tag{3-15}$$

如图 3-7 所示，若取抛物线顶点处的曲率半径为 R，则有：

$$x^2 = 2Ry$$

即

$$y = \frac{x^2}{2R}$$

竖曲线上任一点 P 的斜率（通过该点的斜线坡度）为：

$$i_P = \frac{dy}{dx} = \frac{x}{R} \tag{3-16}$$

(1)竖曲线长度 L。纵断面设计中竖曲线长度是指两点间的水平距离。

$$L = AB = X_A - X_B = R(i_1 - i_2) = R\omega \tag{3-17}$$

(2)竖曲线切线长 T：

$$T = T_A = T_B \approx L/2 = \frac{R\omega}{2} \tag{3-18}$$

(3)竖曲线上任一点的竖距 h：

$$h = PQ = y_P - y_Q = \frac{1}{2R}(x_A - l)^2 - (y_A - li_1) = \frac{l^2}{2R} \tag{3-19}$$

(4)竖曲线的外距 E：

$$E = \frac{T^2}{2R} \tag{3-20}$$

(5)竖曲线上任意点至相应切线的距离：

$$y = \frac{x^2}{2R} \tag{3-21}$$

式中 x——竖曲线上任意点至竖曲线起点(终点)的距离，m；

R——竖曲线的半径，m。

三、竖曲线的设计标准

竖曲线的设计标准有竖曲线最小半径和竖曲线长度两个。由于汽车在凸型竖曲线和凹型竖曲线上行驶时，考虑影响的因素不同，两者有不同的设计标准。

(一)竖曲线最小半径的确定

1.凹型竖曲线极限最小半径的确定考虑因素

1)缓和冲击

汽车在凹型竖曲线上行驶时，由于离心力的作用，产生增重；半径越小，离心力越大；增重不仅会影响到旅客的舒适感，同时也会影响到汽车的悬挂系统。因此，应控制离心力不致过大来限制竖曲线极限最小半径。

2)夜间行驶前灯照射距离

对地形起伏较大地区的路段，在夜间行车时，若半径过小，前灯照射距离过短，则无法保证行车速度和安全。

3)跨线桥下视距要求

为保证汽车穿过跨线桥时有足够的视距，汽车行驶在凹型竖曲线上时，应对竖曲线最小半径加以限制。

2.凸型竖曲线极限最小半径确定考虑因素

1)缓和冲击

汽车行驶在竖曲线上时，产生径向离心力，使汽车在凸型竖曲线上产生失重，所以确定竖曲线半径时，对离心力要加以控制。

2)满足纵面行车视距

汽车行驶在凸型竖曲线上，如果竖曲线半径太小，会阻挡司机的视线。为了行车安全，对凸型竖曲线的最小半径和最小长度应加以限制。

综合以上情况，《标准》规定了各级公路的凹型竖曲线和凸型竖曲线的极限最小半径，见表3-8。

表 3-8　公路竖曲线最小半径和竖曲线最小长度

设计速度(km/h)		120	100	80	60	40	30	20
凸型竖曲线半径(m)	极限最小值	11 000	6 500	3 000	1 400	450	250	100
	一般最小值	17 000	10 000	4 500	2 000	700	400	200
凹型竖曲线半径(m)	极限最小值	4 000	3 000	2 000	1 000	450	250	100
	一般最小值	6 000	4 500	3 000	1 500	700	400	200
竖曲线最小长度(m)		100	85	70	50	35	25	20

(二)竖曲线一般最小半径

竖曲线极限最小半径是缓和行车冲击和保证行车视距所必须的竖曲线半径的最小值,该值只有在地形受限制,迫不得已时采用。通常为了使行车有较好的舒适条件,设计时多采用大于极限最小半径的 1.5 ~ 2.0 倍,该值为竖曲线一般最小值。《标准》规定了各级公路的凸型和凹型竖曲线一般最小半径,见表 3-8。

(三)竖曲线最小长度

与平曲线相似,当坡度角很小时,即使有较大的竖曲线半径,竖曲线长度仍很短,这样会使司机产生急促的变坡感觉。因此,在竖曲线设计时,不但要满足竖曲线半径要求,而且还必须满足竖曲线最小长度规定。我国按照汽车在竖曲线上以设计速度行驶 3 s 行程为控制竖曲线最小长度。各级公路的竖曲线最小长度如表 3-8 所示。

三、竖曲线的设计和计算

(一)竖曲线设计的一般要求

(1)竖曲线设计,应选用较大的曲线半径。在不过分增加工程量的情况下,通常采用大于竖曲线一般最小半径的半径值,特别是当坡度差较小时,更应选择大半径,以利于视觉和路容美观。可参照表 3-9 选择竖曲线半径。

表 3-9　满足视觉要求的竖曲线最小半径

设计速度(km/h)	竖曲线半径(m)	
	凸型	凹型
120	20 000	12 000
100	16 000	10 000
80	12 000	8 000
60	9 000	6 000
40	3 000	2 000

(2)同向竖曲线应避免出现断背曲线，特别是两同向凹型竖曲线间如果直线坡段不长，应合并为单曲线或复曲线形式的竖曲线，

(3)反向竖曲线间最好设置一段直线坡段，直线坡段的长度一般不小于设计速度的 3 s 行程，以使汽车从失重（或增重）过渡到增重（或失重）有一个缓和段。

(4)竖曲线设置应满足排水需要。

(二)竖曲线计算

竖曲线计算就是确定设计纵坡上指定桩号的路基设计标高，其计算步骤如下。

(1)计算竖曲线的基本要素：竖曲线长 L、切线长 T、外距 E。

(2)计算竖曲线起、终点的桩号：

$$\text{竖曲线起点的桩号} = \text{变坡点的桩号} - T$$

$$\text{竖曲线终点的桩号} = \text{变坡点的桩号} + T$$

(3)计算竖曲线上任意点切线标高及改正值：

$$\text{切线标高} = \text{变坡点的标高} \pm (T - x) \times i$$

改正值：
$$y = \frac{x^2}{2R}$$

(4)计算竖曲线上任意点设计标高：

某桩号在凸型竖曲线的设计标高 = 该桩号在切线上的设计标高 $-y$

某桩号在凹型竖曲线的设计标高 = 该桩号在切线上的设计标高 $+y$

【例 3-1】 某山岭区二级公路，变坡点桩号为 K3 +030.00，高程为 427.68 m，前坡为上坡，$i_1 = +5\%$，后坡为下坡，$i_2 = -4\%$，竖曲线半径 $R = 2\ 000$ m，见图 3-8。试计算竖曲线诸要素以及桩号为 K3 +000.00 和 K3 +100.00 处的设计标高。

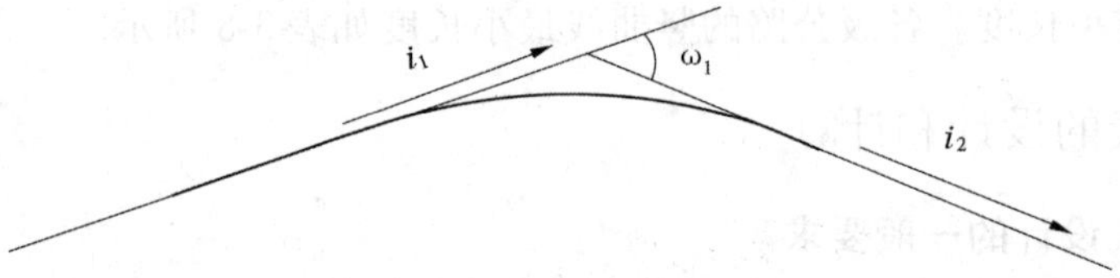

图 3-8 凸型竖曲线

解：(1)计算竖曲线要素：

$\omega = i_1 - i_2 = 5\% - (-4\%) = 0.09$，所以该竖曲线为凸型竖曲线。

曲线长：
$$L = R\omega = 2\ 000 \times 0.09 = 180(\text{m})$$

切线长：
$$T = L/2 = 180/2 = 90(\text{m})$$

外距：
$$E = \frac{T^2}{2R} = \frac{90^2}{2 \times 2\ 000} = 2.03(\text{m})$$

(2)竖曲线起、终点桩号：

竖曲线起点桩号 =（K3 +030.00）−90 = K2 +940.00

竖曲线终点桩号 =（K3 +030.00）+ 90 = K3 +120.00

(3)K3 +000.00、K3 +100.00 的切线标高和改正值：

K3 +000.00 的切线标高 = 427.68 -(K3 +030.00 - K3 +000.00) ×5% = 426.18(m)

K3 +000.00 的改正值 $=\frac{(K3+000.00-K2+940.00)^2}{2\times 2\,000}=0.90(m)$

K3 +100.00 的切线标高 =427.68 -(K3 +100.00 - K3 +030.00) ×4% = 424.88(m)

K3 +100.00 的改正值 $=\frac{(K3+120.00-K3+100.00)^2}{2\times 2\,000}=0.10(m)$

(4)K3 +000.00 和 K3 +100.00 的设计标高：

K3 +000.00 的设计标高 = 426.18 - 0.9 = 425.28(m)

K3 +100.00 的设计标高 = 424.88 - 0.1 =424.78(m)

第六节　公路平面与纵断面的线形组合

公路的空间线形是指由道路的平面线形和纵面线形所组成的空间立体形状。公路的空间线形应能保持视觉的连续性，并有足够的舒适感和安全感。公路平面与纵面线形组合设计是指在满足汽车运动学和力学要求的前提下，结合地形、地物、景观、视觉和经济性，研究满足驾驶员在视觉和心理方面的连续性、舒适性并与周围环境相协调，从而达到汽车行驶安全、舒适、快速和经济的目的。

一、平、纵面线形组合的设计原则

(1)应在视觉上能自然地引导驾驶员的视线，并保持视觉的连续性。必须尽力避免那些使驾驶员感到茫然、迷惑或判断失误的线形。在视觉上能否自然地诱导视线，是平、纵面线形组合的最基本问题。

如图 3-9 所示为恰当的平、纵面线形组合，视觉上美观、舒适也不单调，使驾驶员保持良好的心态，不产生紧张感。

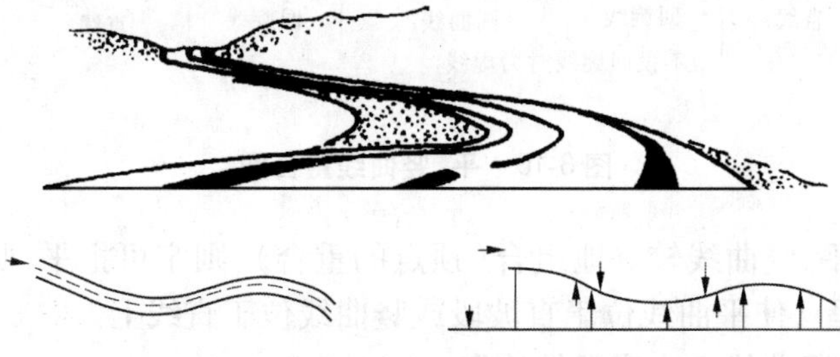

图 3-9　平曲线与竖曲线组合良好的线形

(2)注意保持平、纵面线形的技术指标大小应均衡，使线形在视觉上、心理上保持协调。它不仅影响线形的平顺性，而且与工程费用相关。对纵面线形反复起伏，在平面上却采用高标准的线形是无意义的。

根据经验，平曲线半径如果大于 1 000 m，竖曲线的半径为平曲线的 10 ~ 20 倍，即可达到平衡。

(3)选择组合得当的合成坡度，以利于路面排水和行车安全。合成坡度过大不利于行车，合成坡度过小则对排水不利。

有条件时，一般最大合成坡度不宜大于8%，最小合成坡度不小于0.5%。

(4)应注意线形与自然环境和景观的配合与协调。注意其与道路周围环境的配合，它可以减轻驾驶员的疲劳和紧张程度，并可起到引导视线的作用。

二、平曲线与竖曲线的组合

(一)平曲线与竖曲线应相互重合，且平曲线应稍长于竖曲线

(1)平、竖曲线顶点重合，且平包竖。这种组合是使平曲线和竖曲线对应，最好使竖曲线的起、终点分别放在平曲线的两个缓和曲线内，平曲线稍长于竖曲线，这是平、纵面线形最好的组合。

这种立体线形不仅能起诱导视线的作用，而且可取得平顺而流畅的效果。对于等级较高的道路应尽量做到这种组合，并使平、竖曲线半径都大一些才显得协调，特别是凹型竖曲线处车速较高，二者半径更应该大一些。

为了便于实际应用，把平曲线与竖曲线的组合形象地表示为如图3-10所示的形式。

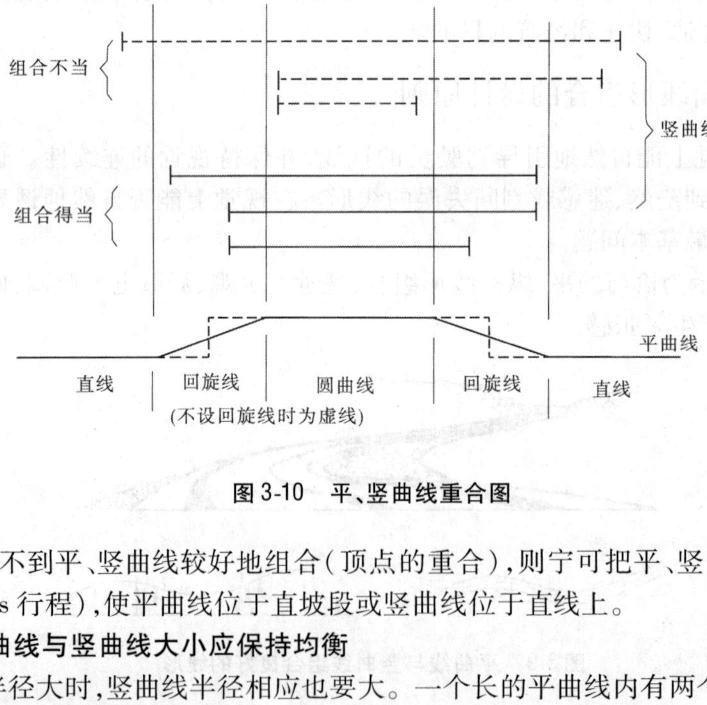

图3-10 平、竖曲线重合图

(2)若做不到平、竖曲线较好地组合(顶点的重合)，则宁可把平、竖曲线分开相当距离(不小于3 s行程)，使平曲线位于直坡段或竖曲线位于直线上。

(二)平曲线与竖曲线大小应保持均衡

平曲线半径大时，竖曲线半径相应也要大。一个长的平曲线内有两个以上竖曲线，或一个大的竖曲线含有两个以上平曲线，看上去非常别扭，如图3-11所示即为上述两种组合的透视形状。

根据德国计算统计，若平曲线半径小于1 000 m，竖曲线半径为平曲线半径的10～20倍时，便可达到均衡的目的。

(三)平、竖曲线应避免的组合

平、竖曲线重合是一种理想的组合，但由于地形等条件限制，这种组合不是总能争取

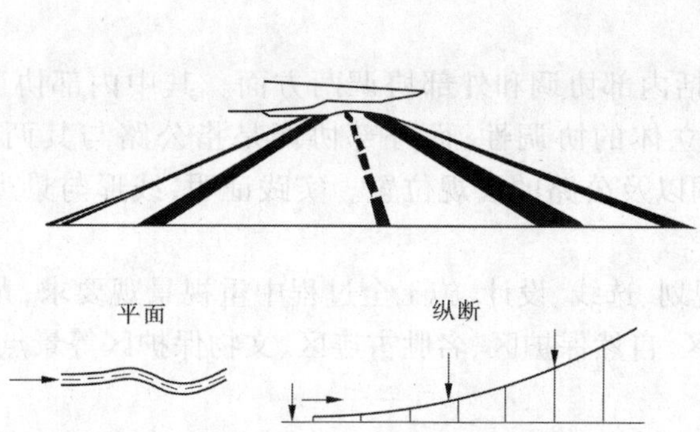

图 3-11 一个竖曲线含有多个平曲线的线形图

到的。如果平曲线的中点与竖曲线的顶(底)点位置错开不超过平曲线长度的 1/4,仍然可以获得比较满意的外观。但是,如果错位过大或大小不均衡就会出现视觉效果很差的线形。

(1)计算行车速度≥40 km/h 的道路,应避免在凸型竖曲线顶部或凹型竖曲线底部插入小半径的平曲线,前者会失去引导视线的作用,驾驶员须接近坡顶才发现平曲线,导致不必要的减速或发生交通事故;后者会出现汽车高速行驶时急转弯,行车不安全。

(2)凸型竖曲线的顶部或凹型竖曲线的底部不得与反向平曲线的拐点重合。主要是因为这样的组合除会发生行车危险外,组合后的扭曲会使线形很不美观。

(3)小半径竖曲线不宜与缓和曲线相重叠。对凸型竖曲线诱导性差,事故率较高;对凹型竖曲线路面排水不畅。

三、直线与纵断面的组合

(一)平面直线与纵面直线组合

平面的长直线与纵面的直坡线配合(纵坡不变的直线),对双车道公路超车方便,在平坦地区易与地形相适应。从视觉心理分析来看,由于这种线形单调乏味,行车中视景无变化,易使司机产生疲劳。

(二)平面直线与竖曲线组合

直线上一次变坡是很好的平、纵组合,从美学观点讲以包括一个凸型竖曲线为好,而包括一个凹型竖曲线次之;直线中短距离内两次以上变坡会形成反复凸凹的"驼峰"和"凹陷",看上去线形既不美观也不连贯,使驾驶员的视线中断。因此,只要路线有起有伏,就不要采用长直线,最好使平面路线随纵坡的变化略加转折,并把平、竖曲线合理地组合。但要避免驾驶员一眼能看到路线方向转折两次以上或纵坡起伏三次以上。

四、平、纵面线形组合与景观的协调配合

公路作为一种人工构造物,应将其视为景观的对象来研究。修建公路会对自然景观产生影响,有时会产生一定破坏作用。而公路两侧的自然景观反过来又会影响公路上汽车的行驶,特别是对驾驶员的视觉、心理以及驾驶操作等都有很大影响。

公路景观工程包括内部协调和外部协调两方面。其中内部协调主要是指平、纵面线形视觉的连续性和立体的协调性；而外部协调是指公路与其两侧坡面、路肩、中间带、沿线设施等的协调以及公路的宏观位置。实践证明，线形与景观的配合应遵循以下原则：

(1)应在公路的规划、选线、设计、施工全过程中重视景观要求，尤其在规划和选线阶段。比如对风景旅游区、自然保护区、名胜古迹区、文物保护区等景点和其他特殊地区，一般以绕避为主。

(2)应能提供视野的多样性，力求与周围的风景自然地融为一体。充分利用自然风景如孤山、湖泊、大树等，或人工建筑物如水坝、桥梁、高烟囱、农舍等，或在路旁设置一些设施，以消除单调感，并使公路与自然密切结合。

(3)尽量少破坏沿线自然景观，比如沿线周围的地貌、地形、天然树林、池塘、湖泊等避免深挖高填。纵面尽量减少填挖；横面设计要使边坡造型和绿化与现有景观相适应，弥补必要填挖对自然景观的破坏。

(4)不得已时，可采取修整、植草皮、种树等措施加以补救。

(5)条件允许时，以适当放缓边坡或将其变坡点修整圆滑，以使边坡接近于自然地面形状，增进路容美观。

(6)应进行综合绿化处理，避免形式和内容上的单一化，将绿化视做引导视线、点缀风景以及改造环境的一种技术措施进行专门设计。

第七节　纵断面设计成果

纵断面设计成果，主要包括路线纵断面图和路基设计表。

一、纵断面设计图

纵断面设计图是公路设计的重要文件之一，也是纵断面设计的最后成果。

纵断面图采用直角坐标，以横坐标表示里程桩号、纵坐标表示高程。为了明显地反映中线地面起伏形状，通常将横坐标的比例采用 1∶2 000，纵坐标采用 1∶200，如图 3-12 所示。

(一)纵断面图的内容

(1)桩号里程，地面高程与地面线，设计高程与设计线，施工填挖高度。

(2)设计线的纵坡度及坡长。

(3)竖曲线及其要素，平曲线资料。

(4)设计排水沟沟底线及坡度、距离、高程、流水方向，土壤地质情况。

(5)沿线桥涵及人工构造物的位置、结构类型、孔数及孔径。

(6)与铁路、公路交叉的桩号及路名。

(7)沿线跨越河流的名称、桩号、常水位及最高洪水位。

(8)水准点位置、编号和高程。

(9)断链桩位置、桩号及长短链关系。

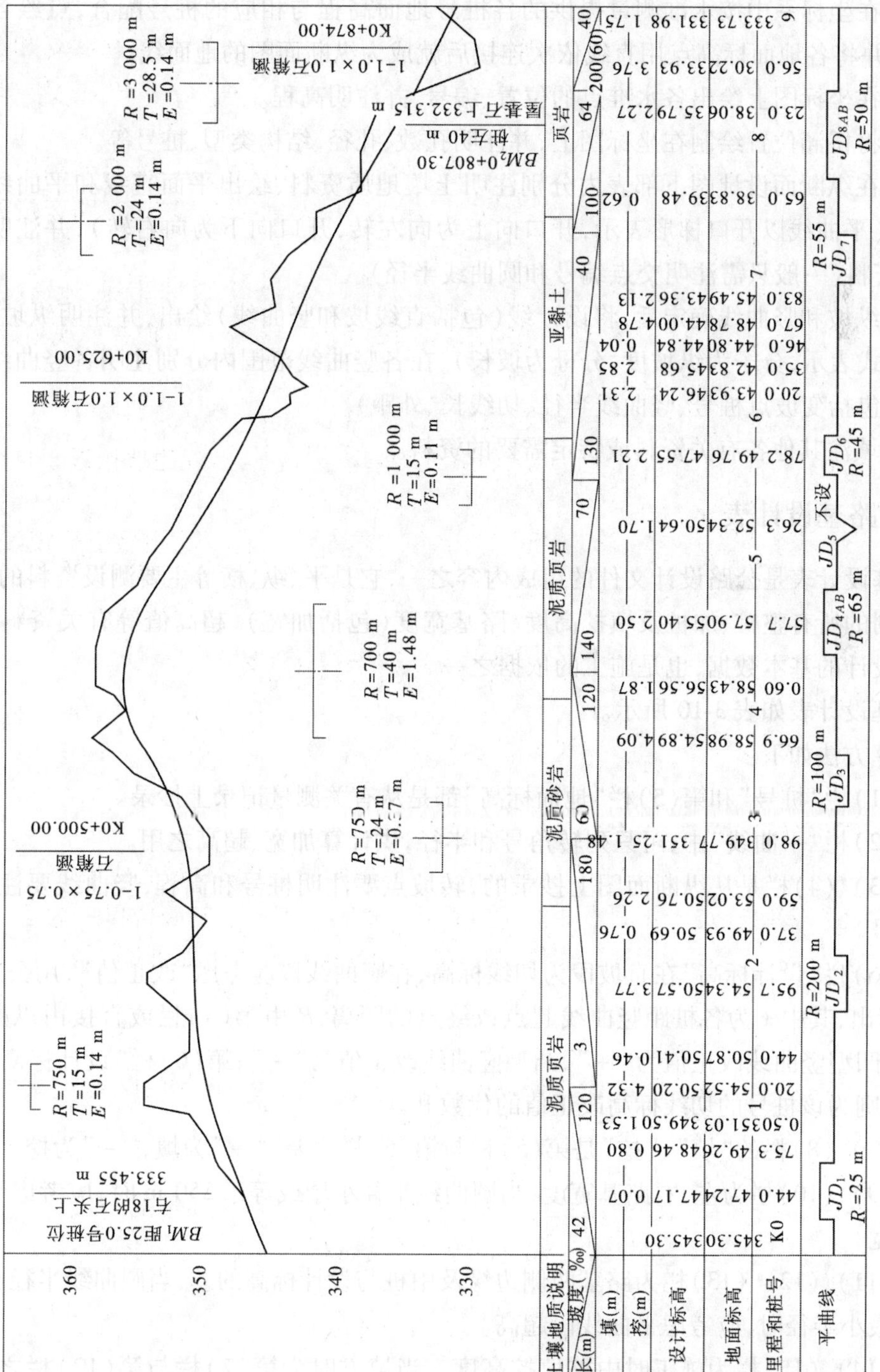

图 3-12 公路路线纵断面图

(二)绘制纵断面设计图的步骤

(1)按一定的比例,在透明毫米方格计算纸上标出与本图适应的横向和纵向坐标,横向坐标标出百米桩号,纵向坐标标出整十米高程。

(2)在坐标系中按水准测量提供的各桩号地面高程与相应的桩号配合,点绘各桩号地面点,并将各地面标高点用直线依次连接后就成为纵断面图的地面线。

(3)在坐标图上绘出各水准点的位置、编号,并注明高程。

(4)将桥涵位置绘制在坐标图上,并注明孔数、孔径、结构类型、桩号等。

(5)在纵断面设计图下部表内分别注明土壤地质资料、绘出平面直线和平曲线的位置、转向(平曲线以开口梯形表示,开口向上为向左转,开口向下为向右转),并注明平曲线有关资料(一般只需注明交点编号和圆曲线半径)。

(6)纵坡和竖曲线确定后,将设计线(包括直线坡和竖曲线)绘出,并注明纵坡度、坡长(以分式表示,分子为纵坡度,分母为坡长),在各竖曲线范围内分别注明各竖曲线的基本要素(包括变坡点桩号、竖曲线半径、切线长、外距)。

(7)填注其他各有关资料或特定需要的资料。

二、路基设计表

路基设计表是公路设计文件的组成内容之一,它是平、纵、横等主要测设资料的综合。表中填列的所有整桩、加桩及填挖高度、路基宽度(包括加宽)、超高值等有关资料,路基横断面设计的基本数据,也是施工的依据之一。

路基设计表如表3-10所示。

填算方法如下:

第(1)栏“桩号”和第(5)栏“地面标高”都是从有关测量记录上抄录。

第(2)栏“平曲线”中,可只列转角号和半径,供计算加宽、超高之用。

第(3)、(4)栏是从纵断面图上抄录的,转坡点要注明桩号和高程,竖曲线要注明起、终点桩号。

第(6)栏“设计标高”在直坡段为切线标高,在竖曲线段应考虑“改正值”,用公式 $Y=x^2/2R$ 算出,其中 x 为各桩距竖曲线起点或终点的距离,R 由第(4)栏或直接由纵断面图上抄录,凹型竖曲线改正值为“+”,凸型竖曲线改正值为“-”;第(6)栏“设计标高”在竖曲线内,则为该桩号的切线标高改正值的代数和。

第(7)、(8)栏的“填”、“挖”是第(5)栏与第(6)栏之差,“+”为填,“-”为挖。

第(9)、(10)栏为左、右路基宽度,当圆曲线半径小于或等于250 m时,应考虑平曲线内侧加宽。

第(11)、(12)、(13)栏为路基两侧边缘及中桩与设计标高的差,当圆曲线半径小于不设超高最小半径时,应考虑平曲线段超高。

第(14)、(15)栏为施工时中桩填挖高度。当填方时为第(7)栏与第(12)栏之和,当挖方时为第(8)栏与第(12)栏之差。

表 3-10　路基设计表

桩号	平曲线	边坡点高程、桩号及纵坡坡度、坡长(m)	竖曲线	地面标高(m)	设计标高(m)	填挖高度(m)		路基宽(m)		路边及中桩与设计标高之高差(m)			施工时中桩(m)		备注
						填	挖	左	右	左	中桩	右	填	挖	
(1)	(2)	(3)	(4)	(5)	(6)	(7)	(8)	(9)	(10)	(11)	(12)	(13)	(14)	(15)	(16)
K2+100.00				160.76	159.92		0.84	7.50	7.50	0.00	0.15	0.00		0.69	
K2+120.00				161.56	159.75		1.81	7.50	7.50	0.00	0.15	0.00		1.66	
K2+140.00				164.03	159.59		4.44	7.50	7.50	0.00	0.15	0.00		4.29	
K2+160.00				164.23	159.43		4.80	7.50	7.50	0.00	0.15	0.00		4.65	
K2+180.00				162.15	159.28		2.87	7.50	7.50	0.00	0.15	0.00		2.72	
K2+200.00				163.17	159.14		4.03	7.50	7.50	0.00	0.15	0.00		3.88	
K2+220.00		K2+100		163.20	159.00		4.20	7.50	7.50	0.00	0.15	0.00		4.05	
K2+240.00		$i=-0.65\%$		163.87	158.87		5.00	7.50	7.50	0.00	0.15	0.00		4.85	
K2+260.00		$L=400$		165.69	158.74		6.95	7.50	7.50	0.00	0.15	0.00		6.80	
K2+280.00				166.31	158.61		7.70	7.50	7.50	0.00	0.15	0.00		7.55	
K2+300.00			+243.5	166.36	158.48		7.88	7.50	7.50	0.00	0.15	0.00		7.73	
ZH+315.00	JD_5 右			166.30	158.37		7.93	7.50	7.50	0.00	0.15	0.00		7.78	
ZH+340.00	78°53′21″	157.175		166.06	158.22		7.84	7.50	7.71	0.59	0.29	−0.04		7.55	
HY+360.00	$R=200$		+404.6	166.06	158.08		7.98	7.50	7.90	1.11	0.51	−0.12		7.47	
HY+380.00	$L_{s1}=45$			166.20	157.96		8.24	7.50	7.92	1.11	0.51	−0.12		7.73	
HY+400.00	$L_{s2}=45$ $T_1=187.38$			166.01	157.83		8.18	7.50	7.90	1.11	0.51	−0.12		7.67	
HY+420.00	$T_2=187.38$		凹	165.95	157.70		8.25	7.50	7.90	1.11	0.51	−0.12		7.74	
HY+440.00	$L=320.375$		$R=18\ 000$	165.61	157.60		8.01	7.50	7.90	1.11	0.51	−0.12		7.50	
HY+460.00	$E=59.533$		$T=95.4$	165.63	157.52		8.11	7.50	7.90	1.11	0.51	−0.12		7.60	

复习思考题

3-1　公路纵坡设计应考虑哪些技术指标？

3-2　汽车行驶的基本条件是什么？线形设计可以从哪些方面保证这些基本条件？

3-3　汽车行驶有哪些阻力？当汽车行驶状态和公路条件发生变化时，这些阻力发生怎样的变化？

3-4　纵断面设计的一般步骤和方法有哪些？

3-5　纵断面设计为什么要设计竖曲线？《标准》在制定竖曲线最小半径时主要考虑哪些因素？

3-6　公路平、纵面线形组合设计的原则有哪些？为了满足这些原则，平曲线与竖曲线，平面与纵坡应满足哪些要求？

3-7　简述平原区、丘陵区、山岭区纵断面设计标高控制的主要因素。

3-8　某公路变坡点的桩号为 K2 +260，高程为 387.62 m，前一坡段 $i_1 = 5\%$，后一坡段 $i_2 = 1\%$；竖曲线的半径 $R = 5\,000$ m。试确定：

(1)判别竖曲线的凹凸性，并计算竖曲线的要素。

(2)计算竖曲线起、终点的桩号。

(3)计算 K2 +200.00、K2 +240.00、K2 +380.00、K2 +500.00 各点的设计标高。

3-9　山岭重丘区某三级公路，某坡段坡度为 6%，坡长采用 300 m，紧接设坡度为 5% 的坡，坡长采用 200 m，问在其后面是否还能接 7% 的陡坡？坡长最长为多少？

第四章　横断面设计

本章重点

(1)标准横断面与典型横断面图。

(2)横断面设计方法。

(3)路基土石方数量计算及调配。

公路中线的法线方向剖面图称为公路横断面图。公路横断面图是由横断面设计线和地面线构成的。其中横断面设计线包括行车道、路肩、分隔带、边沟边坡、截水沟、护坡道以及取土坑、弃土堆、环境保护等设施。高速公路和一级公路上还有变速车道、爬坡车道等。而横断面中的地面线是表征地面起伏变化的那条线,它是通过现场实测或由大比例尺地形图、航测像片、数字地面模型等途径获得的。公路横断面设计是根据行车对公路的要求,结合当地的地形、地质、气候、水文等自然因素,确定横断面的形式、各组成部分的位置和尺寸。设计的目的是保证足够的断面尺寸、强度和稳定性,使之经济合理,同时为路基土石方工程数量计算、公路的施工和养护提供依据。

第一节　标准横断面与典型横断面

一、标准横断面

高速公路和一级公路的路基横断面上下行用中央分隔带分开,其横断面由行车道、中间带、路肩以及紧急停车带、爬坡车道、变速车道等组成,如图 4-1 所示。

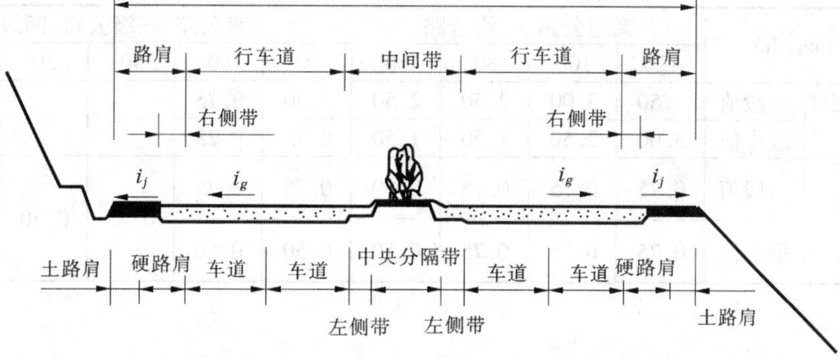

图 4-1　高速公路及一级公路路基标准横断面

二、三、四级公路的路基横断面由行车道、路肩以及错车道组成,如图 4-2 所示。我国《标准》规定路基宽度、路肩道宽度见表 4-1、表 4-2。

一般情况下采用表4-1、表4-2中的“一般值”，只有在地形特别困难和其他特殊情况限制时，局部路段才能使用“最小值”。

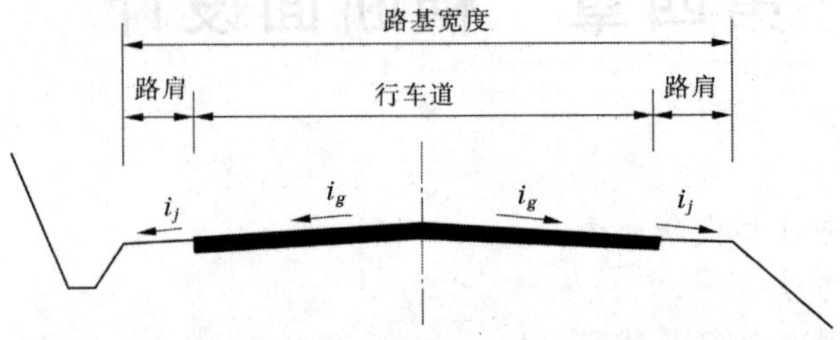

图4-2　二、三、四级公路路基标准横断面图

表4-1　各级公路路基宽度

公路等级		高速公路、一级公路								
设计速度(km/h)		120			100			80		60
车道数		8	6	4	8	6	4	6	4	4
路基宽度(m)	一般值	45.00	34.50	28.00	44.00	33.50	26.00	32.00	24.50	23.00
	最小值	42.00	—	26.00	41.00	—	24.50	—	21.50	20.00
公路等级		二级公路、三级公路、四级公路								
设计速度(km/h)		80		60		40		30	20	
车道数		2		2		2		2	2或1	
路基宽度(m)	一般值	12.00		10.00		8.50		7.50	6.5（双车道）	4.5（单车道）
	最小值	10.00		8.50		—		—		

表4-2　公路路肩宽度

设计速度(km/h)		高速公路、一级公路				二级公路、三级公路、四级公路				
		120	100	80	60	80	60	40	30	20
右侧硬路肩宽度(m)	一般值	3.50	3.00	2.50	2.50	1.50	0.75	—	—	—
	最小值	3.00	2.50	1.50	1.50	0.75	0.25			
土路肩宽度(m)	一般值	0.75	0.75	0.75	0.50	0.75	0.75	0.75	0.50	0.25（双车道） 0.50（单车道）
	最小值	0.75	0.75	0.75	0.50	0.50	0.50			

二、典型横断面

公路横断面的设计一般不做单独计算，其断面形式可结合当地地形、地质、水文、填挖高度等情况，直接按典型横断面（如图4-3所示）的规定进行布置，而不必进行个别论证和验算。

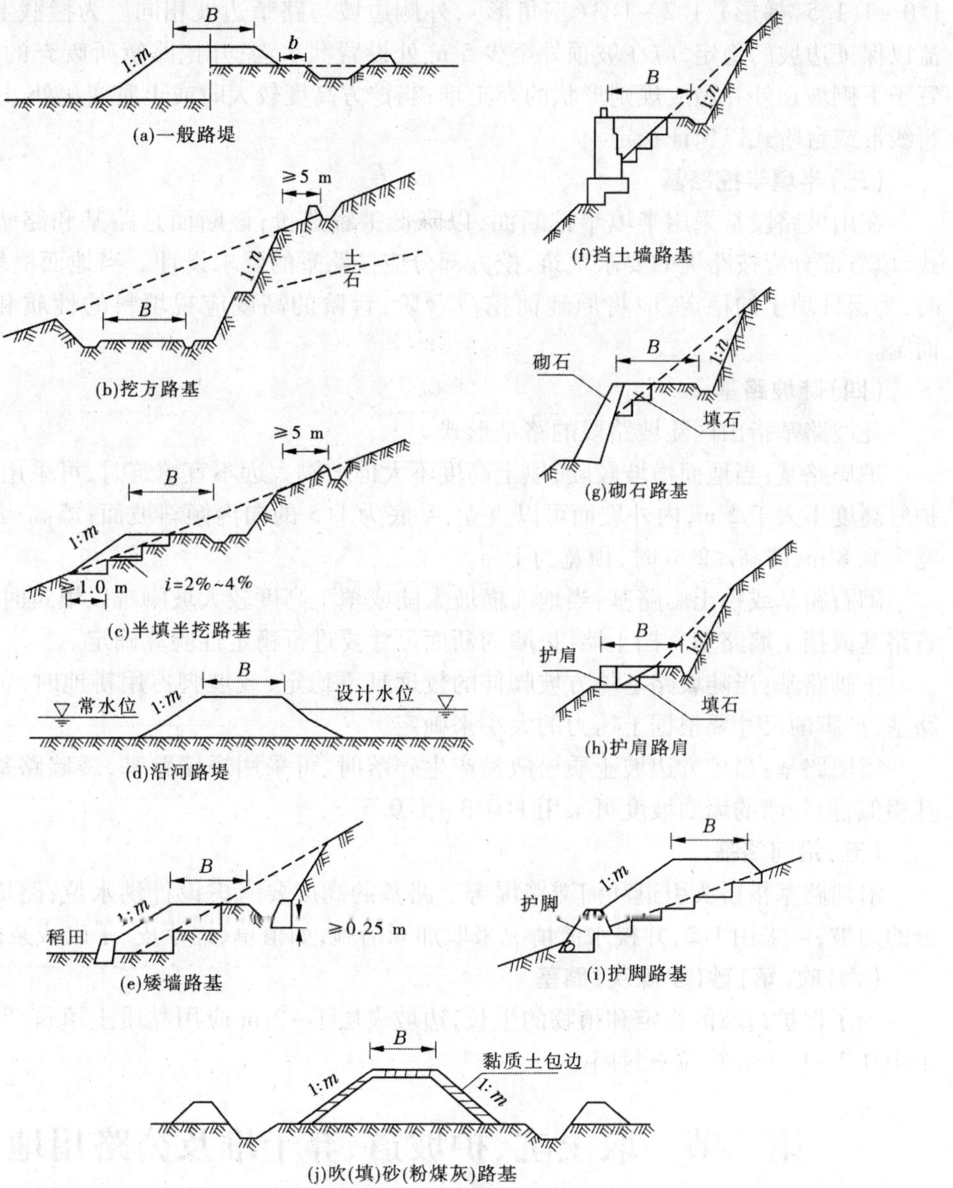

图 4-3　路基典型横断面

(一)一般路堤

路基填土高度小于 20 m 大于 0.5 m 的路堤称为一般路堤;路基填土高度小于 0.5 m 的路堤称为矮路堤,矮路堤必须在边坡坡脚处设计边沟;当填土高度大于 2 m 时,可将边沟断面扩大成取土坑以满足填土要求;当填土高度大时,为保证边坡稳定,宜采用折线形边坡。

(二)一般路堑

当路基挖方深度小于 20 m,一般地质条件下的路堑称为一般路堑。路堑路段均应设置边沟，边沟断面可根据土质情况采用梯形、矩形或三角形，内侧边坡可采用1∶0（矩形）、1∶0～1∶1.5（梯形）、1∶2～1∶3（三角形），外侧边坡与路堑边坡相同。为拦截上侧地面径流以保证边坡的稳定，应在坡顶外至少5 m处设置截水沟；开挖路堑所废弃的土石方，应置于下侧坡顶外并做成规则形状的弃土堆；当挖方高度较大时或土质变化处，边坡应做成折线形或台阶式以保证稳定。

（三）半填半挖路基

在山坡路段常采用半填半挖断面，以降低工程造价；该断面是路基和路堑的结合形式，填方部分应按路堤的要求填筑，挖方部分应按路堑的要求设计。当地面横坡大于1∶5时，为保证填土的稳定，应将原地面挖成台阶，台阶的高度应视填料的性质和施工方法而定。

（四）陡坡路基

陡坡路基指山区陡坡路段的路基形式。

护肩路基：当地面横坡较陡，填土高度不大但坡脚太远不宜填筑时，可采用护肩路基，护肩高度不大于2 m，内外坡面可以直立，基底为1∶5的向内倾斜坡面；墙高≤1 m时，顶宽为0.8 m，墙高≤2 m时，顶宽为1 m。

砌石路基或挡土墙路基：当地面横坡太陡或填土高度较大坡脚难以填筑时，可采用砌石路基或挡土墙路基。挡土墙、护墙的断面尺寸要进行稳定性验算确定。

护脚路基：当陡坡路基填方坡脚伸的较远且不稳定，或坡脚占用耕地时，可采用护脚路基，护脚的尺寸要根据土压力的大小来确定。

矮墙路基：当挖方边坡土质松散易产生碎落时，可采用矮墙路基，矮墙路基与护肩路基相似，但外墙的墙面坡度可采用1∶0.3～1∶0.5。

（五）沿河路基

沿河路基指桥头引道和河滩路堤等。路基的高度要考虑设计洪水位；路堤的浸水部分的边坡，可采用1∶2，并视水流情况采取加固措施，如植草、铺草皮、干砌或浆砌片石等。

（六）吹（填）砂（粉煤灰）路基

为了保护边坡的稳定和植物的生长，边坡表层1～2 m应用黏质土填筑，路床顶面可采用0.3～0.5 m粗粒土封闭。

第二节　取土坑、护坡道、弃土堆及公路用地

为了确保路基稳定和行车安全，一般与路基工程有关的附属设施有取土坑、弃土堆、护坡道、碎落台、堆料坪及错车道等。这些设施是道路横断面的组成部分，正确合理地设置是非常重要的。

一、取土坑

路基土石方调配应尽量以挖方作填方，如需从取土坑取土（借方）时，应对取土坑的设置予以规划。应考虑土方运输经济合理，有利于路基稳定，便于排水，有规则整齐的外形，充分利用荒山，借土造田等。取土坑分路侧取土和路外集中取土两种。

(一)路侧取土

1.取土坑的位置

地面横坡为不大于1:10的平坦的地区,如果用土量较少,可在路基两侧设置取土坑;地面横坡为大于1:10的平坦的地区,取土坑最好设置在地势较高的一侧,这样取土坑可兼作截水沟。

2.取土坑的深度和宽度

取土坑的深度和宽度应根据所取土的数量、施工方法和排水的要求而定。在平原区,其深度一般为1.0 m。如所需借土量很大,应在少占耕地的原则下,按地质和水文情况将取土坑适当加宽。

3.取土坑的边坡坡度

一般内侧边坡可采用1:1.5,外侧边坡不陡于1:1。

4.取土坑的纵坡

取土坑的底面纵坡应不小于0.3%,以利排水,同时取土坑的出水口处的坑底标高应不低于所流入的桥涵进口的标高。

(二)路外集中取土

路外集中取土应尽量设在荒山、荒地和地势较高的山地上,取土坑的宽度和深度,应与当地联系,统筹规划、布置。

二、弃土堆

开挖路堑的弃土可用来适当加宽路基,以减少废方,防止废方堆置不当而影响路堑稳定或造成水土流失,危害农田水利,淤塞河道、沟渠及造成其他不良后果。在设计时必须妥善考虑弃土堆的设置。设置弃土堆的一般规定如下:

(1)弃土堆的位置通常选择路堑下方荒地或低洼处;当地面横坡小于1:5时,可在路堑两侧设置。弃土堆内侧坡角与路堑坡顶之间的距离,当土质干燥坚硬时应不小于3.0 m,当土质潮湿软弱时应不小于路堑深度加5.0 m。

(2)弃土堆的形状应规则整齐,一般为梯形断面。顶宽视弃土数量而定,顶面有2%的向外横坡,高度一般不超过3 m,边坡不陡于1:1.5。

(3)在上坡方向的弃土堆,应连续而不中断,并在弃土堆前设置截水沟,在下坡方向的弃土堆,应每隔50~100 m设不小于1 m宽的缺口,以利于排水。

(4)沿河弃土时,不得阻塞河流、挤压河道,以免造成河岸冲刷。

三、护坡道

护坡道的作用是减缓路堤边坡的平均坡度,是保证路堤稳定的措施之一,在路堤边坡上采用较多。护坡道一般设置在路堤坡角处或挖方坡角处,高路堤还应在变坡中部或变坡点处设置。浸水路基的护坡道,可设在浸水线以上的边坡上。

一般情况下,当路堤填土高度小于或等于2 m时可不设护坡道;当路堤填土高度大于2 m时,应设置宽度为1 m的护坡道;当路堤填土高度大于6 m时,应设置宽度为2 m的护坡道。为利于排水,护坡道表面应做成向外侧倾斜2%的横坡。

四、公路用地

（一）定义

公路用地是指为修建、养护公路及其沿线设施，依照国家规定所征用的地幅。

征用公路用地应遵守国家的有关土地法规。确定公路用地时既要考虑公路建设的必需用地，又要兼顾农业生产和群众利益。在公路用地范围内不得修建非路用建筑物。

（二）公路用地范围

对于新建公路，填方地段为公路路堤两侧排水沟外边缘（无排水沟时为路堤或护坡道坡脚）以外，挖方地段为路堑坡顶截水沟外边缘（无截水沟为坡顶）以外不小于1m的土地范围。在有条件的地段，高速公路、一级公路不小于3 m，二级公路不小于2 m范围内的土地为公路用地范围。高填深挖地段应根据计算要求确定用地范围。

现有公路，一般保持原地范围不变。

桥梁、隧道、互通式立体交叉、分离式立体交叉、平面交叉、交通安全设施、服务设施、管理设施、绿化以及料场、苗圃等应根据实际需要确定用地范围。

特殊情况下，如在风沙、雪害等特殊地带，设置防护设施时，应根据实际需要确定用地范围。

第三节 路基边坡

路基边坡是路肩的外边缘与坡脚（路堑则为边沟外侧沟底与坡顶）所构成的坡面，是支撑路基主体的重要组成部分。路基边坡坡度对路基整体稳定性起决定作用，是横断面设计的重要任务。公路路基边坡的坡度，用边坡的高度与宽度的比值来表示，如1∶0.5、1∶1、1∶1.5等。

路基边坡坡度的大小，取决于边坡的高度和土壤的性质，且与当地的气候、水文地质等自然因素有关。确定路基边坡坡度对路基稳定和横断面的经济合理至关重要，设计时必须全面考虑。一般路基的边坡坡度，可根据多年实践经验和设计规范推荐的数值采用。

一、路堤边坡

路堤的边坡坡度，应根据填料的物理力学性质、气候条件、边坡高度以及基底的工程地质和水文地质条件进行合理的选定。

（一）填土路堤边坡

当路堤基地良好、边坡高度不大于20 m时，其边坡坡度不宜陡于表4-3的规定值。对边坡高度大于20 m的路堤，边坡形式宜采用阶梯形，边坡坡度必须进行稳定性分析计算确定，并应进行个别设计。

浸水路堤在设计水位以下部分的边坡坡度，不宜陡于1∶1.75；在常水位以下部分可采用1∶2.0~1∶3.0。

（二）砌石路基边坡

当公路沿线有大量天然石料或路堑开挖的废石方时，可用于填筑路堤。

表 4-3 路堤边坡坡度

填料类别	边坡坡度	
	上部高度 (H≤8 m)	下部高度 (H≤12 m)
细粒土	1∶1.5	1∶1.75
粗粒土	1∶1.5	1∶1.75
巨粒土	1∶1.3	1∶1.5

填石路基应选用当地不易风化的片、块石砌筑，内侧填石；岩石风化严重或软质岩石路段不宜采用砌石路基。砌石顶宽不小于0.8 m，基底面以1∶5向内倾斜，砌石高度不宜超过15 m。砌石内、外坡度不宜大于表4-4的规定值。

表 4-4 砌石边坡坡度

序号	砌石高度(m)	内坡坡度	外坡坡度
1	≤5	1∶0.3	1∶0.5
2	5～10	1∶0.5	1∶0.67
3	10～15	1∶0.6	1∶0.75

二、路堑边坡

(一)土质路堑边坡

土质路堑边坡形式及坡度应根据工程地质条件、边坡高度、排水措施、施工方法，并结合自然稳定和人工边坡的调查及力学分析综合确定。边坡高度不大于20 m时，边坡坡度不宜大于表4-5的规定值。边坡高度大于20 m时，应进行个别勘察设计。

表 4-5 土质挖方边坡坡度

土的类别		边坡坡度
黏土、粉质黏土、塑性指数大于3的粉土		1∶1
中密以上的中砂、粗砂、砾砂		1∶1.5
卵石土、碎石土、圆砾土、角砾土	胶结和密实	1∶0.75
	中密	1∶1

(二)岩质路堑边坡

大量的实践证明，岩石路堑边坡坡度大小，主要与其构造、风化破碎程度、岩石种类、边坡高度有关。边坡坡度不大于30 m时，无外倾软弱结构面的边坡坡度参照表4-6确定。该表所列坡度为一般条件下的经验数值，因此实际运用时，应根据工程地质与水文地质条件、边坡高度、施工方法，并结合自然稳定和人工边坡的调查综合确定。

对于有外倾软弱结构面的岩质边坡、坡顶边缘附近有较大荷载的边坡、边坡高度超过30 m的边坡，边坡坡度应通过稳定性分析计算确定。

表 4-6　岩质路堑边坡坡度

边坡岩体类型	风化程度	边坡坡度	
		$H<20$ m	20 m$\leqslant H<30$ m
Ⅰ类	未风化、微风化	1:0.1～1:0.3	1:0.1～1:0.3
	弱风化	1:0.1～1:0.3	1:0.3～1:0.5
Ⅱ类	未风化、微风化	1:0.1～1:0.3	1:0.3～1:0.5
	弱风化	1:0.3～1:0.5	1:0.5～1:0.75
Ⅲ类	未风化、微风化	1:0.3～1:0.5	
	弱风化	1:0.5～1:0.75	
Ⅳ类	弱风化	1:0.5～1:1	
	弱风化	1:0.75～1:1	

注：1. 有可靠的资料和经验时，可不受本表限制。
2. Ⅳ类强风化包括各类风化程度的极软岩。

第四节　横断面设计方法

一、基本要求

公路横断面是由横断面地面线和横断面设计线构成的，地面线是对各桩号的横断面测量所得，设计线是以纵断面确定的填挖高度和平面设计确定的路基宽度、超高、加宽值，结合当地的地形、地质等自然条件，参考典型横断面图式，逐桩号得出横断面设计；对采用挡土墙、护坡等结构物的路段，所采用结构物应绘于相应的横断面图上，并注明其起讫桩号、圬工种类和断面的尺寸，结构物的尺寸要根据土压力的大小，经稳定性验算确定。

路基横断面形式和尺寸实际上在确定路线平面位置时就已经有了考虑，在纵断面设计中又根据路线标准和地形条件对路基的合理高度，特别是工程艰巨路段已仔细作了分析研究，拟订了横断面方案。因此，施工图设计阶段的横断面设计是在总结上述工作的基础上把它具体化，绘制横断面设计图纸，作为计算土石方数量和日后施工的依据。

横断面设计，必须结合地形、地质、水文等条件，本着节约用地的原则，选用合理的断面形式，以满足行车顺适、工程经济、路基稳定且便于施工和养护的要求。

在设计每个横断面时，应参考路基典型横断面图示，断面中的边坡坡率、边沟尺寸、挡土墙断面必须按现行《公路路基设计规范》(JTG D30—2004)的规定办理。对高填、深挖、特殊地质、浸水路基等应单独设计。

二、横断面设计方法和步骤

(1)按1:200的比例绘制横断面地面线；定测阶段，横断面地面线是现场测绘的，若纸上定线，可在大比例的地形图上内插获得。在计算机辅助设计中，可以通过数字化仪或键盘向计算机输入横断面各变化点相对中桩的坐标，由计算机自动绘制。

(2)从“路基设计表”中抄入路基中心填挖高度，逐桩标注相应中桩的填(T)挖(W)高度、路基宽度，对于有超高和加宽的曲线路段，还应抄入“左高”、“右高”、“左宽”、“右宽”等数据。

(3)根据现场调查资料，标出各断面土石分界线，确定边坡坡度和边沟尺寸及形状。参照“标准横断面图”设计出各桩号路基横断面设计线，用左右路肩边缘的连线作为路面的路拱横坡线，然后根据边坡坡度绘出边坡线，在需要各种支挡工程和防护工程的地方画出该工程结构的断面示意图。在计算机辅助设计中，由计算机自动设计，并利用人机对话调整特殊断面。

(4)有超高时，按旋转方式绘出超高横坡度的路肩边缘连线；有加宽时，绘出加宽后的左右路肩边缘连线；两者都存在时，应绘出它们合成的横断面设计线。

(5)根据排水设计需要，画出路基边沟、截水沟、取土坑、挡土墙等横断面设计内容。必要时需注明各部分尺寸(不必绘出路拱，但必须绘出超高、加宽)。经检查无误后，修饰描绘。

(6)分别计算各桩号断面的填方面积(A_T)、挖方面积(A_W)，并标注于图上。一条道路的横断面图数量极大，为提高手工绘制的工作效率，可事先制作若干透明模板。但根本的解决办法是“路线 CAD”，它不但能准确绘制横断面图，而且能自动解算横断面面积。

(7)对于特殊路基还应单独设计，绘制特殊路基设计图。

第五节　路基土石方数量计算及调配

路基土石方是公路工程的一项主要工程量，在公路设计和路线方案比较中，路基土石方数量的多少影响公路的造价、工期、用地等方面，是评价公路测设质量的主要技术经济指标之一。在编制公路施工组织计划和工程概预算时，还需要确定分段和全线路基土石方数量。

土石方数量及其调配，关系到取土或弃土地点、公路用地，并对工程造价、所需劳动力和机具设备的数量和施工工期有一定的影响。

土石方数量计算与调配的任务是计算每公里路段的土石方数量和全线总土石方数量，设计挖方的利用和填方的来源及运距，编制工程概预算，确定合理的施工方法。

因为地面形状是很复杂的，填、挖方不是简单的几何体，所以其计算只能是近似的，计算的精确度取决于中桩间距、测绘横断面时采点的密度和计算公式与实际情况的接近程度等。计算时一般应按工程的要求，在保证使用精度的前提下力求简化。

一、横断面面积计算

路基的填挖断面面积，是指断面图中原地面线与路基设计线所包围的面积，高于地面线者为填，低于地面线者为挖，两者应分别计算。通常采用积距法和坐标法。

(一)积距法

如图 4-4 所示将断面按单位横宽划分为若干个梯形和三角形，每个小条块的面积近似按每个小条块中心高度与单位宽度的乘积：$A_i = bh_i$，则横断面面积：

$$A = b\,h_1 + b\,h_2 + b\,h_3 + \cdots + b\,h_n = b\sum h_i \tag{4-1}$$

当 $b = 1$ m 时，则 A 在数值上就等于各小条块平均高度之和 $\sum h_i$。

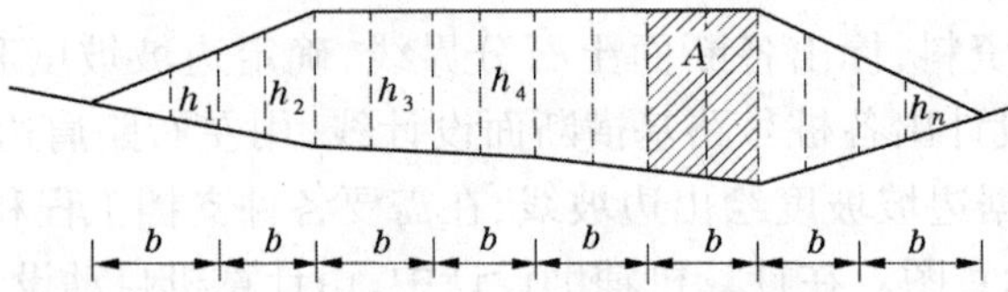

图 4-4　横断面面积计算（积距法）

（二）坐标法

如图 4-5 已知断面图上各转折点坐标 (x_i, y_i)，则断面面积为：

$$A = \left[\sum (x_i\,y_{i+1} - x_{i+1}y_i)\right]/2 \tag{4-2}$$

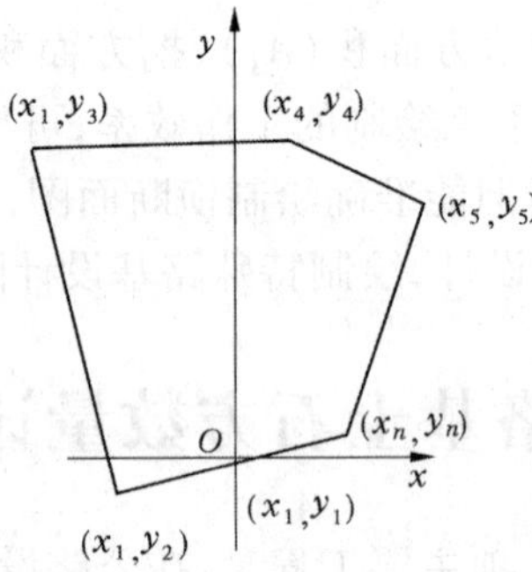

图 4-5　横断面面积计算（坐标法）

坐标法的计算精度较高，适宜用计算机计算。

计算横断面面积的方法还有几何图形法、数方格法、求积仪法等，这里不再介绍。

在横断面面积计算时应注意以下问题：

（1）填方和挖方的面积应分别计算。

（2）由于工程造价不同，填方或挖方的土方和石方也应分别计算。

（3）有时横断面上的某一部分面积既是挖方，又算做填方面积。例如，淤泥既要挖除，又要回填其他材料。

二、土石方数量计算

路基土石方计算工作量较大，加之路基填挖变化的不规则性，要精确计算土石方体积是十分困难的。在工程上通常采用近似计算。有平均断面法和棱台体积法。

（一）平均断面法

平均断面法假定相邻断面间为一棱柱体，则其体积为：

$$V = (A_1 + A_2)\frac{L}{2} \tag{4-3}$$

式中 V——体积，即土石方数量，m^3；

A_1、A_2——相邻两断面的面积，m^2；

L——相邻断面之间的距离，m。

如图 4-6 所示，用平均断面法计算土石方体积简便、实用，是公路上常采用的方法。

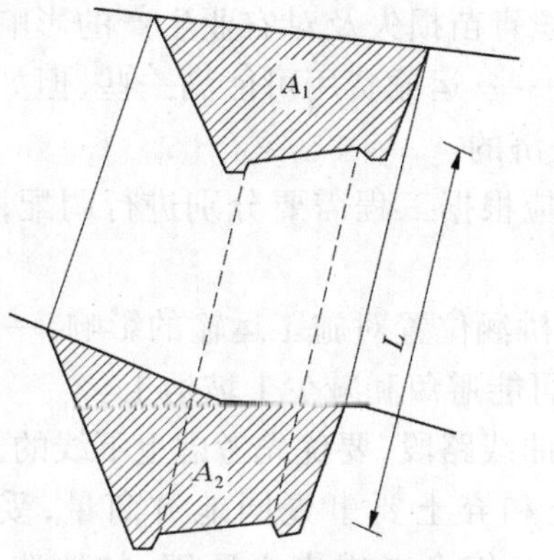

图 4-6 土石方数量计算示意图

(二)棱台体积法

由于上述方法只有当 A_1、A_2 相差不大时才较准确。当 A_1、A_2 相差较大时，则按棱台体积公式计算更为接近，其公式如下：

$$V = \frac{1}{3}(A_1 + A_2)\ L\left(1 + \frac{\sqrt{m}}{1+m}\right) \tag{4-4}$$

式中 $m = A_1 / A_2$，其中 $A_1 < A_2$。

第二种方法精度较高，应尽量采用，特别适用于计算机计算。

用上述方法计算的土石方体积中，包含了路面体积。若所设计的纵断面有填有挖且基本平衡，则填方断面中多计算的路面面积与挖方断面中少计算的路面面积相互抵消，其总体积与实际体积相差不大。但若路基是以填方为主或以挖方为主，则最好是在计算断面面积时将路面部分计入。也就是填方要扣除、挖方要增加路面所占的那一部分面积。特别是路面厚度较大时更不能忽略。

计算路基土石方数量时，应扣除大、中桥及隧道所占路线长度的体积；桥头引道的土石方，可视需要全部或部分列入桥梁工程项目中，但应注意不要遗漏或重复；小桥涵所占的体积一般可不扣除。

三、路基土石方调配

土石方调配的目的是为确定填方用土的来源、挖方土的去向，以及计价土石方的数量和运量等。通过调配合理地解决各路段土石方平衡与利用问题，从路堑挖出的土石方，在经济合理的调运条件下以挖作填，尽量减少路外借土和弃土，少占用耕地，以求降低公路造价。

(一) 土石方调配原则

(1) 在半填半挖的断面中，应首先考虑在本路段内先横向后纵向，填方首先考虑本桩利用，以减少借方和调运方数量。

(2) 为使调配合理，必须根据地形情况和施工条件，选用适当的运输方式，确定合理的经济运距，用以分析工程用土是调运还是外借。

(3) 土方调配“移挖作填”固然要考虑经济运距问题，但这不是唯一的指标，还要综合考虑弃方和借方的占地，赔偿青苗损失及对农业生产的影响等。有时路堑的挖方纵调作路堤的填方，虽然运距超出一些，运输费用可能高一些，但如能少占地、少影响农业生产，这样对整体来说未必是不经济的。

(4) 不同的土方和石方应根据工程需要分别进行调配，以保证路基稳定和人工构造物的材料供应。

(5) 土石方调配应考虑桥涵位置对施工运输的影响，一般大沟不作跨越运输，同时应注意施工的可能与方便，尽可能避免和减少上坡运土。

(6) 位于山坡上的回头曲线路段，要优先考虑上下线的土方竖向调运。

(7) 土方调配对于借土和弃土要事先同地方商量，妥善处理。借土应结合地形、农田规划等选择借土地点，并综合考虑借土还田、整地造田等措施。弃土应不占或少占耕地，在可能条件下宜将弃土平整为可耕地，防止乱弃乱堆，或堵塞河流，损害农田。

(二) 土石方调配计算的几个概念

1. 平均运距

土方调配的运距，是从挖方体积的重心到填方体积的重心之间的距离。在路线工程中为简化计算起见，这个距离可简单地按挖方断面间距中心至填方断面间距中心的距离计算，称平均距离。

2. 免费运距

根据公路工程概预算定额，土、石方作业包括挖、装、运、卸等工序，在某一特定距离内，只按土、石方数量计价而不计运费，这一特定的距离称为免费运距。施工方法的不同，其免费运距也不同，如人工运输的免费运距为 20 m，铲运机运输的免费运距为 100 m。

在纵向调配时，当其平均运距超过定额规定的免费运距时，应按其超运运距计算土石方运量。

3. 经济运距

填方用土来源，一是路上纵向调运，二是就近路外借土。一般情况用路堑挖方调去填筑距离较近的路堤还是比较经济的。但如调运的距离过长，以致运价超过了在填方附近借土所需的费用，移挖作填就不如在路堤附近就地借土经济。因此，采用“借”还是“调”，有个限度距离问题，这个限度距离即经济运距，其值按下式计算：

$$L_{经} = \frac{B}{T} + L_{免} \tag{4-5}$$

式中　B——借土单价，元/m^3；

T——远运运费单价,元/($m^3 \cdot km$);

$L_{免}$——免费运距,km。

经济运距是确定借土或调运的界限,当调运距离小于经济运距时,采取纵向调运是经济的;反之,则可考虑就近借土。

4. 运量

土石方运量为平均超运运距单位与土石方调配数量的乘积。

在生产中,例如工程定额是将人工运输免费运距20 m,平均每增运距10 m划为一个运输单位,称之为"级",当实际的平均运距为40 m,则超运运距20 m时,则为两个运输单位,称为二级,在路基土石方数量计算表中记作②。

$$总运量 = 调配(土石方)数量 \times n$$

$$n = (L - L_{免}) / A \tag{4-6}$$

式中 n——平均超运运距单位,四舍五入取整数;

L——土石方调配平均运距,m;

$L_{免}$——免费运距,m;

A——超运运距单位,m,例如人工运输 $A = 10$ m,铲运机运输 $A = 50$ m。

5. 计价土石方数量

在土石方计算与调配中,所有挖方均应计价,但填方则应按土的来源决定是否计价,如是路外就近借土就应计价,如是移挖作填的纵向调配利用方法,则不应再计价,否则将形成双重计价。即计价土石方数量为:

$$V_{计} = V_{挖} + V_{借} \tag{4-7}$$

式中 $V_{计}$——计价土石方数量,m^3;

$V_{挖}$——挖方数量,m^3;

$V_{借}$——借方数量,m^3。

(三)土石方调配方法

土石方调配应明确填挖情况、桥涵位置、纵坡、附近地形、施工方法及可借方和废方的地点。

土石方调配方法,目前生产上采用土石方计算表调配法,直接在土石方表上进行调配,其优点是方法简单,调配清晰,精度符合要求。该表也可由计算机自动完成。具体调配步骤如下:

(1)在土石方数量计算与复核完毕后进行土石方调配的,调配前应将可能影响运输调配的桥涵位置、陡坡大沟等注明在表旁,供调配时参考。

(2)计算并填写表中"本桩利用"、"填缺"、"挖余"各栏。当以石作填土时,石方数应填入"本桩利用"的"土"一栏,并以符号区别。然后按填挖方分别进行闭合核算,其核算式为:填方 = 本桩利用 + 填缺;挖方 = 本桩利用 + 挖余。

(3)在做纵向调配前,根据"填缺"、"挖余"的分布情况,选择适当施工方法及可采用的运输方式定出合理的经济运距,供土方调配时参考。

(4)根据"填缺"、"挖余"分布情况,结合路线纵坡和自然条件,本着技术经济、少占用农田的原则,具体拟订调配方案。将相邻路段的挖余就近纵向调配到填缺内加以利用,并把具体调运方向和数量用箭头标明在纵向调配栏中。

(5)经过纵向调配，如果仍有"填缺"或"挖余"，则应同当地政府协商确定借土或弃土地点，然后将借土或弃土的数量和运距分别填注到借方或废方栏内。

(6)调配完成后，调配结果示于土石方数量表中，并按下式复核：

填缺 = 远运利用 + 借方

挖余 = 远运利用 + 废方

(7)本公里调配完毕，应进行本公里合计，总闭合核算除上述外，尚有：

跨公里调入方 + 挖方 + 借方 = 跨公里调出方 + 填方 + 废方

(8)土石方调配一般在本公里内进行，必要时也可跨公里调配，但需将调配的方向及数量分别注明，以免混淆。

(9)每公里土石方数量计算与调配完成后，须汇总列入"路基每公里土石方表"，并进行全线总计与核算。至此完成全部土石方计算与调配工作。

(10)最后计算计价土石方数量，即：

计价土石方数量 = 挖方数量 + 借方数量

第六节　横断面设计成果

路基横断面设计的主要成果是"两图两表"，即路基横断面设计图、路基标准横断面图、路基设计表与路基土石方计算表。

一、路基横断面设计图

路基横断面设计图是路基每一个中桩的法向剖面图，如图 4-7 所示。它反映每个桩位处横断面的尺寸及结构，是路基施工及横断面面积计算的依据，图中应给出地面线与设计线，并标注桩号、施工高度与断面面积。相同的边坡坡度可只在一个断面上标注，挡墙等圬工构造物可只绘出形状不标注尺寸，边沟也只需绘出形状。横断面设计图应按从下到上、从左到右的方式进行布置，一般采用 1:200 的比例。

二、路基标准横断面图与典型横断面图

路基标准横断面图如图 4-1 和图 4-2 所示，它是依据《标准》和设计要求确定横断面各部分标准尺寸及横断面形式。典型横断面图是路基横断面设计图中所出现的所有代表性路基形式的汇总。它示出了所有设计线(包括边坡、边沟、挡墙、护肩等)的形状、比例及尺寸，用以指导施工，形式如图 4-3 所示。这样路基横断面设计图就不必对每一个断面都进行详细的标注(其中很多断面的比例、尺寸都是相同的)，避免了工作的重复与烦琐，也使横断面设计图比较简洁。

三、路基设计表

路基设计表严格地说不能只作为横断面设计的成果，它是路线设计成果的一个汇总，其前半部分是平面与纵面设计的成果。横断面设计完成后，再将"边坡"、"边沟"等栏填

上。其中“边沟”一栏的“坡度”如不填写，则表明沟底纵坡与道路纵坡一致，如果不一致，则需另外填写。

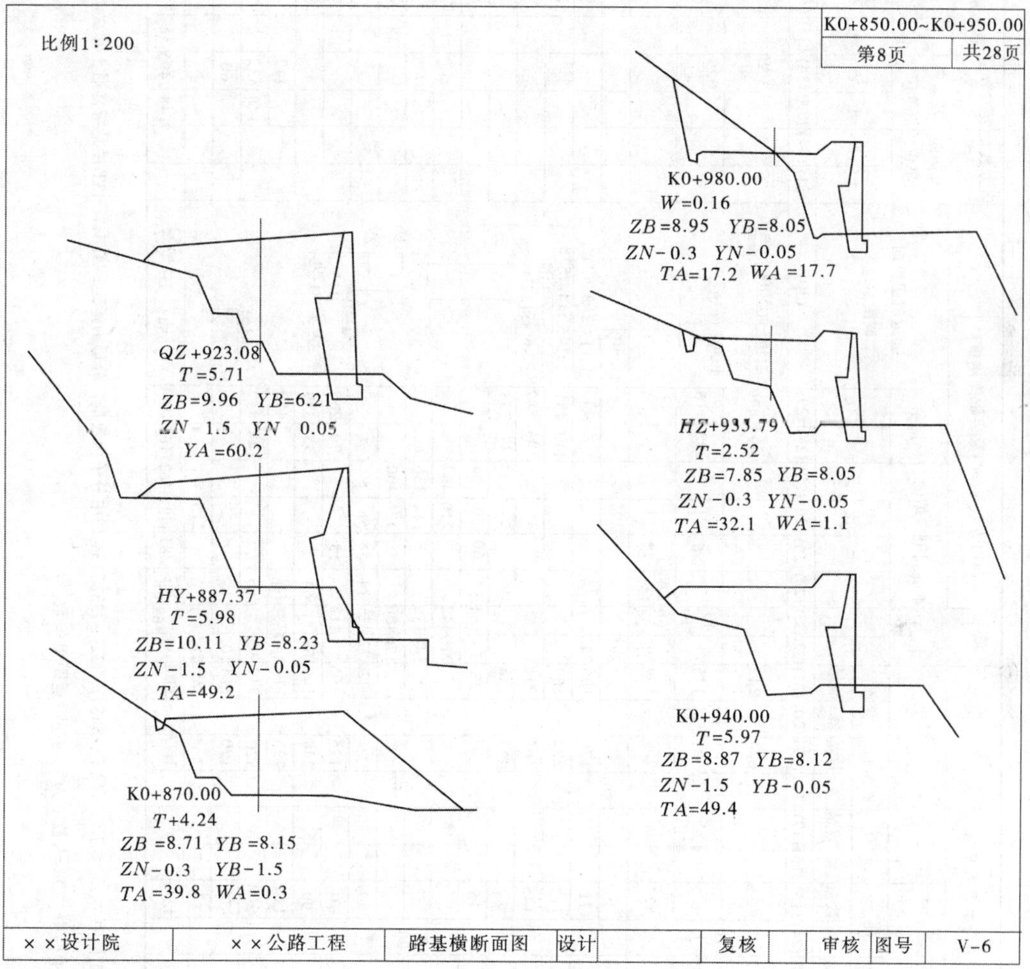

图 4-7　路基横断面设计图

四、路基土石方计算表

路基土石方是公路工程的一项主要工程量，所以在公路设计和路线方案比较中，路基土石方数量的多少是评价公路测设质量的主要技术经济指标之一，也是编制公路施工组织设计和工程概预算的主要依据。其表格形式参见表 4-7。

五、其他成果

对于特殊情况下的路基（如高填深挖路基、侵河路基、不良地质地段路基等）应单独设计，并绘制特殊路基设计图。图中应示出地质、防护工程设施及构造物布置大样图。

表 4-7　路基土石方计算表

桩号	横断面面积(或为半面积)(m^2)			平均面积(m^2)			距离(m)	总数量	挖方分类及数量(m^3)												填方数量(m^3)		利用方数量(m^3)及运距(单位)							借方数量(m^3)及运距(单位)		废方数量(m^3)及运距(单位)		总运量(m^3)单位)	
									土						石								本桩利用		填缺		挖余		远运利用纵向调配示意						
	挖	填		挖	填				松土		普通土		硬土		软石		次坚石		坚石																
		土	石		土	石			%	数量	%	数量	%	数量	%	数量	%	数量	%	数量	土	石	土	石	土	石	土	石		土	石	土	石	土	石
(1)	(2)	(3)	(4)	(5)	(6)	(7)	(8)	(9)	(10)	(11)	(12)	(13)	(14)	(15)	(16)	(17)	(18)	(19)	(20)	(21)	(22)	(23)	(24)	(25)	(26)	(27)	(28)	(29)	(30)	(31)	(32)	(33)	(34)	(35)	(36)
K14+000	60.0			71.1			17	1209				242		121				604		242							363	846	土:363石:500 调至上公里				346/③		1 038
+017	82.2			84.3		5.0 *2.0	8	674			20 ↓	135	10 ↓	67				337	20 ↓	135		40 *16		56			202	416	土:202石:(87)				329/③		987
+025	86.4		10.0 *4.0	43.2	39.0	5.0 *2.0	12	518				103		52				259		104	468	60 *24	(279) 155	84	34										
+037		78.0																																	
+041		69.6			73.8		4										50 ↓				295				295				石:(40)						
+050	78.4			39.2	34.8		9	353						71				176		106	313		71 (242)					40	土:113 石:8						
+060	34.4			56.4			10	564						113				282		169							113	451	土:145石:(44) 538				443/②		886
+072	86.8			60.6			12	727						145				364		218							145	582	336 土:89 石:(22)						
+080	25.0			55.9			8	447						89				224		134							89	358							
+086		24.6	54.6	12.5	12.3	27.3	6	75						15				37		23	74	164	15	60	59	104			②						8
+094		28.0	56.0		26.3	55.3	8														210	442			210	442									226
+100		20.0	56.0		24.0	56.0	6						20						30		144	336			144	336									33
+108		24.0	44.0		22.0	50.0	8														176	400			176	400			①					35	206
+114	24.0		*2.0	12.0	12.0	22.0 *1.0	6	72					↓	14				36	↓	22	72	132 *6	14	58	58	80			②						
+124	46.0		*1.0	35.0		*1.5	10	350						70				175		105		*15		15			70	265	土:70石:265 215						
+140	16.0	8.0		31.0	4.0	*0.5	16	496						99				248		149	64	*8	64	8			35	339	土:35 石:(129)				45		
+160	42.0	6.0		29.0	7.0		20	580						116				290		174	140		116 (24)					440					440		
+180	62.0			52.0	3.0		20	1040						208				520		312	60		60				148	832	石:(215)			148	832		
+190	14.0	210		38.0	10.5		10	380						76				190		114	105		76 (29)					275					60		
+200		36.0		7.0	28.5		10	70						14				35		21	285		14 (56)		215										
小计							200	7555				480		1270				3777		2028	3406	1574 *68	585 (630)	281	1191	1362	1165	4894	土:654 石:1362 (537)			148	2495	35	3384

计算者：　　　　　　　　　　复核者：

注：①(4)、(7)、(23)栏中“*”表示砌石；②(24)、(30)栏中“()”表示以石代土；③(31)、(32)、(33)、(34)栏中分子为数量，分母为运距；④(31)、(32)栏是指普通土和次坚石，如有不同,须加说明；⑤(30)、(31)、(32)、(33)、(34)栏中“○”内数字为平均超运运距单位数。

复习思考题

4-1　路基横断面由哪几部分组成？各种典型路基横断面分别适用于什么情况。

4-2　简述路基横断面设计的步骤。

4-3　简述路基土石方调配的原则和方法。

4-4　路基横断面图上包括哪些内容？它们各自的功能是什么。

第五章　选　线

本章重点

(1)平原地区选线要点。

(2)山岭地区选线要点。

第一节　概　述

公路选线就是根据路线的基本走向和技术标准的要求,结合当地的地形、地质、地物及其他沿线条件和施工条件等,选定一条技术上可行、经济上合理,又能符合使用要求的公路中心线的工作。选线,就是根据国家建设发展的需要,结合自然条件,选定合理的路线,使筑路费用与使用质量达到统一,达到行车迅速、安全、经济、舒适、构造物稳定、耐久及易于养护的目的。

公路选线是整个公路勘测设计的关键,是公路线形设计的重要环节,它对公路的使用质量和工程造价都有很大的影响。选线人员必须认真贯彻国家规定的方针政策,坚持群众路线,深入实际,调查研究,反复比较,正确解决技术指标与在自然条件下实地布线之间的矛盾,综合考虑路线、路基、路面、桥涵、隧道、交叉等,最后选定出合理的路线。

选线需要考虑自然环境条件和社会经济条件以及线形技术指标等各方面的因素。因此,选线是一项涉及面广、影响因素多、政策性和技术性都很强的工作。

一、选线原则

路线是公路的骨架,它的优劣关系到公路本身功能的发挥和在路网中是否能起到应有的作用。如前所述,影响路线设计除受自然条件影响外还受诸多社会因素的制约,选线要综合考虑各种因素,妥善处理好各方面的关系,其基本原则如下。

(一)多方案选择

在公路设计的各个阶段,应运用各种先进手段对路线方案做深入、细致的研究,在多方案论证、比选的基础上,选定最优路线方案。

(二)工程造价与营运、管理、养护费用综合考虑

路线设计应在保证行车安全、舒适、迅速的前提下,做到工程量小、造价低、营运费用省、效益好,并有利于施工和养护。在工程量增加不大的情况下,应尽量采用较高的技术指标,不要轻易采用极限指标,也不应不顾工程大小,片面追求高指标。

(三)处理好选线与农业的关系

选线应注意同农田基本建设相配合,做到少占田地,并应尽量不占高产田、经济作物田或穿过经济林园(如橡胶林、茶林、果园)等。

（四）路线与周围环境、景观相协调

通过名胜、风景、古迹地区的道路，应注意保护原有的自然状态，其人工构造物应与周围环境、景观相协调，处理好重要历史文物遗址。

（五）工程地质和水文地质的影响

选线时应对工程地质和水文地质进行深入勘测调查，弄清它们对公路工程的影响。对严重不良地质的路段，如滑坡、崩坍、泥石流、岩溶、泥沼等地段和沙漠、多年冻土等特殊地区，应慎重对待，一般情况下应设法绕避。当必须穿过时，应选择合适位置、缩小穿越范围，并采取必要的工程措施。

（六）选线应重视环境保护

选线应重视环境保护，注意由于公路修筑、汽车运营所产生的影响和污染，如：

（1）路线对自然景观与资源可能产生的影响。

（2）占地、拆迁房屋所带来的影响。

（3）路线对城镇布局、行政区划、农业耕作区、水利排灌体系等现有设施造成分割引起的影响。

（4）噪音对居民以及汽车尾气对大气、水源、农田所造成的污染及影响。

二、选线的步骤

一条路线的选定是一项由大到小、由粗到细、由轮廓到具体，逐步深入的过程。按照测设程序分阶段、分步骤进行，在比较与分析后，选定最合理的路线。一般要经过以下3个步骤。

（一）全面布局

全面布局是解决路线基本走向的工作。这是在路线总方向（起、终点和中间必须经过城镇或地点）确定后，从大面积着手由面到带进行总体布置的过程。此项工作最好先在1∶10 000～1∶50 000地形图上进行路线布局，选定出可能的路线方案，然后进行踏勘与资料收集，根据需要与可能结合具体条件，通过比选落实必须通过的主要控制点，放弃那些避让的控制点，逐步缩小路线活动范围进而定出大体的路线布局。例如，在公路的起、终点及必须通过的控制点间可能沿某条河、越某座岭，也可能沿几条河、越几座岭，为下一步定线工作奠定基础。

路线布局是关系到公路质量的根本性问题。如果总体布局不当，即使局部路线选得再好、技术指标确定得再恰当，仍然是一条质量很差的路线。因此，在选线中首先应着眼于总体布局，解决好基本走向问题。全面布局是通过路线视察，经过方案比较来确定的。

（二）逐段安排

在总体路线方案既定的基础上，以相邻主要控制点划分段落，根据公路标准，结合其间具体地形通过试坡展线方法逐段加密细部控制点，进一步明确路线走法，即在大控制点间，结合地形、地质、水文、气候等条件，逐段定出小控制点，这样就构成了路线的雏形。这一步工作的关键在于探索与落实路线方案，为实现具体定线提供可能的途径。这一步工作如果做得仔细、研究得周到，就可以减少以后不必要的改线与返工。逐段安排路线是通过踏勘测量或详测前的路线察看来解决的。

(三)具体定线

有了上述路线轮廓即可进行具体定线。根据地形起伏与复杂程度的不同,可分为现场直接插点定线或放坡定点的方法,插补出一系列的控制点,然后从这些点位中穿出通过多数点(特别是那些控制较严的点位)的直线段,延伸相邻直线的交点,即为路线的转角点。随后拟定出曲线半径,至此定线工作基本完成。做好上述工作的关键在于摸清地形情况,全面考虑前后线形衔接与平、纵、横协调关系,恰当地选用合适的技术指标,以期使整个线形得以连贯协调。这是一步更深入、更细致、更具体的工作。具体定线在详测时完成。

第二节　路线方案比较

方案比较是选线中确定路线总体布局的有效方法,在可能布局的多种方案中,通过方案比较和取舍,选择技术合理、费用经济、切实可行的最优方案。路线方案的取舍是路线设计中的重要问题,方案是否合理,不仅关系到公路本身的工程投资和运输效率,更重要的是影响到路线在公路网中的作用,直接关系到是否满足国家政治、经济及国防的要求及长远利益。

根据方案比较深度上的不同,可分为原则性方案比较和详细的方案比较两种。

一、原则性方案比较

从形式上看,方案比较可分为质的比较和量的比较。对于原则性的方案比较,主要是质的比较,多采用综合评价的方法。这种方法不是通过详细计算经济和技术指标进行的比较,而是综合各方面因素进行评比。主要综合的因素如下。

(1)路线在政治、经济、国防上的意义,国家或地方建设对路线使用任务、性质的要求,以及战备、支农、综合利用等重要方针的贯彻和体现程度。

(2)路线在铁路、公路、航道等网系中的作用,与沿线工矿、城镇等规划的关系以及与沿线农田水利建设的配合及用地情况。

(3)沿线地形、地质、水文、气象、地震等自然条件对公路的影响,要求的路线等级与实际可能达到的技术标准及其对路线的使用任务、性质的影响;路线的长度、筑路材料的来源、施工条件以及工程量、三材(钢材、木材、水泥)用量、造价、工期、劳动力等情况及其运营、施工、养护的影响,以及施工期限长短等。

(4)路线与沿线历史文物、革命史迹、旅游风景区等的联系。

影响路线方案选择的因素是多方面的,而各种因素又多是相互联系、相互影响的。路线在满足使用任务和性质要求的前提下,应综合考虑自然条件、技术标准和技术指标、工程投资、施工期限和施工设备等因素,精心选择、反复比较,才能提出合理的推荐方案。

二、详细的方案比较

详细的方案比较是在原则性方案比较之后进行的量的比较,它包括技术和经济指标的详细计算。一般多用于局部方案的分析比较。

评价路线方案的主要技术、经济指标如下：

(1)路线长度。

(2)线形标准、技术指标。

(3)占地面积。

(4)工程数量：土石方、路面、桥涵、挡土墙、防护工程。

(5)材料用量：钢材、水泥、木材。

(6)劳动力的数量、来源。

(7)工程总造价。

三、方案比较的步骤和实例

(一)方案比较的步骤

一条较长的路线，可行的方案有很多，很难对每一种方案都进行实地视察和比选。但可以事先尽可能收集已有资料，在室内进行筛选，然后对较好的且优劣难以辨别的有限个方案进行实地视察和比选。其步骤一般为：

(1)收集资料。

(2)在小比例地形图上布局路线，初拟方案。

(3)室内初步比选，确定可比方案。

(4)实地视察、踏勘测量。

(5)进一步比选，确定推荐方案。

(二)方案比较实例

图 5-1 为某干线公路，根据公路网规划要求按三级公路标准修建，视察后拟订了 4 个方案进行比较，各方案的技本经济指标汇总于表 5-1。

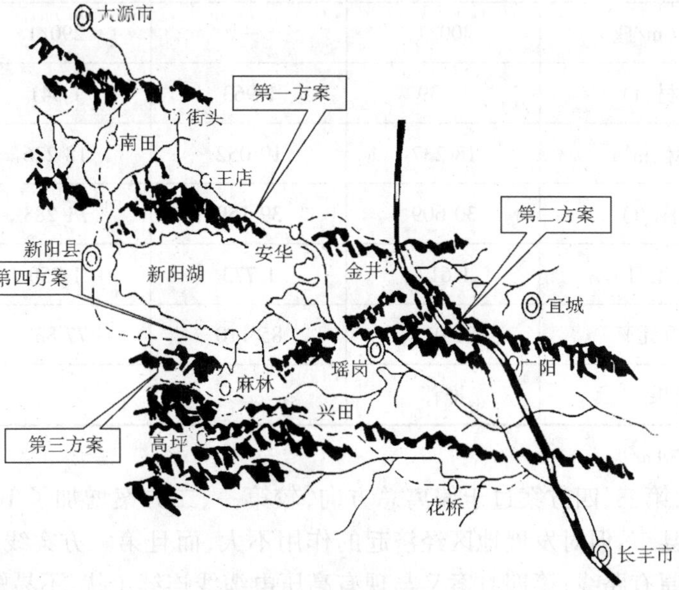

图 5-1　路线比选

表 5-1　路线方案比较

指标		第一方案	第二方案	第三方案	第四方案
通过县市(个)		29	29	32	31
路线长度(km)		1 360	1 347	1 510	1 476
新建(km)		133	200	187	193
改建(km)		1 227	1 147	1 323	1 283
平原、微丘区(km)		567	677	512	615
山岭、重丘区(km)		793	670	998	861
占用水田(亩)		2 287	2 869	3 136	2 890
工程数量	土方(万 m^3)	382	492	528	547
	石方(万 m^3)	123	75	82	121
	次高级路面($\times 10^3$ m^3)	5 303	5 582	5 440	5 645
	大、中桥(m/座)	1 542/16	1 802/20	1 057/13	1 207/15
	小桥(m/座)	1 084/47	846/54	980/52	1 566/82
	涵洞(道)	977	959	1 091	1 278
	挡土墙(m^3)	73 530	53 330	99 770	111 960
	隧道(m/座)	300/1	—	290/1	—
材料	钢材(t)	1 539	1 963	1 341	1 469
	木材(m^3)	18 237	19 052	18 226	19 710
	水泥(t)	30 609	39 159	31 288	33 638
劳动力(万工日)		1 617	1 773	1 750	1 920
总造价(万元)		81 015	85 110	77 835	89 490
比较结果		推荐			

注:1 亩 =0.066 7 hm^2

比选结果,第三、四方案过于偏离总方向,较第一、二方案增加了 100 ~ 150 km,虽能多联系二三个县市,但对发展地区经济起的作用不大,而且第三方案线形指标较低,将来改建难以利用原有路线;第四方案又与现有高压电缆线连续干扰,不易解决。因此,第三、四方案不宜采用。第二方案虽路线最短,但与铁路干扰严重,施工不方便,且占地较多,最后推荐路线较短、线形标准较高，用地最省，造价也较低的第一方案。

第三节　平原地区选线

一、自然特征

平原区主要是指一般平原、山间盆地、高原等地形平坦的地区。其地形持征是地面起伏不大，一般自然坡度都在3°以下；耕地较多，在农耕区农田水系沟渠纵横交错；居民点多，建筑设施多，交通网系较密；在天然河网、湖区，还密布有湖泊、水塘和河汊等。

从地质和水文条件来看，平原区一般不良地质现象较少，但有时会遇到软土和沼泽地段。另外，平原区地面平坦，排水困难，地面易积水，地下水位较高；平原区河流较宽阔，河道平缓，泥沙淤积，河床低浅，洪水泛滥时河面较宽。

二、路线特征

平原地区地形对路线的约束限制不大，路线平、纵、横三方面的线形很容易达到较高的技术指标，路线布设时，主要考虑如何绕避地物障碍等。其路线特征是平面线形顺直，以直线为主体线形，弯道转角较小，平曲线半径较大；在纵断面上，坡度平缓，以矮路堤为主。

三、布设要点

选线时，首先在路线的起、终点间，把经过的城镇、厂矿、农场及风景文物点作为大的控制点，如图5-2中的普安桥位与和丰桥位；在控制点间，通过实地视察根据地形条件和水文条件进一步选择中间控制点，一般除较大的建筑群、水电设施、跨河桥位、洪水泛滥线及其必须绕越的障碍物外均可作为中间控制点（如图中的蟹湖、蟹镇、学校、石灰厂、钟湾、塞湖等）；在中间控制点之间，如果没有充分的理由，一般不再设置转角点。

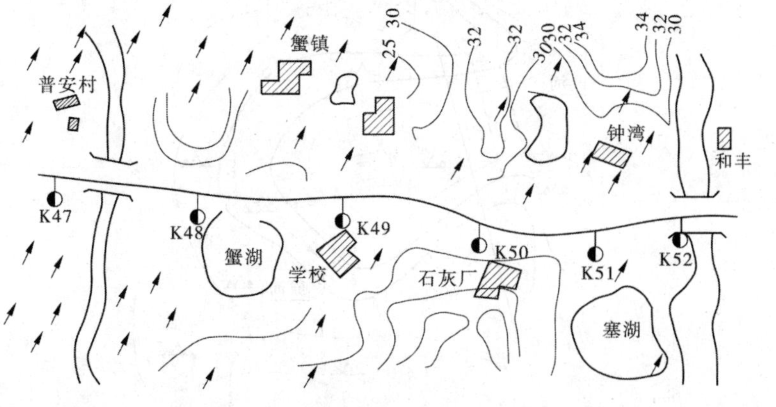

图5-2　平原区路线布设示意图

在安排平面线形时，既要使路线短捷顺直，又要注意避免过长的直线，在可能条件下争取采用转角适当、半径较大的长缓的平曲线线形。

综合平原区自然和路线特征，布线时应着重考虑以下几点。

（一）正确处理好路线与农业的关系

修建公路时占地是难以避免的，解决好路线与农田规划、农业灌溉、水利设施的关系，是平原区选线时的关键问题。布设路线时，要注意既不片面要求路线顺直而占用大面积的良田，也不片面要求少占耕地而降低线形标准，甚至恶化行车条件。再者，应解决好路线与农田水利设施的关系，使路线的布置尽可能地与农业灌溉系统相配合，少占良田，不占高产田。除较高等级的公路外，一般不要破坏灌溉系统，布线要注意尽量与干渠相平行，减少路线与渠道的相交次数，最好把路线布置在渠道的上方非灌溉区一侧或者是渠道的尾部。图5-3中，甲方案穿经稻田区，路线短、线形好，但占耕地多、建筑路堤取土距离较远；虚线方案的长度略有增加，但避开了大片稻田区，沿山坡布线，路基稳定，又可以节约土方数量。当路线标准不是太高时，应采用虚线方案。

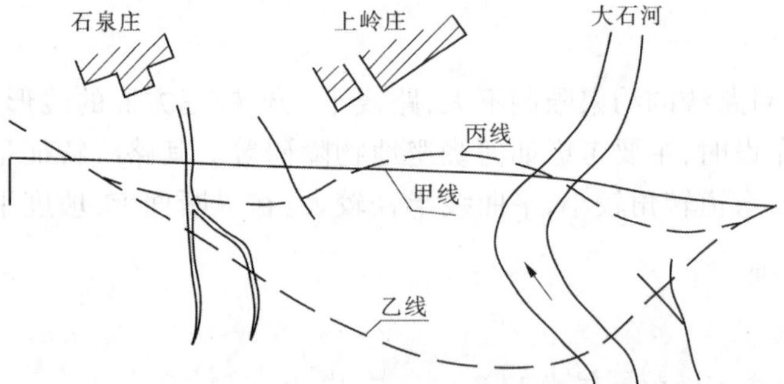

图5-3　路线方案比较示意图

值得注意的是，筑路要与造田、护田相结合。在可能条件下，布线要有利于造田、护田，以支援农业。路线通过河曲地带，当水文条件许可时，可考虑路线直穿，裁弯取直，改移河道，缩短路线，改善线形（见图5-4）。

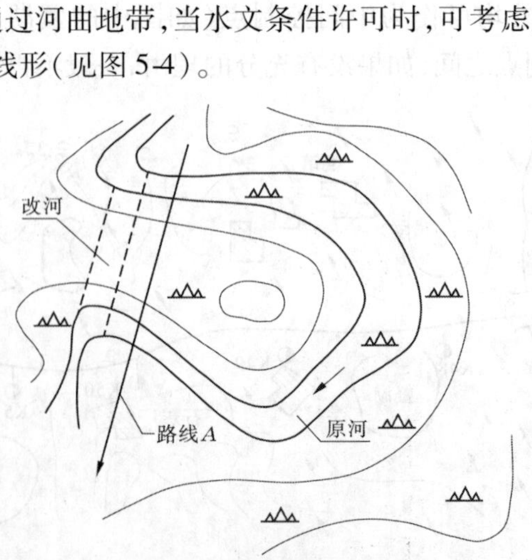

图5-4　改移河道示意图

（二）处理好路线和桥位的关系

大、中桥桥位往往是路线的控制点，应在服从路线总方向的原则下，路、桥综合考虑，选择有利的桥位布设路线。既要防止因只考虑路线顺直，不顾桥位条件而增加桥跨的难度，又要防止片面强调桥位，使路线绕线过长、标准过低。一般情况下，桥位中线应尽可能与洪水主流流向正交，桥梁和引道都在直线上。桥位应选在水文地质、跨河条件较好的河段。如图 5-5 所示，有 3 个跨河方案，方案Ⅱ与河沟正交跨越，但线形曲折，不利于行车；方案Ⅲ路线直捷，但桥位处于河曲段，跨河不利；综合比较，方案Ⅰ桥位虽略斜，比方案Ⅱ桥跨略长，但路线顺适，故为可取方案。

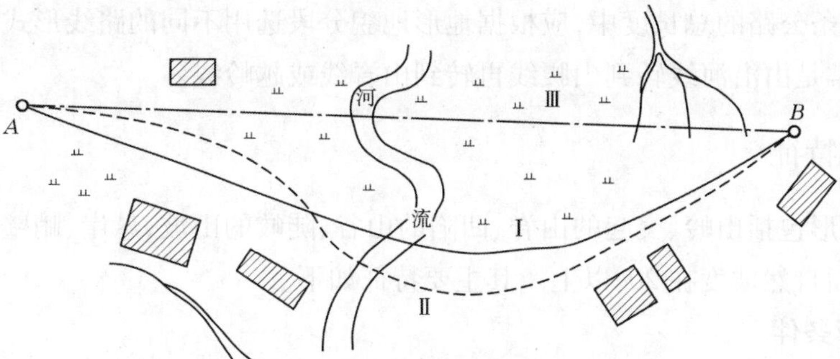

图 5-5　桥位方案比较示意图

小桥涵位置原则上应服从路线走向，但遇到斜交过大（夹角小于 45°）或河沟过于弯曲时，可考虑采取改沟或改移路线的办法，调整交角，布线时应比较确定。

（三）处理好路线与城镇居民点的关系

平原区有较多的城镇、村庄、工业设施等，路线布设应正确处理好路线与它们的关系。

（1）国防公路与高等级的干道，应采取绕避的方式远离城镇，必要时还应考虑采用支线联系。

（2）较高等级的公路应尽量避免直穿城镇、工矿区和居民密集区，以减少相互干扰。但考虑到公路对这些地区的服务性能，路线又不宜相离太远，往往从城镇的边缘经过，做到近村而不进村，利民而不扰民，既方便运输，又保证交通安全。这种路线布线时，要注意与城镇等的规划相结合。

（3）公路等级较低时，应考虑县、区、村的沟通，经地方同意，可穿越城镇，但要注意留足够的视距和必要的公路宽度以及必要的交通设施，以保证行人和行车的安全。

（四）注意土壤、水文条件

平原区的水位条件较差，取土较为困难。为了保证路基的稳定性和节约用土，在低洼地区，应尽可能沿接近分水岭的地势较高处布线，以使路基具有较好的水文条件；在排水不良的地带布线时，要注意保证路基最小填土高度；路线要尽量避开较大的湖塘、水库、泥沼等，不得已时应选择最窄、最浅和基底坡面较平缓的地方通过，并采取措施保证路基稳定。

（五）注意利用老路，正确处理新旧路的关系

在平原区路线布设时，若有老路与新布路线相距较近且走向一致，在条件许可时，应尽量将其改造后加以利用，以减少耕地的占用和提高路基的稳定性。

（六）注意就地取材和利用工业废料

修建公路需要消耗大量的筑路材料，为节省工程造价，应充分利用当地的材料，特别是地方上的工业废料。

第四节　山岭区选线

一般按照公路行经地区的地貌和地形特征，可分为沿河（溪）线、山腰线、越岭线和山脊线四种。

在山区一条公路的总长度中，应根据地形地貌分段选用不同的路线形式，互相连接沟通。所以，常常是由沿河线转到山腰线再转到山脊线或越岭线。

一、自然特征

山岭区地形包括山岭、突起的山脊、凹陷的山谷、陡峻的山坡、悬崖、峭壁等，地形复杂多变，一般地面自然坡度在20°以上。其主要特征如下。

（一）地形条件

山高谷深，地形复杂。由于山区高差大，加之陡峻的山坡和曲折幽深的河谷，形成了错综复杂的地形，这就使得公路路线的线形差，工程难度大。

（二）地质条件

岩石多、土层薄、地质复杂。由于山区的地质层理和地壳性质在短距离内变化很大，岩层的产状和地质构造复杂，不良地质现象（如岩堆、滑坡、崩坍、碎落、泥石流等）较多。这些均直接影响着路线的位置和路基的稳定。选线时，应处理好路线与地质的关系，并在选线设计中采取必要的防护措施，确保路线的质量和路基的稳定。

（三）水文条件

山区河流曲折迂回，河岸陡峻、河底比降大；雨季暴雨集中、流速快、流量大，冲刷和破坏力很大。这样复杂的水文条件，要求在选线中正确处理好路线和河流的关系。

（四）气候条件

山区气候多变，气温一般较低，冬季多冰雪（海拔较高的山区），一年四季和昼夜温差很大，山高雾大，空气较稀薄，气压较低。这些气象特征对于汽车行驶的安全性有很大影响。

综上分析，由于山区自然条件极其复杂，给山岭区选线带来了很大的难度。但山岭区山脉水系分明，这也给山区公路走向提供了依据，为选定路线的基本走向、确定大的控制点指明了方向。路线的走向只有两种：顺山沿水方向和横越山岭方向。顺山沿水的路线，按其线位的高低，从低到高又可分为沿溪（河）线、山腰线和山脊线。一条较长的山区公路往往是由走向和线位高低不同的几种路段交叉组合而成的。而且在路线布设时，一般多以纵面线形为主安排路线，其次才是横断面和平面。

二、沿溪(河)线

(一)路线特点

沿溪(河)线是指公路沿河谷方向布设的路线,如图5-6所示。

沿溪(河)线的有利条件是:路线走向明确,河床纵坡较小,平面受纵面线形的约束较小,容易争取较好的线形;沿溪(河)线傍山临河,砂、石材料丰富,用水便利,为施工和养护提供了有利条件;山区的溪岸两侧多是居民密集的地方,沿溪(河)线能更好地为沿线居民点服务,充分发挥公路的作用。

图5-6 沿溪(河)线示意图

沿溪(河)线的不利条件是:路线临水较近,受洪水威胁较大;峡谷河段,路线线位摆动的余地很小,难以避让不良地质地段;在路线通过陡岩河段时,工程艰巨、工程量集中、工作面狭窄,给公路测设和施工带来很大困难;沿溪(河)线线位低,往往要跨过较多的支沟,桥涵及防护工程较多;河谷两岸台地往往是较好的耕作地,筑路占地与农田及其水利设施的矛盾较为突出;河谷工程地质情况复杂,河谷的两岸通常处于路基病害如滑坡、岩堆、坍塌、泥石流的下部,路线通过时,容易破坏山体平衡,给公路的设计、施工、养护、运营带来困难。

(二)布线要点

路线布设的首要任务就是充分利用有利条件、避让不利条件。沿溪线布局时,需要解决的主要问题有:①河岸的选择;②线位高度的选择;③桥位的选择。这三个问题是既相互联系、又相互影响的,路线布设中应抓住主要矛盾,根据公路的性质和技术等级,因地制宜地解决问题。

1. 河岸的选择

沿溪(河)线两岸情况不尽相同,往往优、缺点并存,选择时应深入调查、全面权衡、综合比较确定。主要应考虑以下几方面因素。

1)地形、地质、水文条件

路线应优先选择台地较宽、支沟较少、水文地质条件较好的一岸。

2)气候条件

主要是在积雪冰冻地区,阳坡和阴坡、迎风面和背风面的气候条件差异很大,在不影响路线总体布局的前提下,一般走阳坡面和迎风面比较有利,可以减少积雪和流冰对公路行车的影响。

3）城镇、工矿和居民点的分布

除高等级公路和国防公路以外，一般路线应选在工矿企业较集中、村镇较多、人口较为密集的一岸，以促进山区的经济发展和方便居民出行。

4）其他因素

例如为革命史迹、历史文物、风景区等的联系创造便利条件。

具备上述有利条件的一岸即为选线时应走的河岸，但这些有利条件可能不在一岸，而是交替出现在两岸，此时就需要深入调查，进行技术论证和经济比较，最终确定一条合理的方案。如图5-7所示，某一沿溪线开始走条件较好的左岸，但前方遇到两处陡崖，甲方案是对山崖地段进行处理，集中开挖一段石方后，仍坚持走左岸；乙方案是为了避让两处陡崖，而选择了跨河走左岸，但是右岸前方不远处，出现了更长、更陡的山崖，还需要重新再换回到右岸，在约3 km的路段内，为了跨河，需要修建两座中桥。对上述两方案进行比较，甲方案技术上可行。经济费用较低，可作为终选方案。

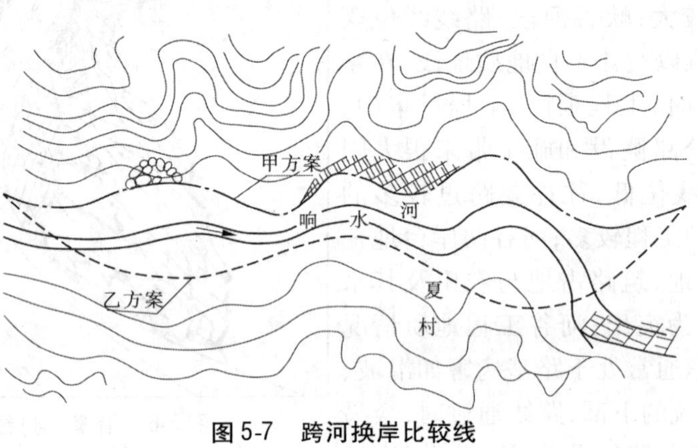

图5-7　跨河换岸比较线

2. 线位的高度

线位高度是路线纵面线形布局的问题。路线沿岸布设高度首先要考虑洪水的威胁。不管是高线位还是低线位，均应在设计洪水位以上的一定安全高度。因此，在选线中应认真做好洪水位调查工作，以确保路线必需的最低线位高度。

1）低线位

低线位是指高出设计洪水位不多，路基一侧临水很近的布线方案。

低线位的主要优点是：一般情况下，有较宽的台地可以利用；地形较好，平面线形较顺适，纵面不需要较大的填挖，容易达到较高的指标；线位低，填方边坡低，边坡较稳定，路线活动的余地较大，跨河时利用有利条件和避让不利条件较容易；养护和施工用水、材料运输均较方便。

低线位的主要缺点是：线位低，受洪水威胁大，防护工程较多；低线位多在沟口附近跨越支沟，桥涵较多；路线与农田矛盾较大，处理废方较为困难。

2）高线位

高线位是指路线高出洪水位较多，完全不受洪水威胁的布线方案。

高线位的主要优点是：不受洪水影响；废方易于处理；当采用台口路基时，路基比较稳定。

高线位的主要缺点是：路基挖方往往较大，废方多；由于线位高，路线势必随着山形走势绕行，平面线形指标低；跨河时线位高，构造物长大，工程费用高；支挡、加固工程较多；施工、养护用料运输和取水较困难。

综上比较，高线位弊多而利少，在洪水位允许、无特殊困难时，一般以低线位为主；当有大段的较高阶地可供利用时，也可结合路线的具体条件，局部路段采用高线位。而且沿溪（河）线布设时，很难在全线保持一种线位，为了利用有利地形、避让不利地形和地质条件，可能需要交替使用低线与高线，此时只要有适宜的升、降坡展线的地段即可。

3. 桥位的选择

沿溪（河）线跨越河流分为跨支流与跨主河两种情况，跨支流时的桥位选择，一般属于局部方案问题；而跨越主河道时的桥位选择多属于路线布局问题。

跨越主河的桥位往往是确定路线走向的控制点，它与河岸的选择是相互依存的，除需要充分考虑河床的稳定、河面的宽窄及水文地质条件外，还应注意桥位与路线配合，使河的两岸有良好的布线条件。

1）利用河曲河段跨河

如图 5-8 所示，此时应注意防止河曲河段水流对桥台的冲刷，采取必要的防护措施。

2）利用 S 型河段跨河

如图 5-9 所示，将跨河位置选在 S 型河段的腰部，使桥头线形得以显著改善。

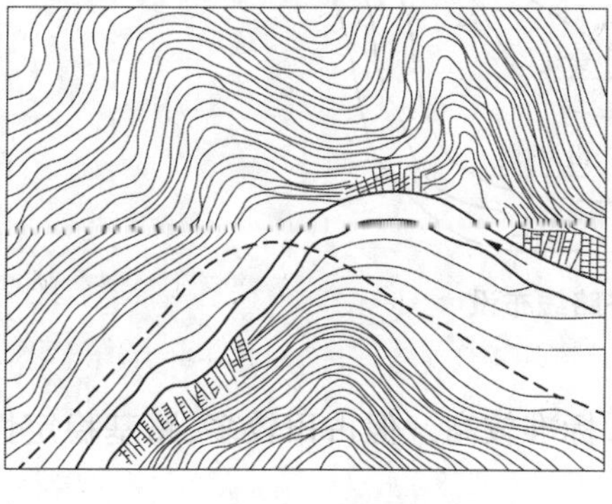

图 5-8　利用河曲跨河

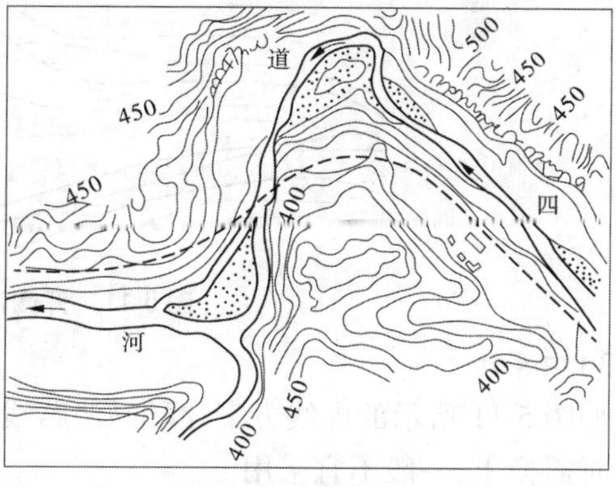

图 5-9　利用 S 型河段跨河

3）改善桥头线形

路线跨越河流，若没有河曲或 S 型河段可利用时，由于沿溪线与河谷走向平行，在跨主河时往往形成之字形路线，桥头平曲线半径较小，线形差。对于中、小桥可用适当斜交的方法改善桥头线形，如图 5-10（a）所示。

对于大桥不宜斜交时，可对桥头路线适当处理，形成构形桥头线。如图 5-10（b）所示，可改善桥头线形，争取较大半径。

（三）河谷断面路线的布设

1. 开阔河谷

开阔河谷岸坡平缓，一般在坡、岸之间有较宽的台地，且布有农田。路线可分三种走法。

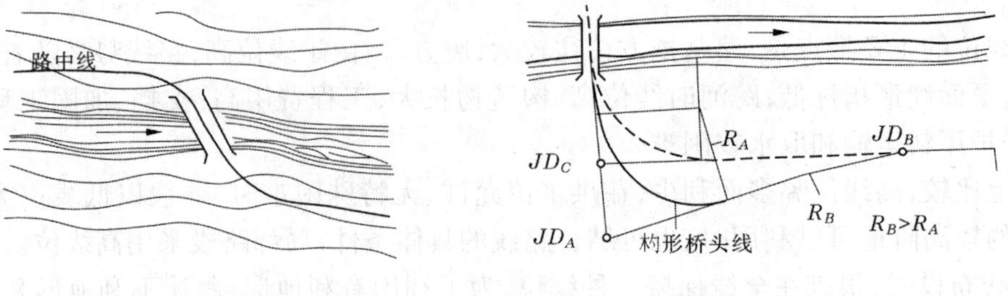

(a)斜交改善线形　　(b)杓形桥头线

图 5-10　桥头线形改善

1)沿河线

如图 5-11 所示的双点画线方案。路线坡度均匀平缓,并对保村护田有利。但一般路线较长,路基受洪水威胁较大,防护工程大。

2)傍山线

如图 5-11 所示的点画线方案,占田少,路基远离河岸,故较稳定且无防护工程。但纵面线形略有起伏,土石方工程稍大,是常采用的一种方案。

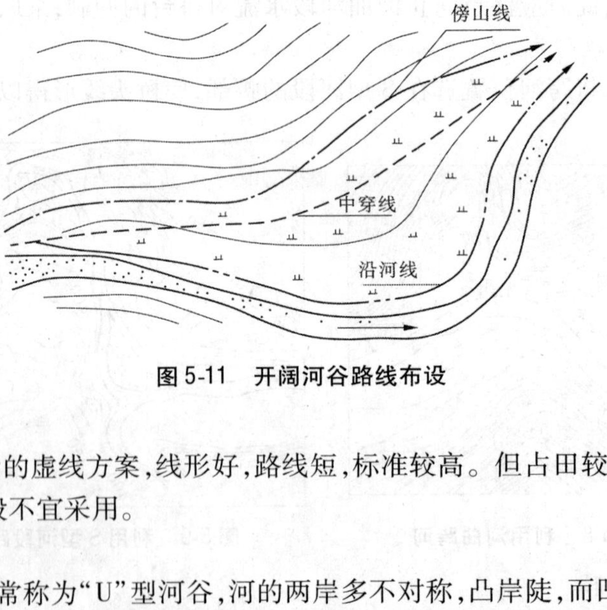

图 5-11　开阔河谷路线布设

3)中穿线

如图 5-11 所示的虚线方案,线形好,路线短,标准较高。但占田较多,路基稳定性差,施工时需换土,一般不宜采用。

2. 狭窄河谷

这种河谷断面常称为"U"型河谷,河的两岸多不对称,凸岸陡,而凹岸相对较缓,时而有突出的山嘴,间或出现迂回的深切河曲。其布线方式主要有以下两种:

(1)沿河岸自然地形,绕山嘴、沿河弯布线。

(2)按直线布线。为了布线的需要,有时可能需要填河弯,但此时应注意路基的防护与加固,同时不要过多地堵塞河道,而使水位抬高;有时需要挖山嘴,但要注意不要将大量废方置于河中,如图 5-12 所示。

3. 陡崖峭壁河谷

1)绕避

当岩壁陡峻又很长,路线无法直穿时,只能采取绕避。绕避方案有绕走对岸、绕走岩

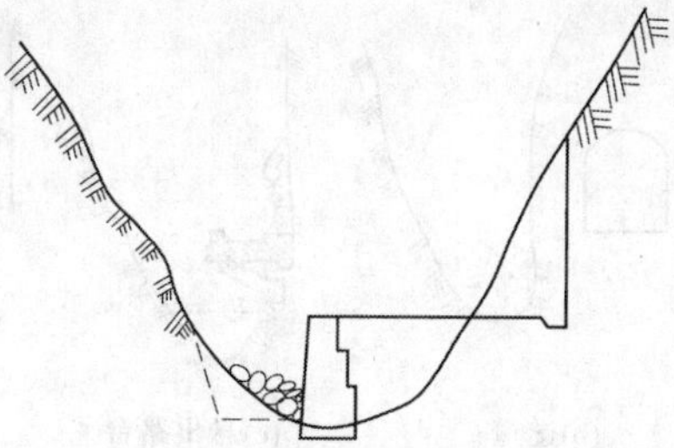

图 5-12　狭窄河谷布线方案

顶和另找越岭垭口三种方案，如图 5-13 所示。方案Ⅱ需要有适当的展线地形，方案Ⅲ需要附近有适当的越岭垭口。这两种方案的特点是：展线使路线增长，纵面线形上而复下，纵坡较大，并且过渡段的土石方工程也较大。方案Ⅰ避免了上述缺点，但增加了两座桥。

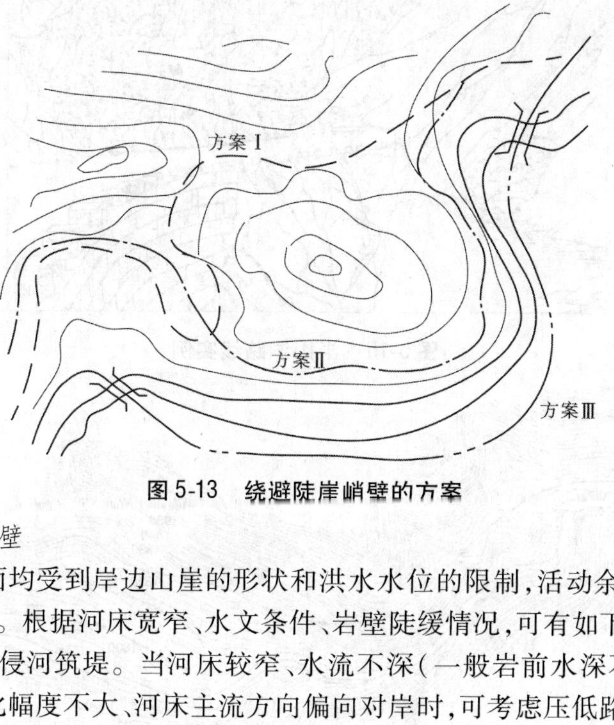

图 5-13　绕避陡岸峭壁的方案

2）直穿陡崖峭壁

路线的平、纵面均受到岸边山崖的形状和洪水水位的限制，活动余地不是很大，低线位布线时较多采用。根据河床宽窄、水文条件、岩壁陡缓情况，可有如下穿过方式。

（1）与水争路、侵河筑堤。当河床较窄、水流不深（一般岩前水深不超过 2 m），水流不急、洪枯水位变化幅度不大、河床主流方向偏向对岸时，可考虑压低路线，侵河筑堤。当河床较窄不宜压缩时，路基填石防护所占用的泄水面积应从对岸河槽开挖中补偿。

（2）硬开石壁等特殊措施通过。当岩陡壁高、河床较窄时，可根据地质条件、施工技术力量，通过技术经济比较后，可考虑在石壁上开挖出路基形成半山洞，或采用隧道、半山桥及悬出路台等措施通过，如图 5-14 所示。图 5-15 为某公路半山洞示意图。

（四）急流及跌水河段

河床纵坡陡峻时，河床纵断面在短距离内突然下落几米至几十米，形成急流、跌水，这时的河床纵坡远远陡于路线纵坡的允许值，为了尽快降低线位，避开陡峻的山腰线，布线时应利用平缓的山坡地形和支谷展线来降低线位，如图 5-16 所示。选线时，要注意放线，以纵坡为主安排路线。这类河段多出现在山区河流的上游，是沿溪（河）线越岭线的过渡段。

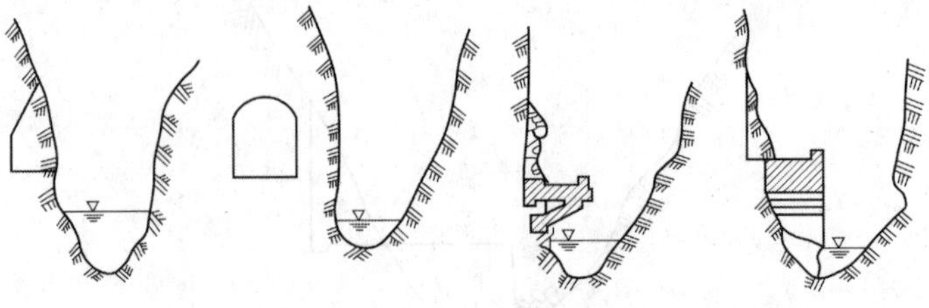

图 5-14　特殊措施通过陡崖地段布线图

图 5-15　半山洞路线实例

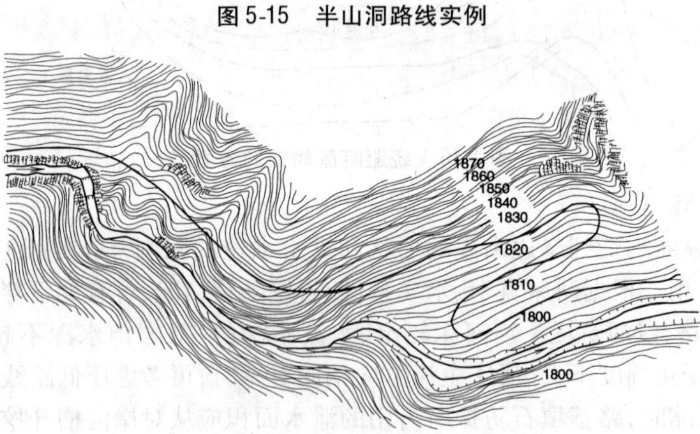

图 5-16　急流及跌水河段路线

(五)不良地质地段的路线布设

沿河两岸的滑坡、崩坍、岩堆、泥石流等是较为常见的地质病害。路线通过这些地带时应遵循避强制弱、加强调查、综合防治的原则。

三、越岭线

越岭线是指公路走向与河谷及分水岭方向横交时所布设的路线。两个控制点位于山岭的两侧，路线需要由一侧山麓升坡至山脊，在适当的地点穿过垭口，然后从山脊的另一侧降坡而下。

(一)路线特点

越岭线的路线特点是路线需要克服很大的高差，路线的长度和平面位置主要取决于路线的安排。因此，越岭线选线中，是以路线纵断面为主导的。

越岭线布线的有利条件是：布线不受河谷限制，布线较为灵活；越岭线不受洪水威胁和影响，路基稳定，沿线的桥涵及防护工程较少。

越岭线布线的不利条件是：里程较长、线形差、指标低；越岭线的线位高，远离河谷，施工和运营条件较差。

(二)布设要点

越岭线布设应解决的主要问题是垭口选择、过岭标高的确定和垭口两侧路线展线方案的拟订。这三者是相互联系、相互影响的，布设时应综合考虑。

1. 垭口选择

垭口是分水岭山脊上的凹型地带(又称做鞍部)，由于其标高低，常常是越岭线的重要控制点。

垭口选择应在符合路线总方向的前提下，综合各方面因素，根据垭口的位置、标高，以及垭口两侧的地形、地质等条件反复比较后确定。

1)垭口位置的选择

垭口位置的选择应在符合路线基本走向的前提下，与两侧路线展线方案一起考虑。首先，选择标高较低、而且展线后能很快与山下控制点直接相连的垭口；其次，再考虑稍微偏离路线方向，但是接线较顺、增加路线里程不多的垭口。

如图5-17所示，A、B控制点间有C、D两个垭口，从平面位置看，C垭口在AB直线上，D垭口稍微偏离AB直线方向，但从符合路线基本定向来看，穿D垭口比穿C垭口反而展线短些，而且平面线形较好。因此，D垭口比C垭口更有优势。

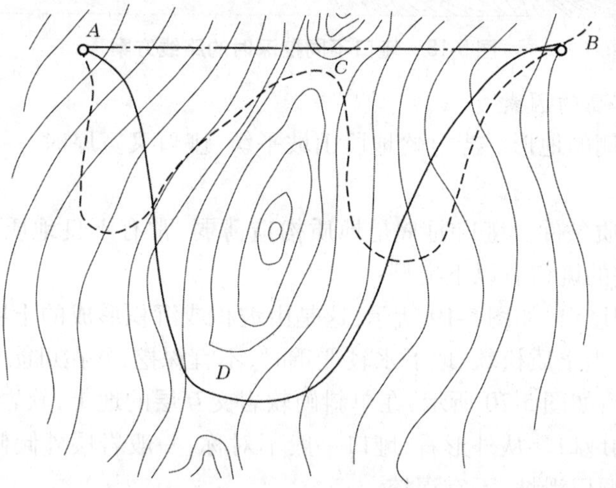

图5-17　垭口位置的选择

2)垭口的高度

垭口与其山下控制点的高差，直接影响路线展线长度、工程量大小及运营条件。垭口越低，里程越短。在地形困难的山区，减少路线长度而节省工程造价和运营费都是很难的。

3)垭口的展线条件

山坡线是越岭线的重要组成部分。而山坡坡面的曲折与陡缓、地质的好坏等情况直接关系到路线的标准和工程量的大小。因此，垭口选择要与侧坡展线条件结合起来考虑。选择时，如有地质稳定、地形平缓、有利于展线的侧坡，即使垭口位置略偏或垭口较高，也应比较，不要轻易放弃。

2. 过岭标高

过岭标高是越岭线布局的重要控制因素。不同的控制标高，不仅影响工程量大小、路线长短、线形标准，而且直接关系到垭口两端的展线布局。如图 5-18 所示，由于选用了不同的挖深出现了 3 个展线方案：甲方案浅挖 9 m，需设两个回头弯道；乙方案挖深 13 m，只需设一个回头弯道；丙方案挖深 20 m，不需要设回头弯道，顺山势展线即可。丙方案线形好，路线最短，有利于行车。

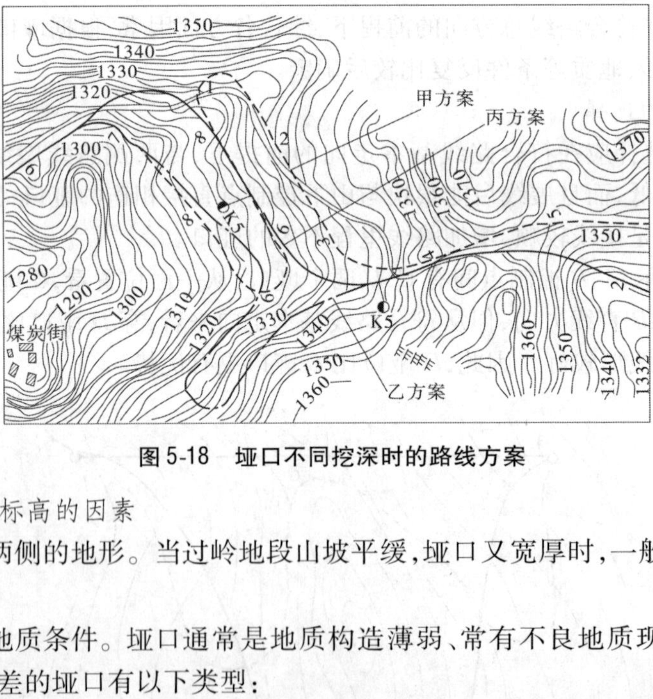

图 5-18　垭口不同挖深时的路线方案

1)决定过岭标高的因素

(1)垭口及两侧的地形。当过岭地段山坡平缓，垭口又宽厚时，一般宜采用展线的方式翻越山岭。

(2)垭口的地质条件。垭口通常是地质构造薄弱、常有不良地质现象的山脊凹陷地带。地质条件较差的垭口有以下类型：

松软土侵蚀型垭口：如图 5-19 所示，这是由坡积或沉积形成的土层，经长期侵蚀而形成的山脊低凹地。当土质松软、地下水较严重时，不宜深挖，并在可能条件下尽量绕避。

软弱岩层垭口：如图 5-20 所示，在单斜硬软岩交互层的地带，软岩层经雨水和风化作用长期侵蚀形成的垭口。从外形看，垭口一般不对称，一般岩层外倾侧的边坡渗水性强、稳定性差，常引起顺层滑坡，不宜深挖。

构造破碎带垭口：由地层褶曲部或断层带经侵蚀风化所形成的垭口，如图 5-21 所示。

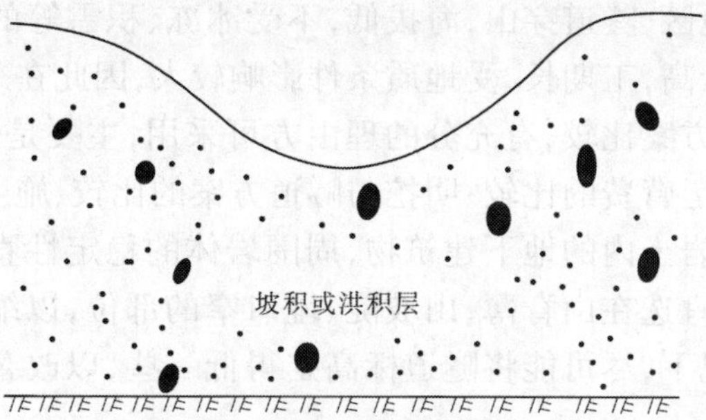

图 5-19　松软土侵蚀型垭口

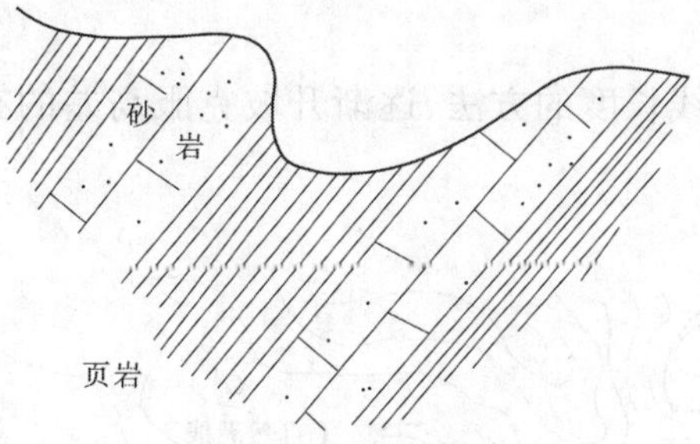

图 5-20　软弱岩层垭口

这类垭口岩层破碎、地表水容易下渗，路基及边坡稳定性差，是地质条件最差的地带。特别是图 5-21(b)、(c)所示的两种垭口最为不利。对这类垭口一般应绕避，必须通过时，不能深挖，并结合岩层破碎程度、风化情况、断层及地下水状况慎重决定开挖深度，并要采取加固及排水措施。

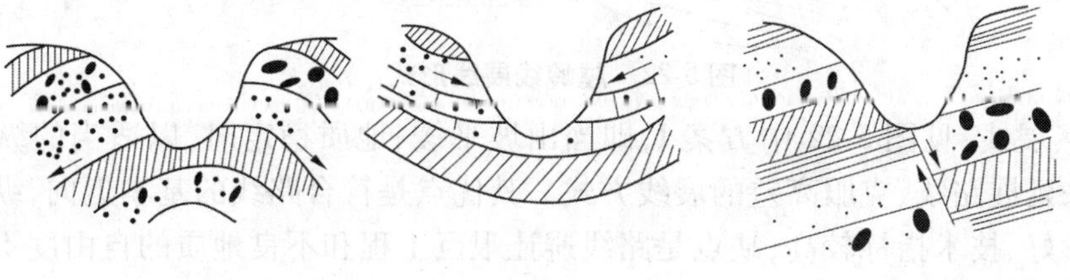

图 5-21　构造破碎带垭口

2）过岭方式

过岭的方式有以下三种：

(1)浅挖低填垭口。当越岭地段的山坡平缓，容易展线，垭口地带的地形宽且厚时，宜采用浅挖或低填的形式通过，此时过岭标高与垭口标高基本一致。

(2)深挖垭口。当垭口比较瘦削时，常采用深挖的方式通过，虽然深挖处的土石方数量集中，但有效地降低了过岭标高，缩短了展线长度，而且改善了行车条件。深挖的程度应视地形、地质、气候等条件，以及展线对过岭标高的要求而定，一般不要超过 20 m。

(3)隧道穿越。当垭口的挖深较大时，可采用隧道过岭的方式作为终选方案。采用隧道穿越山岭具有路线短、线形好、有利于行车、战时隐蔽、受自然因素影响小、路基稳定等特点。特别在高寒地区，隧道穿山，海拔低，不受冰冻、积雪等的影响，大大改善了运营条件。但由于隧道造价高，工期长，受地质条件影响较大，因此在采用隧道方案时，应注意以下几点：①必须做好方案比较，有充分的理由方可采用，主要是修建隧道与缩短路线里程的比较、隧道投资与运营费的比较、明挖与隧道方案的比较、施工期限是否有限制；②注意地质问题，隧道是在岩土内的地下建筑物，周围岩体的稳定性直接影响隧道的设计、施工和使用；③隧道定位宜选在山脊薄、山坡陡、垭口窄的部位，以缩短隧道长度；④在不过分增加工程造价的情况下，尽可能将隧道标高定得低一些，以改善路线条件，发挥隧道优势。

3. 展线布局

1）越岭展线的形式

展线就是采用延展路线长度的方法，逐渐升坡克服高差的布线方式。展线的基本形式有三种，见图 5-22。

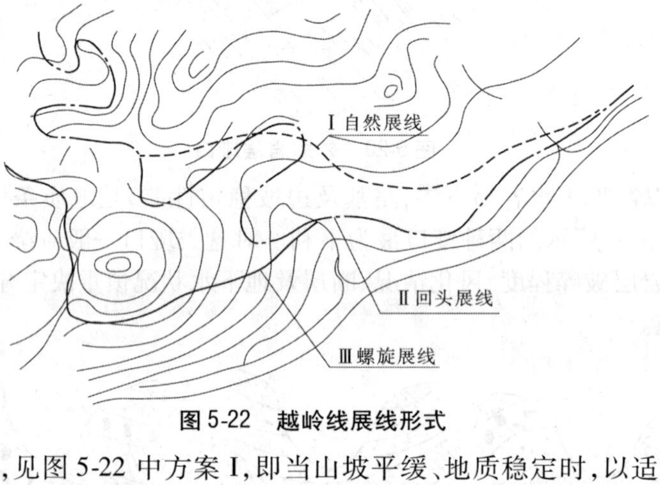

图 5-22　越岭线展线形式

（1）自然展线，见图 5-22 中方案Ⅰ，即当山坡平缓、地质稳定时，以适当的纵坡，绕山嘴、沿侧沟来延展路线、克服高差的展线方式。其优点是符合路线的基本走向，纵坡均匀，路线短、线形好、技术指标较高；缺点是路线避让艰巨工程和不良地质的自由度不大。

（2）回头展线，见图 5-22 中方案Ⅱ，利用回头曲线延展路线克服高差的布线方式。其优点是能在短距离内克服较大的高差，并且用回头曲线布线灵活，利用有利地形避让艰巨工程和地质不良地段的自由度较大；缺点是平曲线半径小，同一坡面上、下线重叠，对施工、行车和养护都不利。图 5-23 所示的为利用有利地形，布局回头展线的实例。

回头位置对于回头曲线的线形和工程大小以及展线布局有很大关系，选择时应多调查、多比较。回头地点在满足展线布局的前提下，宜选在地面横坡平缓，地形开阔，以使上、下线路能布置的地点；相邻回头曲线间距应尽量拉长，以减少回头的次数，利用时要与纵坡安排相结合，既不因回头位置过高利用不上，也不要使其位置过低，而使纵坡损失过大而增长路线。

一般较肥厚的山包、山脊平台、平缓的山坡、山沟、山坳及岔谷间的缓坡台地均是回头的有利地形。如图 5-24 所示的地形均适合于布置回头曲线。

（3）螺旋展线，见图 5-22 中方案Ⅲ。当路线受到地形、地质限制，需要在某一处集中

图 5-23　回头展线实例效果图

(a)利用山包回头

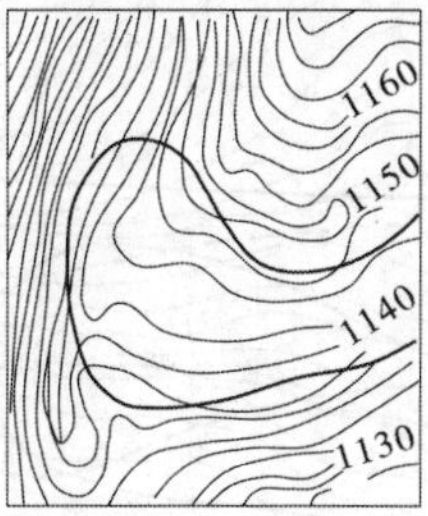

(b)利用山脊平台回头

(c)利用缓坡回头

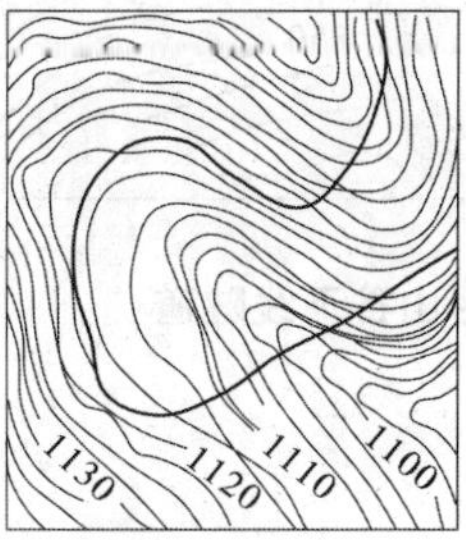

(d)利用山沟回头

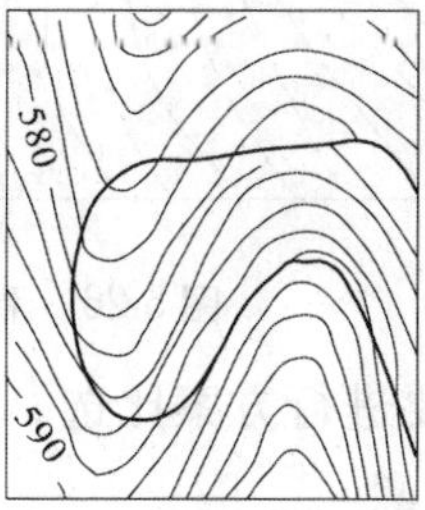

(e)利用山坳回头

图 5-24　适合布置回头曲线的地形

提高或降低一定高度才能充分利用前后的有利地形时，可以采用螺旋展线的方式。这种展线的路线转角大于360°。其优点是：路线利用有利的山包或瓶颈形山谷，在很短的平面距离内就能克服较大的高差，它比回头曲线有较好的线形，避免了路线的重叠；缺点是：需建桥或隧道，工程造价高。

螺旋展线可有上线桥跨（见图 5-25）和下线隧道（见图 5-26）两种方式。

以上三种展线形式中，一般应首先考虑采用自然展线；不得已时采用回头展线；当地形十分困难，又有适宜的山谷或山包等条件时，为在短距离内克服较大的高差，可以考虑

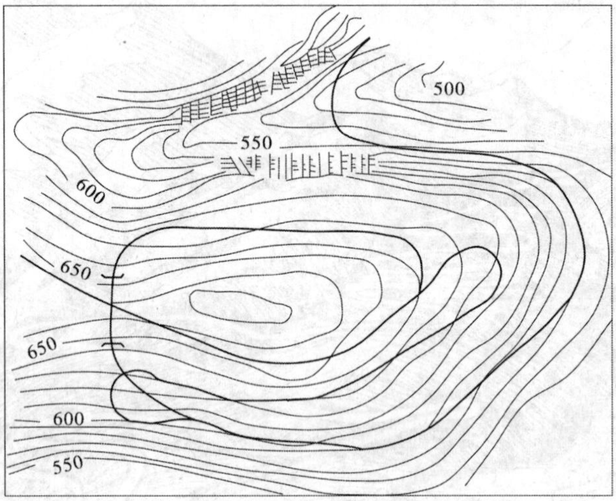

图 5-25　利用山包上线桥跨

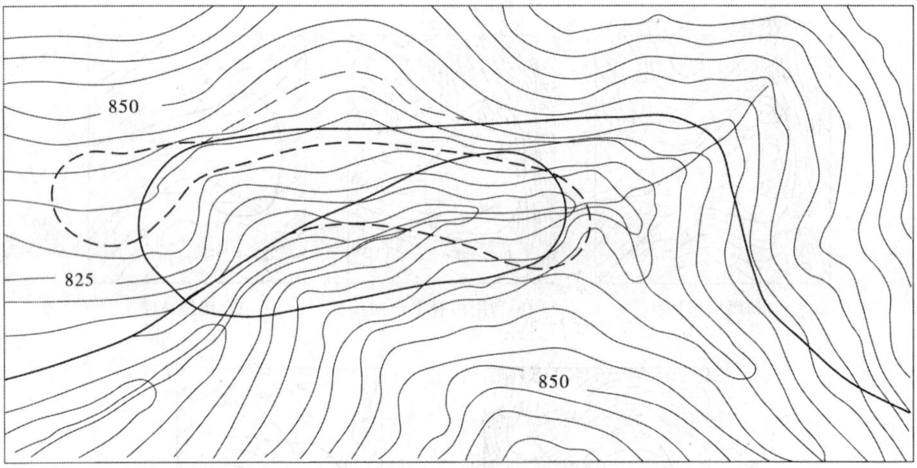

图 5-26　利用瓶颈形山谷下线隧道

使用螺旋展线,但需要进行方案比选。

2)展线布局的步骤

(1)拟订路线的大致走向。在视察或踏勘阶段确定的控制点间,根据地形和地质情况,以坡度为主导,拟订出路线可能的展线方案和大致走法。

(2)试坡布线。进一步落实初拟方案的可行性和加密控制点,拟订路线的局部方案。试坡通常利用手水准自垭口开始,由上而下,按照符合现行《标准》要求的某一设计坡度进行放坡。试坡布线中,在必须避让的地物、不良地质地段、拟设回头曲线处,选择合适的点位,若该点与前后控制点连线构成的纵坡度与设计纵坡基本一致或略小,则选择的点位可以作为中间控制点;若该点与前后控制点连线构成的纵坡度大于设计纵坡,则应调整点位,重新布线。

(3)分析、落实控制点,决定路线布局。经试坡确定的控制点,有固定和活动之分:一种是位置和高程都不能改变的(如工程特别艰巨的地点、某些受限制很严的回头地点、必须利用的桥梁、必须通过的街道等);另一种是位置固定,高程可以活动的(如垭口、重要桥位等);第三种是位置和高程都可有活动余地的(如侧沟跨越地点、宽阔平缓山坡的回头地点等)。

(三)展线示例

1.利用山谷展线

利用山谷展线如图 5-27 所示。

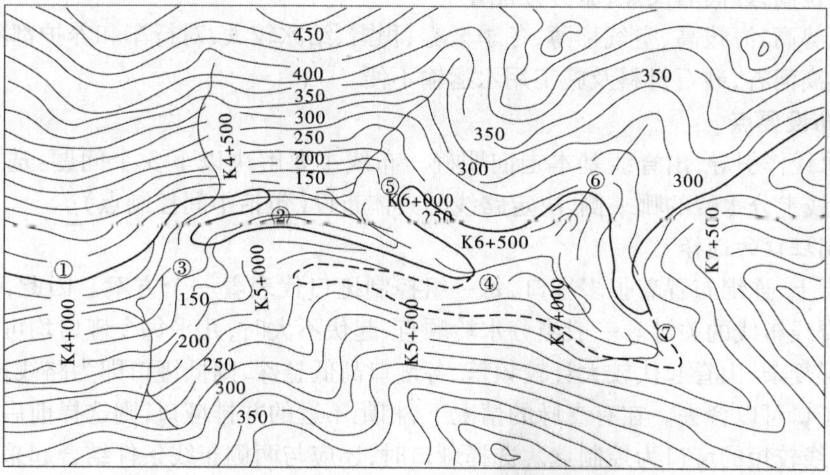

图 5-27 利用山谷展线

2.利用山脊展线

利用山脊展线如图 5-28 所示。

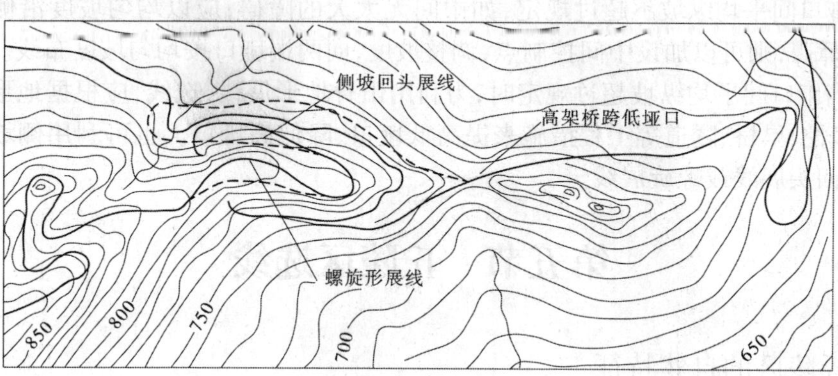

图 5-28 利用山脊展线

四、山脊线

(一)路线特点

山脊线是指大致沿分水岭方向所布设的路线。山脊线的平面线形随分水岭的曲折而弯曲,纵面线形随控制垭口间的高差变化而起伏。山脊线一般不单独使用,多与山坡线相结合,作为越岭线垭口两侧路线的过渡段。能否采用部分山脊线,还必须有适宜的山脊。

一般服从路线走向，分水线平顺直缓，起伏不大，岭脊肥厚，垭口间山坡的地形、地质情况较好的山脊是较好的布线条件。

山脊线的有利条件是：

(1)当山脊条件好时，山脊线一般里程短，土石方工程量小。

(2)水文、地质条件好，路基病害少，稳定。

(3)地面排水条件好，桥涵人工构造物少。

山脊线的不利条件是：

(1)线位高，远离居民点，服务性能差。

(2)山势高、海拔高、空气稀薄，冬季云雾、积雪、结冰较大，对行车和养护都不利。

(3)远离河谷，砂石材料及施工用水运输不便。

(二)布设要点

由分水线作引导，山脊线基本走向明确。布线主要解决以下 3 个问题：选择控制垭口、决定路线走分水岭的哪一侧、决定路线的具体布设(包括中间控制点)。

1. 控制垭口的选择

在山脊上，连绵布置着很多垭口，每一组控制垭口代表着一个方案。因此，选择控制垭口是山脊线布线的关键。一般当分水岭顺直、起伏不大时，几乎每个垭口均可暂作控制点。如地形复杂、山脊起伏较大且较频繁、各垭口高低悬殊，则低垭口即为路线控制点，而突出的高垭口可以舍去。在有支脉的情况下，相距不远的并排垭口，则选择前后与路线联系较好、路线较短的垭口为控制点。选择垭口时，还应与两侧布线条件结合起来考虑。

2. 试坡布线

山脊线有时因两垭口控制点间的高差较大，需要展线；有时为避免路线过于迂回要采用起伏纵坡，以缩短路线里程。通常需要试坡布线，一般分为下面两种情况：

(1)垭口间平均纵坡不超过规定，如中间无太大的障碍，应以均匀坡度沿侧坡布线。若中间遇障碍，则可以加设中间控制点，调整坡度，向两端垭口按均匀坡度布线。

(2)当垭口间平均纵坡超过规定时，为利用山脊地形展线、选线，应根据地形、地质条件，采用填挖、旱桥、隧道等工程措施来提高低垭口、降低高垭口。也可利用侧坡、山脊有利地形作回头展线或螺旋展线。

第五节　丘陵区选线

一、丘陵区的自然特征

丘陵区是介于平原区和山岭区之间的地形，其地形特征是山丘连绵、冈坳交错、此起彼伏、山丘曲折迂回、岭低脊宽、山坡较缓、相对高差不大。丘陵区包括微丘和重丘两类地形。

微丘区起伏较小，地面自然坡度在 20°以下，山丘、沟谷分布稀疏，坡形缓和，相对高差在 100 m 以内，而且有较宽的平地可以利用。

重丘区起伏频繁，相对高差较大，地面自然坡度在 20°以上，山丘、沟谷分布较密，而且具有较深的沟谷和较高的分水岭，路线平、纵面部分受地形限制。

随着丘陵区地形的起伏，地物的变化也较大。一般丘陵区农业都比较发达，土地种植面积广，种类繁多，低地为稻田，坡地多为旱地或经济林，小型水利设施也较多。居民点、建筑群、风景、文物点及其他设施在平坦地区时有出现。这些地点都是布线时应考虑的控制点。

二、路线特征

(一)丘陵区选线的特点

(1)局部方案多。由于丘陵区的山冈、谷地较多，路线走向的灵活性大，可行的布线方案一般比较多，一条路线的最终确定往往需要经过多方案的比较。

(2)需要路线平、纵、横三方面相互协调、密切配合。由于丘陵区地形的迂回曲折和频繁起伏，平、纵、横三方面相互之间的约束和影响较大，若三者组合合理，可以提高线形技术标准。

(3)路基形式以半填半挖为主。由于丘陵区的地形特点决定了路线所经地面常有一定的横坡，但是横坡一般并不太陡，路线与农林用地和水利设施的矛盾较大。为节约耕地，应采用半填半挖为主的路基形式。

丘陵区选线应结合地形合理选用技术指标，使平面适当曲折，纵面略有起伏，横面稳定经济，线形指标的变化幅度较大，既不像平原区一般多用高限指标，也不像山岭区多用接近低限指标。

(二)丘陵区路线布设的方式

根据地形情况的不同一般按三类地带分段布线，其要点如下几个方面。

1. 平坦地带走直线

两控制点之间的地势平坦，一般按平原区以方向为主导的方式布线。如果没有地物、地质或风景、文物等障碍物，一般应按直线布线。如有障碍时，则应加设中间控制点，设置转折小、半径较大的长缓曲线。

2. 斜坡地带走匀坡线

匀坡线是指在两点之间，沿自然地形以均匀坡度确定出地面点的连线，如图 5-29 所示。匀坡线通过多次试坡后才可得到。当两控制点之间无障碍，可直接按匀坡线布设。若有障碍，则应在障碍处加设中间控制点，分段按匀坡线控制。

3. 起伏地带走中间

起伏地带地面横坡较缓，所谓“走中间”就是路线在匀坡线和直线之间选择平面顺适、纵面均衡的合理路线。路线两控制点间要通过起伏地带，意味着路线要穿过交替的丘梁坳谷。其中间可能有一组或多组起伏地带。对于多组起伏，只需在中间梁顶(或谷底)加设中间控制点即可。因此，下面着重研究已知两控制点间包括一组起伏地带的情况。

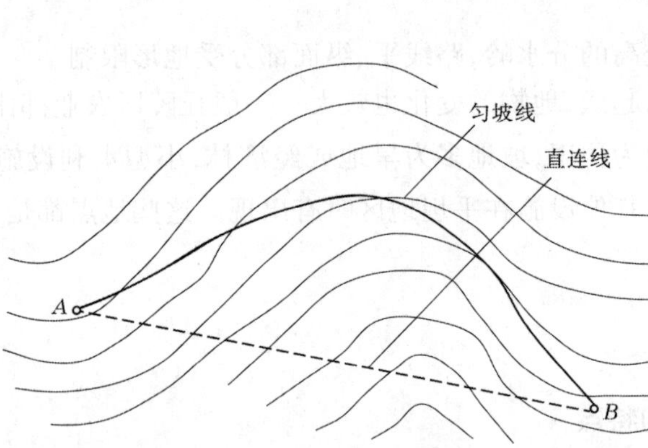

图 5-29　匀坡线

如图 5-30 所示，A、B 为两相邻梁顶，中间为一坳谷，构成一组起伏地带。如果路线由 A 至 B 硬拉直线，路线虽然短，但纵坡起伏大，线形差，势必出现高填深挖，增大工程量；如果沿匀坡线走，则纵坡度平缓、均匀，但路线会增长很多，平面线形又差，也不够理想。

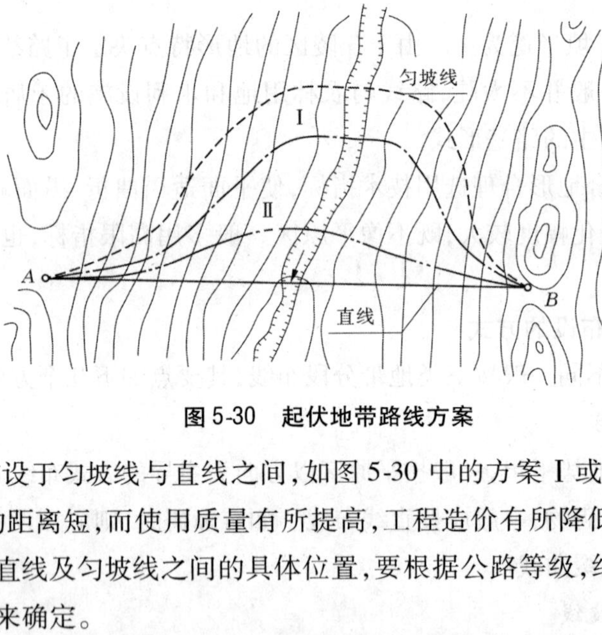

图 5-30　起伏地带路线方案

如果路线布设于匀坡线与直线之间，如图 5-30 中的方案Ⅰ或方案Ⅱ。比直线的起伏小，比匀坡线的距离短，而使用质量有所提高，工程造价有所降低，是较合理的布线方案。至于路线在直线及匀坡线之间的具体位置，要根据公路等级，结合地形作具体分析，从平、纵、横协调来确定。

起伏较小的地带，要在坡度缓和的前提下，再考虑平面和横断面的关系。一般情况下，低等级公路为减少工程造价，平面上可迂回一些，即离直线稍远一些；较高等级公路则宁可多做些工程，尽可能缩短距离，路线位置可离直线近一些。

起伏较大的地带，高差大的一侧的坡度常常是布线时的决定因素。一般以高差大的一侧为主，结合梁顶的挖深或谷底的填高来确定路线的平面位置。

总之，丘陵地区选线时，可行方案较多，地面因素也较复杂，方案之间的差异有时不太明显，这就要求选线人员加强踏勘调查，用分段布线、逐步渐近的方法，详细分析比较，最后选定一条合理的路线。图 5-31 为某一丘陵区路段的方案比较实例。

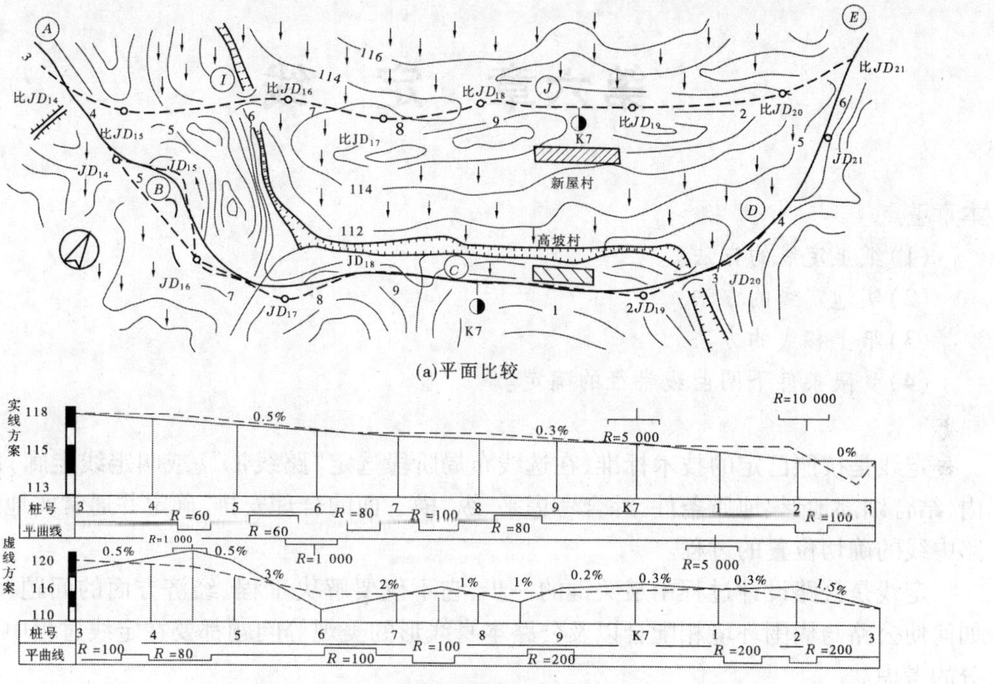

(a)平面比较

(b)纵面比较(竖曲线未示全)

图 5-31　丘陵区路线方案比较实例

复习思考题

5-1　什么是公路选线？

5-2　选线的原则和步骤是什么？

5-3　平原区路线布设时，应注意哪些影响因素？

5-4　沿溪（河）布线线应解决的主要内容有哪些？

5-5　越岭线布线应解决的主要内容有哪些？

5-6　越岭展线的方法有哪些？什么是自然展线？什么是回头展线？各有何优缺点。

5-7　请说出高线位和低线位的概念。

5-8　丘陵区选线的特点有哪些？

第六章　定　线

本章重点

(1)纸上定线的方法。

(2)实地定线的方法。

(3)纸上移线的方法。

(4)受限条件下圆曲线半径的确定。

定线是按照已定的技术标准,在选线布局阶段选定“路线带”(或叫定线走廊)的范围内,结合细部地形、地质条件,综合考虑平、纵、横三面的合理安排,确定并通常实地定出道路中线的确切位置的过程。

定线是公路设计过程中最关键的一步,它不仅要解决工程、经济方面的问题,而且对如何使公路与周围环境相配合以及公路本身线形的美观等问题都要在定线过程中给予充分的考虑。

公路定线的质量在很大程度上还取决于采用的定线方法,公路定线根据公路等级、要求和条件,一般有纸上定线、实地定线、航测定线三种方法。最常用的是纸上定线和实地定线两种方法。技术标准高、地形及地物复杂的路线必须使用纸上定线,然后把纸上路线敷设在地面上;实地定线省去了纸上定线这一步,所以只适用于标准较低的路线。

第一节　纸上定线

纸上定线是在大比例尺(一般以1:1 000为宜)地形图上确定道路中线的位置。

对定线来讲,不同的地形有不同的矛盾,例如平原、微丘陵地区,地形平坦,路线一般不受高程限制,定线主要是正确绕避平面上的障碍,力争控制点间路线顺直短捷。山岭、重丘陵地区,地形复杂,横坡陡峻,定线时利用有利地形,避让艰巨工程、不良地质地段或地物,都涉及调整纵坡问题,而山岭区纵坡的限制又是比较严的,因此在山区和重丘陵区安排好纵坡就成为首要问题了。这些因地形而异的指导原则,并不因采用的定线方法不同而改变。但定线条件不一样,工作重点会有些不同。现就路线平、纵、横面均受较严限制的越岭线即纸上定线的工作步骤阐述如下。

一、定导向线

(一)观察分析地形

在大比例地形图上观察起、终点间地形起伏和地质情况,选择有利地形,如平缓顺直的山坡、开阔侧沟、有利回头的地点等,研究路线布局,拟订路线可能方案,并详细比较选定合适的方案。

如图 6-1 所示，图左地形较陡，图右地形较缓，A、D 为起、终点，B 为可利用的山脊平台，C 为应避让的陡崖，则 $A—B—C—D$ 为路线的可能走法，能否成立需由放坡试定。

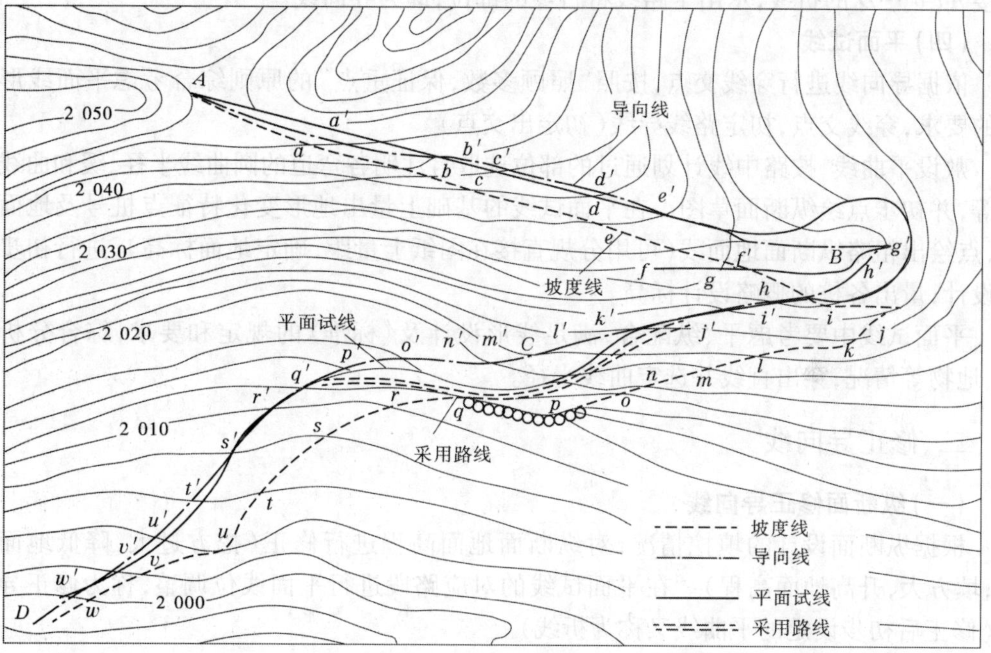

图 6-1　纸上定线示意

（二）定坡度线（卡匀坡线）

根据等高线间距 h 及平均纵坡 $i_{均}$（5% ~5.5%），计算相邻等高线间距：$\alpha = h/i_{均}$，使卡规开度放到 α，进行纸上放坡，如图 6-2 所示。

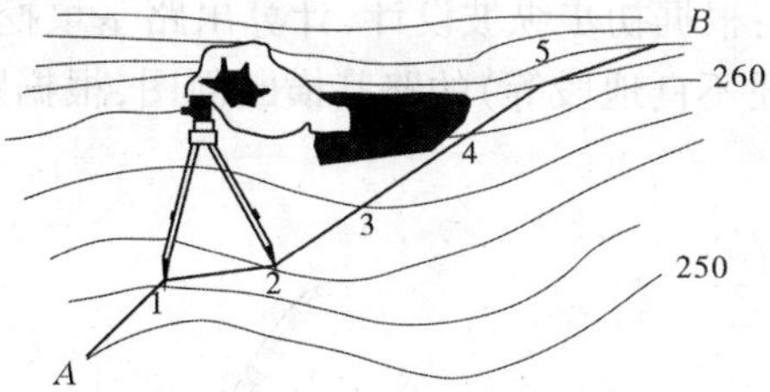

图 6-2　纸上放坡示意图

图 6-1 为越岭线纸上定线实例，以 $A—B—C—D$ 为路线的可能走法，按上述方法若自 A 点开始放坡，沿各拟定走法在等高线上依次截取 a，b，c，…等点，如最后一点的位置和标高均接近另一固定点 D 时，说明这个方案能够成立，否则，修改走法或调整 $i_{均}$，重新试验至方案成立为止。

（三）定导向线

分析这条坡度线（匀坡线）对地形、地物及艰巨工程和不良地质的避让情况。如有不合理之处，应选择出需避让或利用的中间控制点，调整平均纵坡，重新试坡。经过调整、修整后得出的折线，称为导向线。如图 6-1 中，$Aab\cdots D$ 折线从 C 处陡崖中间通过，B 处利于回头的地点也未利用上，如调整一下 B、C 前后路段的坡度，即能避开陡崖和利用有利的回头地点，因此可以把 B 定为中间控制点，然后再分段仿照上述方法截取 a'、b'、…诸点，连接 $Aa'b'\cdots D$ 的折线，示出了路线将行经的部位，即为导向线。

(四) 平面试线

依据导向线进行穿线交点，按照“照顾多数，保证重点”的原则综合考虑平面线形设计的要求，穿线交点，初定路线导线（初定出交点）。

敷设平曲线，按路中线计划通过的部位选取且注明各弯道的圆曲线半径、缓和曲线长度等，并初步点绘纵断面草图。在平面试线的基础上量出地形变化特征点桩号及地面标高，点绘出粗略纵断面地面线（可用分规直接在图纸上量距，确定地面标高），进行初步纵坡设计，量出各桩的概略设计标高。

平面试线中要考虑平、纵配合，满足线形设计及《标准》的规定和要求，综合分析地形、地物等情况，穿出直线并选定曲线半径。

二、修正导向线

(一) 纵断面修正导向线

根据纵断面设计的填挖情况，对纵断面地面高程进行修正（挖方过大，降低地面高程；填方大，升高地面高程）。在平面试线的对应路段进行平面线位调整，称为修正导向线（修正后初步设定的平曲线又称为折线）。

(二) 横断面修正导向线（横断面校核）

在修正导向线各点的横断面图上，用路基模板逐点找出最经济的或起控制作用的最佳路基中线位置及其可以活动的范围，如图 6-3 所示。根据最佳位置点的性质，分别用不同符号点绘在平面图上，这些点的连线是一条有理想纵坡、横断面上位置最佳的平面折线，称为二次修正导向线（小比例尺地形图上，最佳位置点显示不出者，可不作）。

横断面校核的方法是：根据初步纵坡设计，计算出路基填挖高度，绘出工程困难地段（如地面横坡陡或工程地质不良地段等）的路基横断面图，根据路基横断面图的情况修正平面线形。

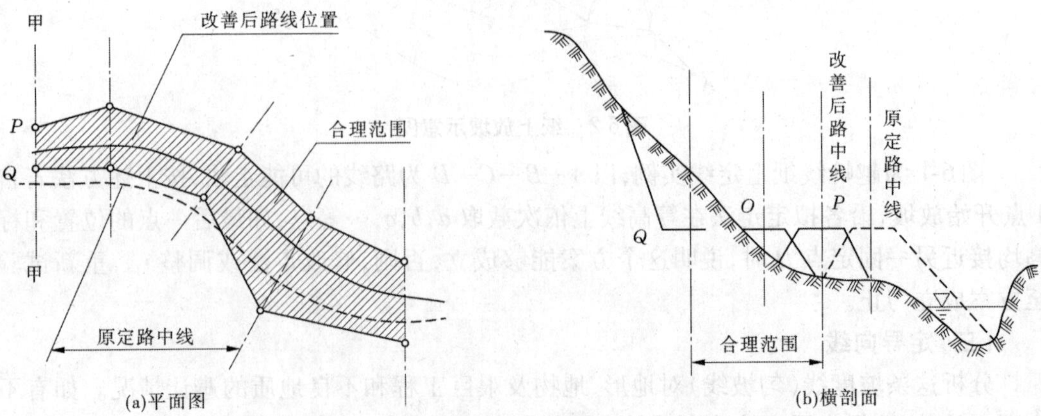

图 6-3　横断面最佳位置选择示意图

三、定线

经过两次或多次修正导向线后，最终确定出满足标准要求，平、纵线形都比较合理的路线导线，最终定出交点位置（一般由交点坐标控制）。纸上定线应该既符合该级公路规定的几何标准，又能充分适应当地地形，避开了尽可能多的障碍物。为此定线必须在分析研究二次修正导向线上各特征点的性质和可活动范围的基础上，反复试线才能得到满意的结果。

四、纵断面设计

根据上一步敷设的平曲线进行纵断面设计，结果如图 6-4 所示。纵坡要符合该级公路技术标准要求，努力争取满足各种竖向控制以及纵坡线形与平面线形的配合。

根据设计纵坡，检查所定路线是否经济合理，如填挖过大，则应进行修改。修改是调整纵坡还是改移中线或两者都改，应在对平、纵、横三面充分研究后确定。越岭线上，一般纵坡灵活性不大，常常要平、纵面同时考虑，如图 6-4 中的 K0 + 200 ~ K0 + 400 之间，挖方较大，该处纵坡已是极限值，无法调整，如将路线外移至崖顶边缘通过，如图中实线所示，路线长并无多大变化，但挖方工程量减少很多，宜作为采用线。

纸上定线是一个反复试验的过程，在某限度内，试线越多，那么最后的成品就越好。直到无论采取什么措施都不能显著节省工程量或增进美感时，才可认为纸上定线工作已告完成。

第二节　实地定线

实地定线又称直接定线或现场定线。根据实地控制定线主导因素的不同，可采用以点定线和放坡定线两种方法。

一、以点定线

当路线不受纵坡限制时，定线以平面和横断面为主确定路线。其要点是：以点定线，以线交点。以点定线，就是在全面布局和逐段安排确定的控制点间，结合各方面因素进一步确定影响公路中线位置的小控制点，然后按照这些小控制点，大致穿出公路直线的方法；以线交点，就是在已定小控制点的基础上结合路线标准和前后路线条件，穿出直线，并延长交出交点。

（一）控制点的加密

两控制点之间，一般不可能作直线（特别是地形复杂、等级较低的公路），常常需要设置交点，使路线转弯，从而避开障碍物，利用有利地形，以达到技术经济的目的。加密控制点，就是在实地寻找控制和影响公路中线位置的具体点位。一般小控制点有经济性和控制性两种控制点。

1. 经济性控制点

这类控制点，主要在路线穿过斜坡地带，考虑横向填挖平衡或横向施工经济（有挡土

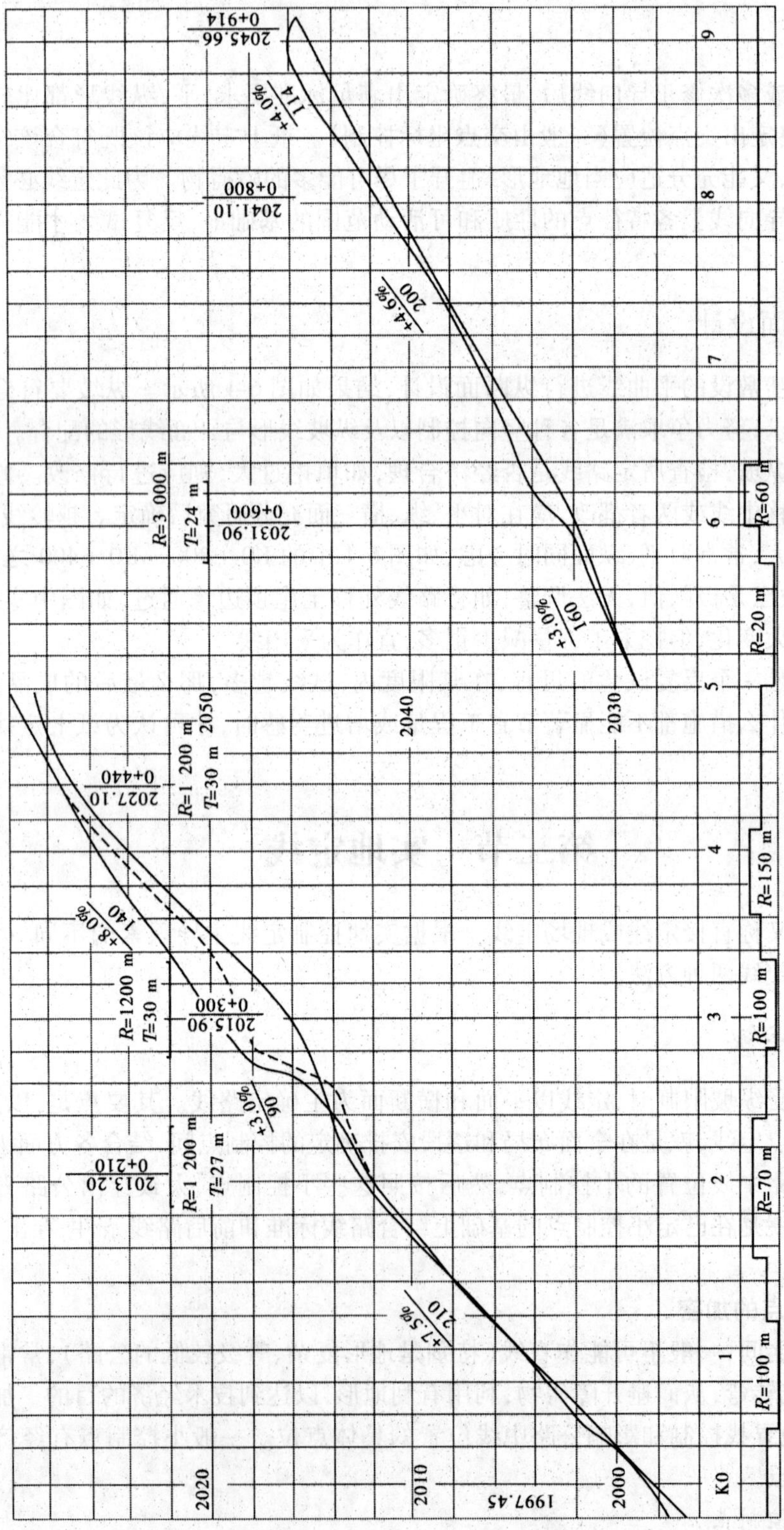

图6-4　纸上定线纵断面图

墙及其他加固边坡时）因素而确定的小控制点。如图 6-5 所示的Ⅱ—Ⅱ中线位置，使挖方面积和填方面积大致相等，这时的线位即为经济控制点。由于这类点仅从横向施工经济出发控制线位，它只能作为穿线定点的参考位置。

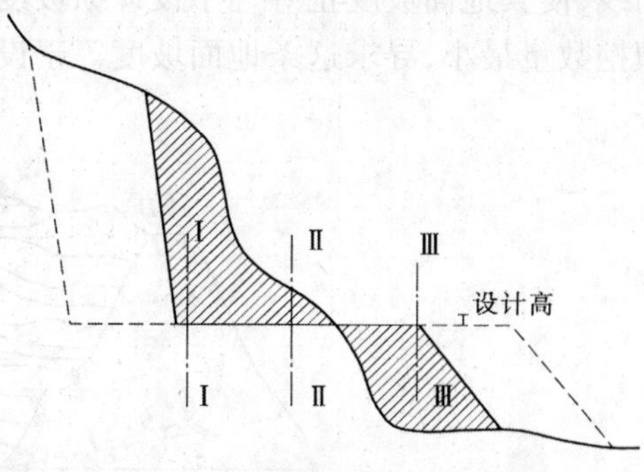

图 6-5　横断面经济位置示意图

2. 控制性控制点

这类控制点，是受艰巨工程、不良地质、地物障碍、路基边坡稳定等因素限制所确定的公路中线位置。如图 6-6 所示为几个主要因素对线位影响的示意图。从图中可看出，控制点的位置还与路基的形状尺寸、加固方式、通过不良地质地段的工程控制、地表形状、路基设计标高等因素有关。定线时应综合考虑这些因素，合理确定小控制点的位置。

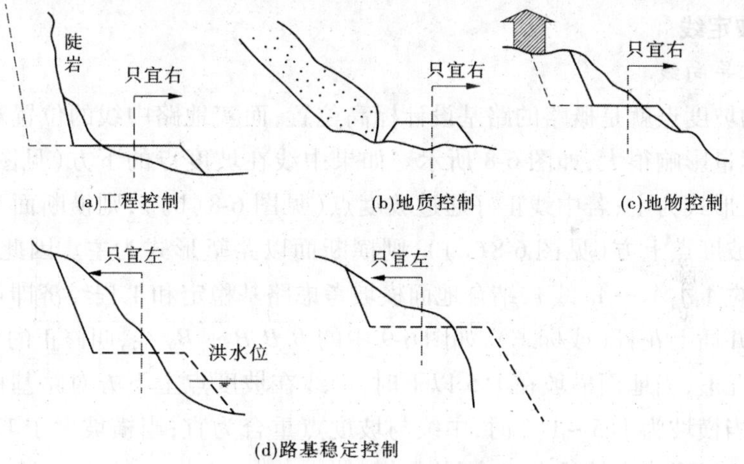

图 6-6　控制性控制点的因素分析示意图

（二）穿线定点

受各种因素限制的平面位置控制点比较多，一方面，这些点在平面上的分布又没有一定的规律；另一方面，路线受技术标准和平面线形组合的限制，不可能照顾到每一个控制点。因此，穿线定点，就是根据技术标准和线形组合的要求，满足控制点和照顾多数经济点，前后考虑，用穿线的办法延长直线，交出转角点。

二、放坡定线

当两控制点间高差较大、路线受纵坡限制时，定线应以纵坡为主导，采用放坡定线。

（一）放坡

按照要求的设计纵坡（或平均纵坡）在实地找出地面坡度线的工作叫放坡。

在山岭重丘区路段，天然地面坡度角均在 20°以上，而设计纵坡（或平均纵坡）有一定要求。如图 6-7 所示，路线由 A 点到 B 点，如果沿最大地面自然坡度方向 AB（即垂直于等高线的方向）前进，路线将上不去，显然不可能实施。如果路线沿等高线（即 AC 方向）走，虽然纵坡平缓，但方向偏离，达不到上山目的，因此就需要在 AB 和 AC 方向间找到 AD 方向线，使其地面坡度正好等于设计纵坡度（或平均纵坡 $i_{均}$），这样既使路线纵坡平缓，又使填挖数量最小，寻求这条地面坡度等于设计纵坡度（或平均纵坡 $i_{均}$）的工作就是放坡的任务。

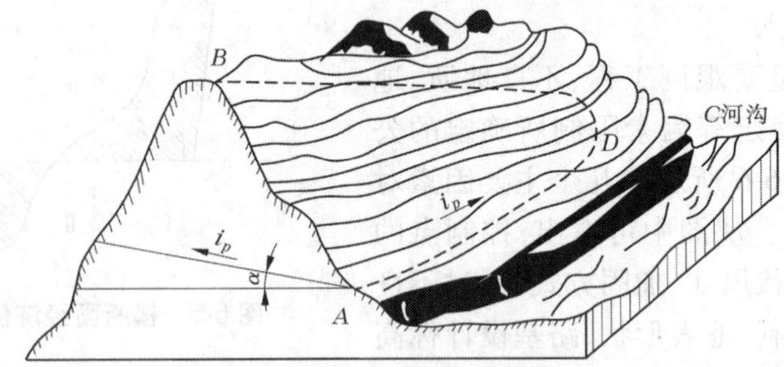

图 6-7　放坡原理示意图

（二）放坡定线

1. 作修正导向线

放坡后的坡度点就是概略的路基设计标高位置，而实地路中线的位置对于路基的稳定和填挖工程量影响很大，如图 6-8 所示。如果中线在坡度点的下方（见图 6-8（a）），则横断面以路堤形式为主；若中线正好通过坡度点（见图 6-8（b）），则横断面为半填半挖形式；若中线在坡度点上方（见图 6-8（c）），则横断面以路堑形式为主。因此，根据坡度线（如图 6-9 中的 $A_0A_1A_2 \cdots A_9$ 线），结合地面横坡考虑路基稳定和工程经济即可确定出合适的中线位置，并插上花杆（或标志），如图 6-9 中的 $B_0B_1B_2 \cdots B_9$ 线，叫修正的导向线。根据经验，一般情况下，当地面横坡在 1∶5 以下时，中线在坡度点上下方对路基稳定和工程经济影响不大；当横坡为 1∶5～1∶2 时，中线与坡度点重合为宜；当横坡大于 1∶2 时，中线宜在坡度点上方，以形成全挖的台口式断面为好。

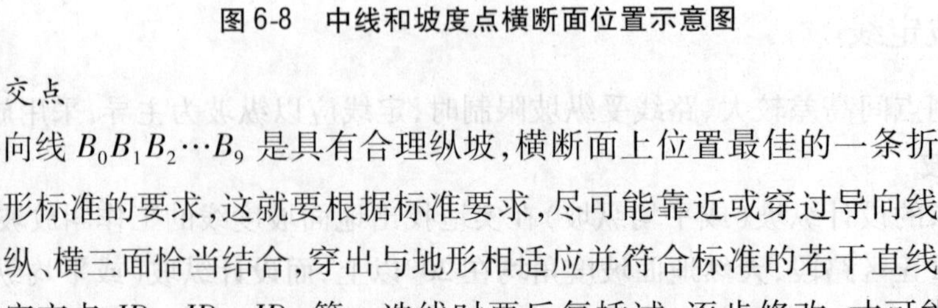

图 6-8　中线和坡度点横断面位置示意图

2. 穿线交点

修正导向线 $B_0B_1B_2 \cdots B_9$ 是具有合理纵坡，横断面上位置最佳的一条折线，但它不能满足平面线形标准的要求，这就要根据标准要求，尽可能靠近或穿过导向线上的点，裁弯取直，使平、纵、横三面恰当结合，穿出与地形相适应并符合标准的若干直线，各相邻直线相交即可确定交点 JD_1、JD_2、JD_3 等。选线时要反复插试、逐步修改，才可能定出合理的线位。

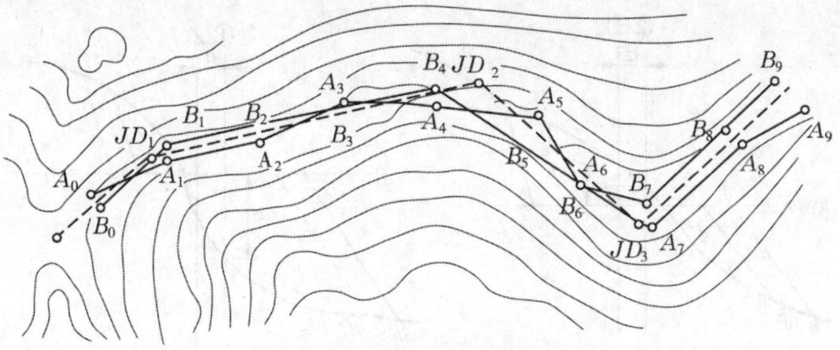

图 6-9　放坡定线示意图

第三节　纸上移线

实地定线，往往由于地形复杂，定线人员视野受到限制和产生错觉，难免发生个别路段线位定得不当。纸上移线是修改局部路线的有效方法。

一、纸上移线的条件

纸上移线条件通常有以下三种情况：

(1)路线平面标准前后不协调，需要调整转角点位置、改变半径，或室内定坡后发现局部地段工程量过大时。

(2)路线位置过于靠山，挖方边坡太高有碍稳定，或过于靠外，挡土墙较高，砌石工程量太大，移改线位后能节省较大的工程量时。

(3)增加工程量不大，但能显著提高平、纵线形标准时。

二、纸上移线的方法与步骤

纸上移线有计断链和不计断链两种方法。移距较大，断链长度较长，对纵坡度有较大影响时，应采用计断链的做法，步骤如下：

(1)绘制移线地段的大比例尺(一般用 1∶200～1∶500)路线图，注出各桩位置。

(2)依据移线目的，在纵断面图上试定合理坡度，读取各桩填挖值。

(3)根据填挖，用路基模板在横断面图上找出最经济或具有控制性的路基中心线位置，量测偏离原中线的距离即移距，如图 6-10 中的距离 a，分别用不同符号点绘在路线平面图上。参照这些记号在保证重点照顾多数的原则下，经多次反复试定修改，直到定出满足移线要求，线形合理的移改导线见图 6-10 中虚线表示。

(4)用正切法量算各交点转角。移线与原线的角度要闭合，否则需进行调整，首先调整短边和角值小的转角。拟定半径、计算曲线要素并给出平曲线。量测原线各相邻桩横断方向线切割移线的实际长度(这些长度之和，在曲线段内应等于曲线的计算长度，在直线段应等于曲线间的直线长)，如表 6-1 和表 6-2 所示。据以推算移线上的新桩号，量测原线各桩移距，连同新、老桩号一并记入表 6-3 的移距表中。算出断链长度，注于接线桩处。

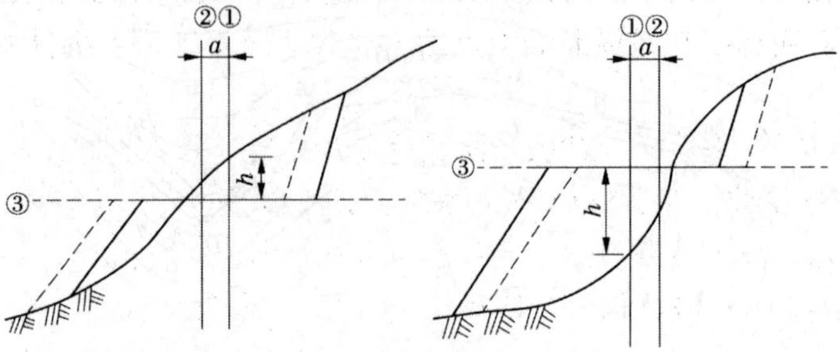

图 6-10　横断面移距的确定示意图

①—未移动前路基中线；②—最佳路基中线；③—对原中桩填挖值的水平线；
h—填挖高度；a—最佳中心位置偏离原中线的距离

表 6-1　原曲线表

JD	α_z	α_y	R(m)	T(m)	L(m)	E(m)
175		68°49′	25	17.12	30.03	5.30
176		21°44′	100	19.20	37.93	1.83

表 6-2　移线曲线表

JD	α_z	α_y	R(m)	T(m)	L(m)	E(m)
175		75°10′	30	23.09	39.36	7.86
176		15°23′	150	20.26	40.27	1.36

表 6-3　移距表

原桩号	移线桩号	移距	
		左	右
ZY,K50 +311.88	K50 +311.88	0	0
QZ +326.89	+328.19	1.3	
YZ +341.91	+343.97	4.0	
+360	+362.27	3.1	
+380	+382.27	0.8	
ZY +386.84	+389.18	0	0
+400	+402.28		0.8
QZ +405.80	+408.08		0.9
YZ +424.77	+427.05		0.2
+440	+442.28	0	0

(5)按移距，在横断面图上给出移线中心线位置，注上新桩号，读取新老桩比高。

(6)根据比高，用虚线在原纵断面上点绘出移线的地面线和平曲线，重新设计纵坡和竖曲线。

(7)按移线的桩号、平曲线、坡度、竖曲线等资料编制“路基设计表”，表中地面标高仍为原桩标高，移线的平曲线起、终点桩号填在“备注”栏里。

(8)设计路基，计算土石方数量。

纸上移线示例如图 6-11、图 6-12、图 6-13 所示。

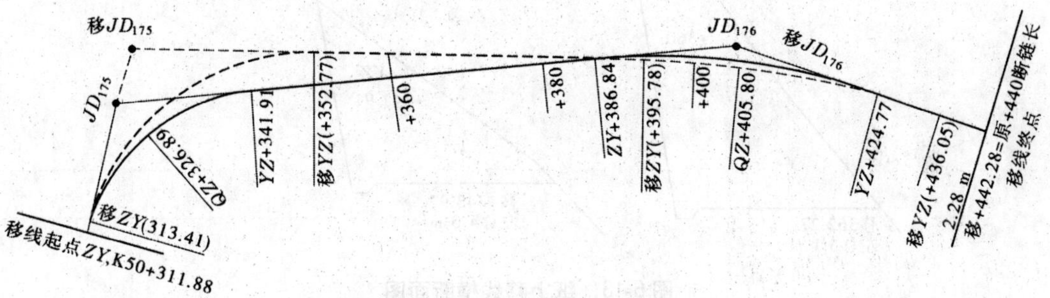

图 6-11　纸上移线平面图

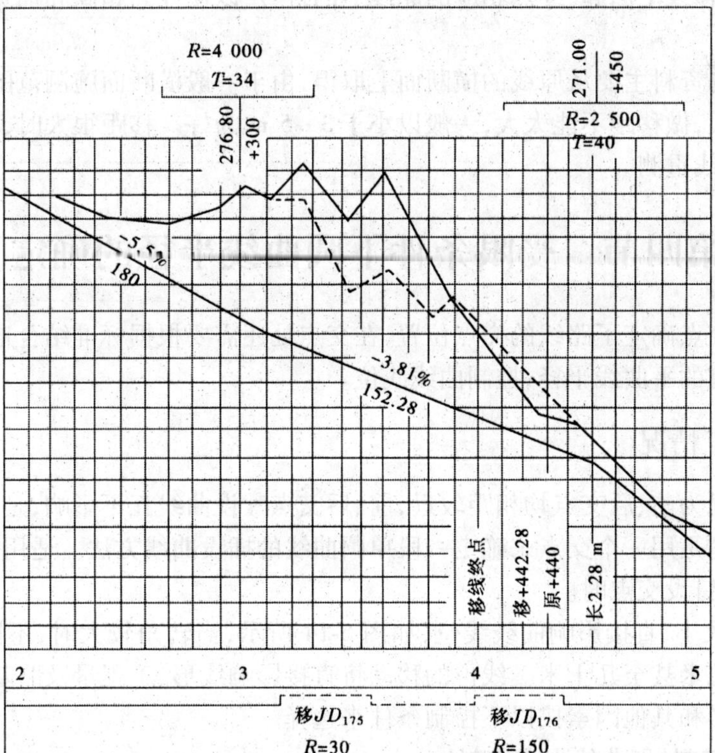

图 6-12　纸上移线纵断面图

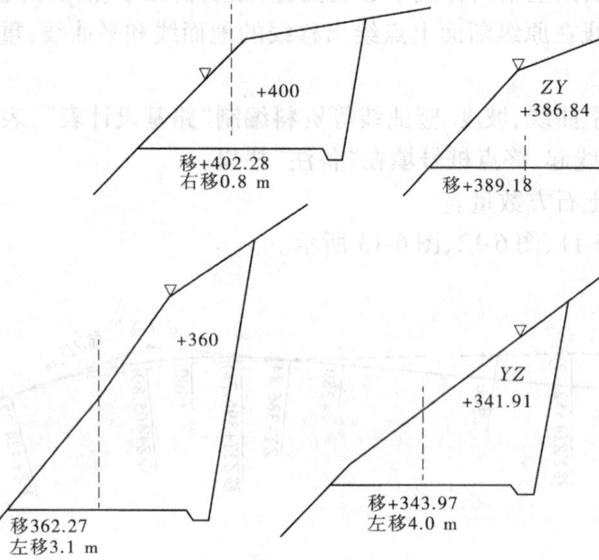

图 6-13　纸上移线横断面图

在移距不大或路线纵坡度较缓的路段,可采用不计断链的做法,不推算移线的新桩号,但需推算与移线平面起、终点相应的原线上的桩号,以便计算超高和加宽,移线终点不标注长短链。

纸上移线的资料主要从原线的横断面上取得,由于一般横断面施测范围有限,且离中线愈远误差愈大,做移距不能太大,一般以小于 3 ~ 5 m 为好。移距很大时,应在定出移改导线后,实地放线重测。

第四节　受限条件下圆曲线半径的确定

经过穿线交点确定了路线的交点位置,在交点处还需要根据标准结合地形、地物及其他因素选择适宜的平曲线半径,控制曲线线位。

一、单交点情况

单交点情况为前、后交点均相距较远,前、后交点敷设曲线互不影响,是定线中最常见的情况之一。它是用一个交点来确定一段单圆曲线的插设曲线方法。适用于一般转角不大,实地能直接钉设交点时。

半径 R 的大小,直接影响曲线线位,如图 6-14 所示,当转角较大时,不同半径可能使曲线线位相差几米甚至几十米。线位的移动将直接影响线形、工程量及路基稳定,确定半径一般结合地形和其他因素按以下控制条件来选择。

(一)外距控制(即曲线中点控制)

如图 6-15 所示,根据弯道内侧的固定建筑物,确定曲线 A 点是不与其发生干扰的控制点,即可用皮尺量出控制的外距值 E,并测出转角 θ,即可反算确定半径。

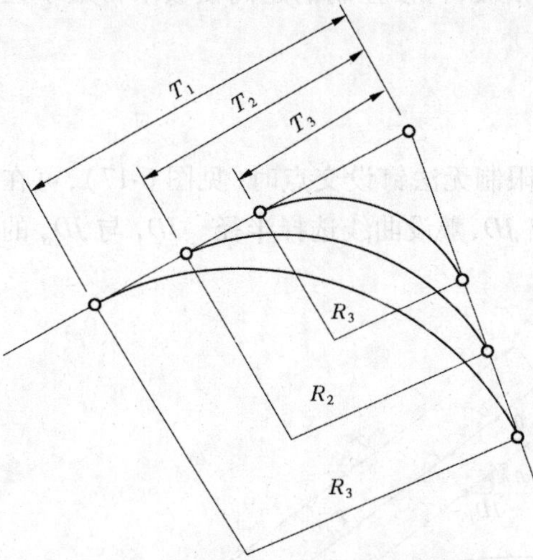

图 6-14　半径对线位的影响示意图

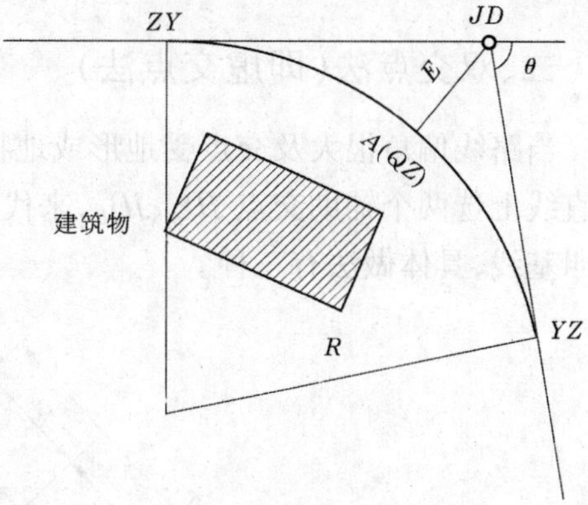

图 6-15　外距控制曲线半径平面示意图

(二)切线控制(即曲线起、终点控制)

有时路线为了控制曲线起、终点位置,要求曲线的切线长为定值,比如相邻的反向曲线间要求一定的直线长度或者要求桥头或隧道洞口在直线上等,这时曲线的半径就由控制的切线长来选定。

(三)曲线长控制

当路线转角较小时,为使曲线长度满足最短曲线长度 L_{min},则曲线半径最小值可反算确定。

(四)曲线上任意点控制

如图 6-16 所示,有时路线由于桥涵等人工构造物位置或原路改建的要求,控制曲线必须从任意点 A 通过时,可用试算法选择半径。其办法是:先实地量出 JD 至 B 点的距离和要求的支距(即 BA),初选半径 R,用试算法确定。

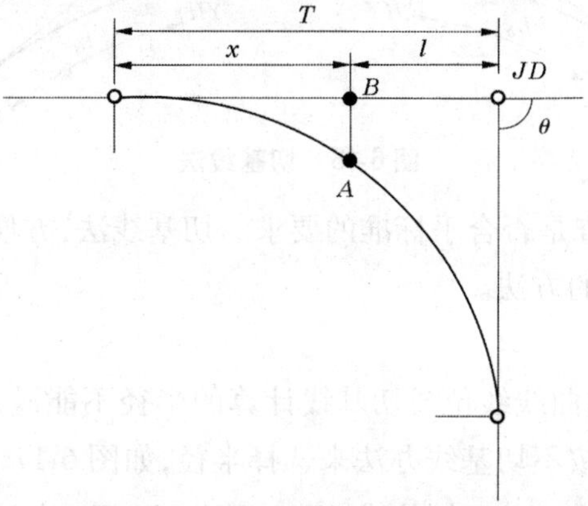

图 6-16　曲线上任意点控制示意图

(五)按纵坡控制

当路线纵坡紧迫时,为使弯道上合成纵坡不因曲线半径太小而超过规定值,这时应根据已定的纵坡和合成纵坡标准值来反算出超高横坡,再按控制的超高横坡求得最小控制半径。

二、双交点法(即虚交点法)

当路线偏角很大及交点受地形或地物障碍限制无法钉设交点时(见图6-17),可在前后直线上选两个辅助交点 JD_A、JD_B,来代替交点 JD,敷设曲线选择半径。JD_A 与 JD_B 的连线叫基线,具体做法有三种。

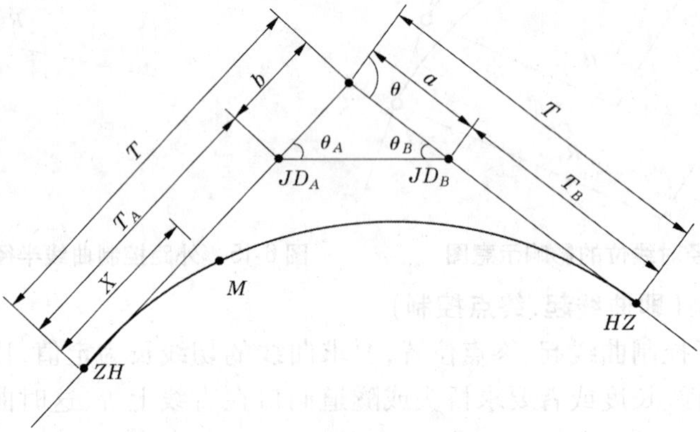

图6-17 不切基线的双交点法

(一)切基线法

当选择基线可以控制曲线位置,能使所定曲线与基线相切时,叫切基线法。如图6-18所示,GQ 为公切点,量出转角 θ_A、θ_B 和基线长度 AB 后可反算半径。

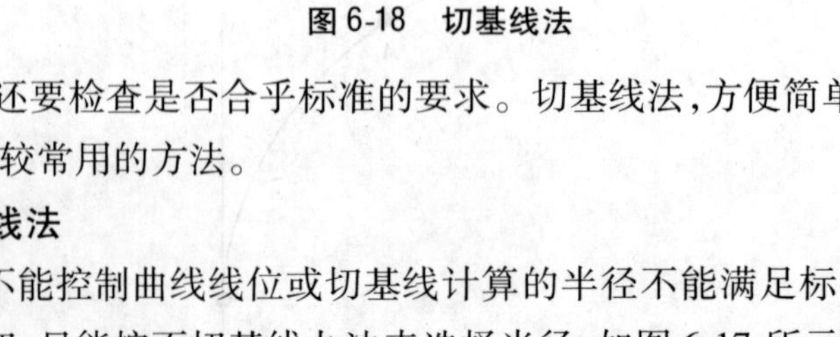

图6-18 切基线法

选择半径后还要检查是否合乎标准的要求。切基线法,方便简单,容易控制线位,计算容易,是生产中较常用的方法。

(二)不切基线法

当选择基线不能控制曲线线位或切基线计算的半径不能满足标准要求时,则所设曲线不能与基线相切,只能按不切基线办法来选择半径,如图6-17所示。其方法是:先根据标准要求初选半径 R,测量 θ_A、θ_B 与基线 AB,计算出 T_A、T_B,由计算出的 T_A、T_B 即可根据 JD_A、JD_B 量距定出曲线起、终点 ZH、HZ,并用切线支距 X、Y,检查曲线上任一点的线位,如与实际情况相符,则所选半径合适,反之则应再调整、计算。

（三）回头曲线定线法

一般来讲，有回头曲线的地方，路线受地形约束较大，主曲线和辅助曲线的平、纵面控制较严，定线时稍有不慎会对线形和工程量影响很大，插线时必须反复试线，才能得到满意的结果。回头曲线定线的方法很多，通常采用切基线的双交点定线。

按照放坡的导向线，先确定辅助曲线交点 JD_1、JD_2 和上、下线位置，如图 6-19 所示，然后反复移动基线 JD_A—JD_B 控制确定主曲线，直到满意为止。其具体方法同切基线的双交点法。

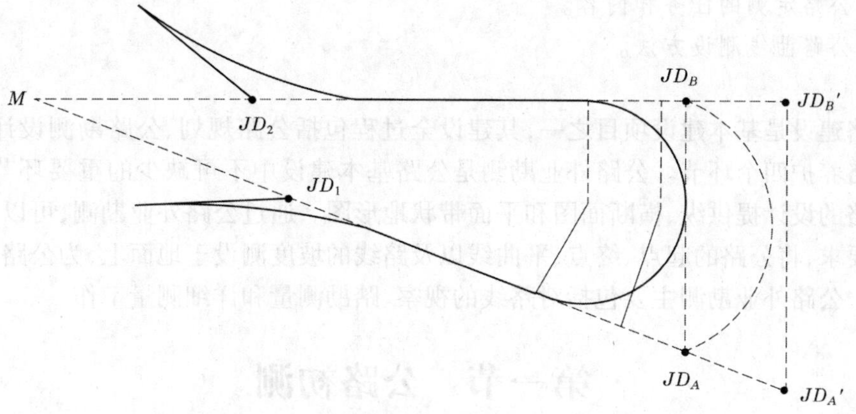

图 6-19　回头曲线定线（双交点法）示意图

复习思考题

6-1　什么是定线？定线的方法有哪几种？

6-2　简述纸上定线的方法。

6-3　什么是实地定线？简述实地定线的方法。

6-4　什么是纸上移线？

第七章　公路外业勘测

本章重点

(1)公路初测的任务和内容。

(2)公路定测的任务和内容。

(3)公路曲线测设方法。

公路建设是基本建设项目之一,其建设全过程包括公路规划、公路勘测设计、公路施工及公路养护四个环节。公路外业勘测是公路基本建设中不可缺少的重要环节,其目的是为公路的设计提供纵、横断面图和平面带状地形图。通过公路外业勘测,可以按照公路的设计要求,将公路的起点、终点、平曲线以及路线的坡度测设于地面上,为公路的施工提供依据。公路外业勘测主要包括对路线的视察、踏勘测量和详细测量工作。

第一节　公路初测

一、目的与任务

初测是两阶段设计第一阶段(初步设计阶段)的外业勘测工作。

初测的目的是根据批复的《工程项目可行性研究报告》所拟订的修建原则和设计方案,通过现场勘测,为编制初步设计及概算提供所需资料。

初测的任务是根据批复的《工程项目可行性研究报告》及其审查意见所确定的修建原则和路线基本走向方案,进行实地勘测与调查,包括导线、高程、地形、地质、桥涵、路线交叉、概算资料及其他资料的测量调查工作,并进行纸上定线,选定路线线位,确定工程构造物布设方案。

二、准备工作

(一)收集资料

为满足初测和初步设计的需要,应收集以下资料:

(1)各种比例尺的地形图、航测相片和国家及有关部门设置的三角点、导线点、水准点等资料。

(2)沿线自然地理概况和地质、水文、气象、地震基本烈度等资料。

(3)沿线农林、水利、铁路、公路、航运、城建、电力、通信、文物、环保等部门的与本公路建设有关的规划、设计、规定、科研成果等资料。

(4)改建公路除上述资料外,还应收集原有公路的测设、施工、养护、路况等档案资料。

（二）室内方案研究

室内方案研究，主要是在理解和掌握《工程项目可行性研究报告》所确定的修建原则和技术标准的基础上，熟悉所收集的资料，在地形图或航测相片上进行室内路线研究，拟订各种可行的方案，经过对路线方案的初步比选，拟订出需勘测的方案（包括比较线）及需要在现场重点落实的问题。

三、现场踏勘

现场踏勘是勘测前必不可少的程序。由于收集到的地形图一般比例较小且成图时间较早，同时由于国家建设发展很快，因此地形图与实际地物之间的差异一般很大，单从图上研究方案不十分可靠，还必须在现场作必要的调查，然后才能进一步落实路线方案。在现场踏勘中一般需做以下工作。

（一）根据初步拟订的方案进行现场核查

现场核查主要针对如下内容：

（1）核查所收集的地形图与沿线实际地形、地物之间有无较大差异，该差异对拟订的路线方案有无干扰，并研究相应的路线调整方案。

（2）核查沿线居民的分布和农田水利设施、主要建筑设施的情况，并研究相应的路线调整方案。

（3）核查沿线各种地上、地下管线和重要历史文物、名胜古迹、旅游风景区、自然保护区、景观区等的情况，并应注意研究路线布设后可能会对环境和景观造成的影响。

（4）对沿线重点工程和复杂的大、中桥以及隧道、互通式立体交叉等，应逐一核查落实其位置与设置条件。

（5）了解沿线主要建筑材料的产地、质量、储量和采运条件，对缺乏的筑路材料应提出解决的途径。

（6）核查工作应与当地政府或主管部门取得联系，对重要的路线方案和对地方规划或设施有干扰的方案，应征求相关部门的意见。

（二）根据不同的地形特点参考选线理论方法进行路线总体方案的布设

经过现场踏勘，应根据实际情况对初拟的路线方案和比较方案进行调整或修正，以便于确定路线走廊带后进行初测。

四、导线测量

控制测量的目的，一是控制地形，二是作为定测时放线的依据。在公路路线平面控制测量中，以导线测量为主。

公路导线是在地面上布设的若干直线连成的折线。初测的导线测量主要是对导线长度、转角和平面坐标的测量工作。

（一）导线布置

初测导线布设应全线贯通。导线点应选在稳固处，且宜尽量接近路线位置，并便于测角、测距、测绘地形及定测放线。导线点的间距不应小于 50 m，也不应大于 500 m，并根据需要可增设加桩，加桩应取整米数。布设导线时，应做好现场记录，并绘出草图。

(二)导线长度测量

导线点之间的距离应优先采用电测距仪测量,也可用钢尺和基线法测量,其相对限差为1/1 000,单位取至cm。

(三)水平角测量

水平角应采用全测回法测量,其经纬仪精度指标不低于DJ_6级。两个半测回限差应在60″内取平均值,附合导线和闭合导线差应为$\pm 60''\sqrt{n}$(n为测站点总数)。施测时,每天至少应观测一次磁方位角,其校核差不应大于2°。

当路线起、终点附近在国家或其他部门的平控制点,且引测较方便时,可根据需要进行联测,以形成闭合导线。

五、路线高程测量

路线高程测量采用水准测量。初测的高程主要是沿导线设置水准点,测出导线点和加桩的高程。初测时的高程测量要求如下所述。

(1)水准点的高程,应引用国家系统的水准高程,并争取沿线联测,形成附合水准路线。无此条件时,可采用假定高程,同一路线应采用同一高程系统。

(2)水准点应沿导线布设。为便于定测及施工使用方便,且使其不易被损坏,水准点宜设在距路中心线50~300 m范围之内。水准点间距在平原微丘区为1~2 km;在山岭重丘区为0.5~1.0 km;在大桥两岸、隧道进出口、山岭垭口及其他大型人工构造物附近均需增设水准点。

(3)水准点高程测量,应采用一组往返或两组单程进行,其允许闭合差为$\pm 30\sqrt{L}$ mm,(L为单程水准路线长度,以km计)。其闭合差值在限差以内时可取平均值作为水准点高程(取位至mm),否则需重测。水准点间高程附合、闭合及检测误差均应小于$\pm 30\sqrt{L}$ mm,否则也应重测。

(4)中桩高程采用单程水准测量,并应闭合于水准点,其允许闭合差为$\pm 50\sqrt{L}$ mm。中桩高程取位至cm,其允许检测误差为±10 cm。导线点应作为水准点的转点(置尺于桩顶),当地形困难时可作为中间点观测,但应读记两次,读数接近时可取平均值,取位至mm,其检测限差为±5 cm。

六、路线地形测量

地形图包括路线地形图和工点地形图。路线地形图是以导线(或路线)为依据的带状地形图,主要供纸上定线或路线设计用;工点地形图是利用导线(或路线)或与其取得联系进行测量的,它是为特殊小桥涵和复杂的排水、防护、改河、交叉等工程布设的专用地形图。地形图的测绘要求如下所述。

(1)路线地形图应全线贯通实测。测图比例尺一般用1∶2 000。其测绘宽度,当采用"纸上定线法"初测时,路线中线两侧应各测绘200~400 m;当采用现场定线法初测时,路线中线两侧测绘宽度可减小为150~250 m。

(2)地形图的基本等高距应符合表7-1的规定。

表 7-1 地形图的基本等高距

地形类别	不同比例尺的基本等高距(m)			
	1:500	1:1 000	1:2 000	1:5 000
平原区	0.5	0.5	1.0	2.0
微丘区	0.5	1.0	2.0	5.0
重丘区	1.0	1.0	2.0	5.0
山岭区	1.0	2.0	2.0	5.0

注:1. 基本等高距可视工作需要在此表的基础上适当加密。

2. 一个测区在同一比例尺情况下,宜采用一种基本等高距。

(3)用视距法观测地形点时,垂直角应不大于30°,视距长度应不超过表7-2所列值,地形点高程取至0.1 m。

表 7-2 最大视距长度

比例	最大视距长度(m)		竖直角
	竖角小于12°	竖角大于12°	
1:500	100	80	小于等于30°
1:1 000	200	150	
1:2 000	350	300	
1:5 000	400	350	

(4)地形点的分布与密度,应能反映地形的变化,满足正确插入等高线的需要。图上测点间距,当地面横坡坡度大于1:3时,一般不大于15 mm;当地面横坡坡度等于或小于1:3时,一般不大于20 mm。

(5)测绘地形用的导线图,一律按路线前进方向从左向右展绘。采用坐标法绘制导线时,坐标网格间距采用10 cm,网格对角线及导线点间长度的误差均不应大于0.5 mm。

(6)采用现场定线法初测时,可采用小平板配合经纬仪或大平板仪测量,也可利用纵、横断面资料,配合测量仪器进行现场勾绘。

(7)高速公路和一级公路采用分离式路基时,地形图测绘宽度应覆盖两条分离路线及中间带的全部地形;当两条路线相距很远或中间带为大河与高山时,中间地带的地形可不进行测量。

(8)地形图的精度,应符合表7-3的规定。

表 7-3 地形图的精度

地形图上地物点位置中误差(mm)		等高线的高程中误差(mm)			
主要地物	一般地物	平原区	微丘区	重丘区	山岭区
±0.6	±0.8	$1/3H_d$	$1/2H_d$	$2/3H_d$	H_d

注:1. 主要地物是指外廓明显的坚固建筑物。

2. 森林、隐蔽或困难地区,可按表中要求放宽0.5倍。

3. H_d 为基本等高距。

七、路基、路面及排水勘测与调查

（一）路基、路面及排水勘测与调查应收集的基本资料

（1）沿线地形、地貌、地质构造、地震基本烈度、水文及水文地质等物征。

（2）沿线气象资料，包括气温、风速、风向、降水量、日照期、年蒸发量、无霜期、冰冻期及冻结深度、积雪期及积雪厚度，以及风吹雪和风吹沙对路基、路面的影响。

（3）沿线水系分布基本特征、相互关系及其对路基、路面的影响。

（4）沿线农田水利设施的现状、特点、发展规划情况，农田耕地地表土的性质及厚度等对路基、路面的影响。

（5）路线所在地区的公路自然区划及其特征。

（二）一般路基勘测与调查

（1）沿线地表积水和径流、地下水的水位、流量、流速、流向、移动规律、季节性变化及其对路基、路面稳定的影响。

（2）高填、深挖路基的位置、地形地貌特征及山体的稳定性。

（3）原有公路路基及附近工程开挖边坡坡度、高度及自然山坡的现状。

（4）路线附近现有工程的现状，如一般填、挖边坡高度及坡度和最大填、挖边坡高度及坡度。

（5）根据沿线地形、地质和水文等条件，提出路基挖方、填方边坡的高度及坡度。

（6）路线必经地区植被的主要种类、茂密程度等。

（三）浸水路基勘测与调查

1. 沿河路基

（1）沿河水位、水流特性及其对路基的影响。

（2）河岸地形、地貌、地质构造、岩土特征。

（3）河流性质、发育阶段、河滩淤积物及其颗粒组成、漂浮物、冲淤等及其对路基稳定的影响。

（4）河面宽度、河床能否压缩及压缩河床后对河流上、下游和河流两岸的影响。

2. 湖（塘）、海地区路基

（1）水库库区应查明水库类型、等级、设计水位、水深、设计库容、设计洪水频率、水库修建时间、库坝建筑材料以及现状、水库淹没范围、水库泄洪对下游的影响、库区风向、风速、浪高、淤积等，并测量坝顶高程。

（2）湖（塘）、海地区应查明湖（塘）、海常（潮）水位、最高水位、水深、浪高及湖（塘）、海岸变迁、淤积等情况。

（3）滞洪区、分洪区应查明淹没时间、最高洪水位、浪高、洪水流动方向和规律。

（四）特殊地质与不良地质地段路基路面勘测与调查

（1）特殊地质与不良地质地段的位置、特征、地形地貌的成因、性质、发展规律、影响范围及其对路基、路面的影响，确定路基病害整治措施，复杂的地质不良地段应测绘比例尺为1:2 000～1:500的地形图。

（2）软土、膨胀土等特殊岩土以及含水量高的黏土埋藏深度、土质及颗料组成、含水量、液限、塑限等指标。

(3)特殊地质、不良地质和特殊岩土地段应进行地质勘探。

(五)排水与防护工程勘测与调查

1. 排水调查

(1)应调查沿线水系的分布及其相互关系和地表水、地下水、裂隙水等的位置、流量、流向,应实地核查确定排水设施设置的具体位置、起讫桩号、长度、形式、横断面尺寸、加固措施及进出口位置等。

(2)公路通过农田、洼地时,应调查地表的积水深度、积水时间,拟定路基排水和加固措施。

(3)收集路面设计重现期内降雨量强度(mm/(30 min))资料,拟定路面排水措施。

2. 防护工程勘测与调查

(1)调查山坡土体的稳定性与坡面、坡脚受水流冲刷情况及地下水出露情况。

(2)调查山坡坡面变形特征(包括坡面滑移、剥落、坍塌等)。

(3)防护构造物设置位置(起、终桩号)、形式和长度。采用种草、铺草皮、撒播草籽、植树等边坡防护措施的路段,应调查边坡土质的适种性以及适宜种植的草种、树种和种植季节及种植方式。设置防护工程的路段,应根据设计要求,实地放出构造物轴线,进行水准测量和横断面测量。

(4)根据设计要求进行地质勘探,查明基底承载条件。

(六)路面调查

应调查分析路线附近已有同类工程的路面结构类型、结构组合、材料级配组成以及路面使用状况,分析已有同类工程的路面损坏状况及其破坏的原因与机理。

(七)取土(料)及弃土勘测与调查

1. 取土(料)勘测调查

(1)路侧取土或线外取土坑的位置、土壤种类、工程性质、取土坑(场)表面覆盖物及厚度、取土深度及范围、取土方式、取土季节,估计可取土数量、占地及赔偿办法。

(2)路侧取土或线外取土后对路基、路面、农田灌溉和周围环境的影响及其综合开发与利用的可能性。

(3)取地坑(场)与工业废渣料场至上路桩号的距离、运输条件,需修建便桥、便道的长度。

2. 弃土调查

(1)路基开挖产生弃方的起、终桩号及弃方数量,是否运至附近低洼地废弃或就地废弃。

(2)弃地场堆置弃物后对地表排水、农田灌溉和周围环境的影响及拟采取的措施。

(3)弃方集中堆弃的位置,可堆弃的数量,占地及赔偿办法。

(4)远运弃方的运输条件、方式及运距与占地及赔偿办法。

(八)改建公路路基勘测与调查

(1)原有公路的等级、技术指标、修建年份和历次改建情况;原有公路路基厚度、路面宽度、路面结构及各层厚度、交通类型和交通量、交通增长率等情况。

(2)原有人工构造物的位置、结构形式,原有公路路基、路面的排水情况、作用和现状;原有公路路基填、挖方边坡高度及稳定的边坡值;原有公路病害路段的位置与病害的类型、性质、范围及其对路基、路面的影响。

(3)原有公路使用情况和养护资料。

(4)对原有公路路面、桥涵、排水及防护工程等人工构造物的现场观测或技术鉴定,拟定利用或改造的措施。

八、小桥涵勘测

小桥涵勘测的主要任务是桥涵水文及有关桥涵设计资料的收集、整理、分析工作。实测时应根据其设计任务的要求,结合当地自然条件,收集有关资料进行整理、分析。实测时应根据其设计任务的要求,结合当地自然条件,收集有关资料,估定概略位置,选择结构类型,拟定孔径及估定基本尺寸,估列附属工程,并提出设计时应解决的问题和注意事项。

小桥涵位置的确定,一般应按导线走向结合纸上定线确定线位,采用逢沟设涵的原则,同时考虑水利建设、农田灌溉、路基排水及便于交通等特殊要求,合理选定。

涵址一般不作特殊测量,但要定出涵洞与路线的交角及涵底纵坡。对于小桥、复杂的涵洞和附属工程等可进行必要测量,以便进行工程量计算。

小桥涵需要根据因地制宜、就地取材、便于施工、利于养护的原则选定其结构类型,同一路段的结构类型应尽量统一并采用标准形式。

小桥涵的孔径可通过现场确定,也可采用设计流量与汇水面积的关系曲线相结合的方法求得。对于小桥涵的其他结构尺寸,可根据路线设计纵坡、桥涵与路线的交角以及桥涵处河床标高、固定的冲刷深度等,予以确定。

初测时需要收集资料,主要包括地形图、水文、气象、岩石、植被、冰冻深度、农田水利工程及规划,以及当地的水文和暴风雨流量计算等有关资料;若为旧路改建,应查明原桥涵位置、结构形式、荷载标准、跨径、高度、长度、基础形式及埋深、修建年代、损毁修复等情况,并通过现场鉴定,以确定其利用程度。

初测完成后,小桥涵勘测应提供如下资料:

(1)小桥涵野外资料调查记录、桥涵汇水面积图及流量、孔径等计算资料。

(2)附属工程调查资料。

(3)小桥涵初测说明书。

(4)如果是旧路改建,还应包括原有桥涵资料调查记录。

九、路线交叉勘测

路线交叉包括公路与公路、公路与铁路、公路与乡村道路以及公路与管线交叉。路线交叉勘测时,应对公路沿线的各种交叉进行资料收集、交叉口形式选择和进行必要的测量。

(一)初测时资料的收集

1. 公路与公路交叉

(1)被交叉公路的名称、交叉位置、地名及里程、修建时间、公路等级及其在道路网中的作用,以及被交叉公路的发展规划。

(2)被交叉公路的技术标准、拟定交叉角度、纵坡坡度、路基宽度、路面结构类型及厚度、排水和防护工程等情况。

(3)补充调查被交叉路线近期交通量、交通组成,以及今后的转向车流交通量、交通组成。

2. 公路与铁路的交叉

被交叉铁路的名称、等级、轨道数、运行情况、发展规划、交叉位置地名、交叉处里程以及可能的交叉形式。

3. 公路与乡村道路交叉

被交叉道路的性质、路基路面宽度、路面结构、排水条件、交通量及发展规划,拟定的交叉位置、形式、角度和采用的技术标准。

4. 公路与管线交叉

管线与公路交叉的位置、长度、角度、悬空高度或埋置深度以及管线的种类、型号、规格、用途、编号、敷设时间。

(二)初测时交叉口的选择原则和布设要求

初测时交叉口的形式和位置的选择原则及具体布设要求,应符合现行《标准》、《规范》以及《公路勘测规范》(JTG C10—2007)的有关规定。

(三)初测时交叉口的勘测工作

初测时交叉口的勘测工作,应按以下要求进行。

(1)根据选定的路线和收集的资料,综合考虑交叉道路的性质与技术标准、交通量及车流分布的发展规划,以及自然条件等因素,合理选定交叉口的类型、位置和形式。立体交叉和复杂的平面交叉,应提出可供比较的方案,通过勘测工作后确定其取舍。

(2)一般平面交叉,应按路线与被交叉道路的几何关系,利用路线地形图,定出交叉口的位置。立体交叉和复杂的平面交叉,应根据拟选定的比较方案位置,实地测绘工点地形图,并据此进行交叉口布置。

(3)交叉口的布置图必须经现场核对,认真比选后确定采用方案,为初步设计提供所需资料。

十、沿线设施勘测与调查

沿线设施勘测与调查主要是管理及养护设施、安全设施、服务区及其他设施的勘测与调查。

(一)安全设施勘测与调查

(1)沿线地区性冰冻、雾障、积沙、积雪等小气候的位置和季节性特点。

(2)沿线的急弯、陡坡、傍山险峻等行车安全事故易发地段,设置警告标志、禁令标志的位置。

(3)行政区划界、城市、村镇、大型企业、厂矿、医院、学校、路线交叉口等需设置地名牌、指示标志、指路标志的位置。

(4)需设置公路轮廓标的路段或位置。

(5)沿线需设置隔离设施及安全护栏、护柱、护檣的地段或位置,拟定隔离设施的形式和安全设施的种类。

(6)需设防眩设施、配置路灯或采用局部照明等保证行车安全的路段或位置。

(7)由于积雪、积沙、坠石等妨碍交通安全需要设置防护设施的地点或路段。

(二)管理、养护及服务设施勘测与调查

(1)管理、养护及服务设施的设置位置、规模、所管理与服务的项目和内容等,并测绘比例尺为1:2 000~1:500的地形图。

(2)管理、养护、服务等设施的用电量、供电位置、电路接入方式与接出方式、电荷等级、电流质量等。

(3)管理、养护、服务等设施的生活、生产所需物资供应,抢险车辆出入的联络道路及其附属工程。

(4)管理机构、服务设施、养护设施等区域内地表的地质条件,适应种植的树种、草种等。

十一、环境保护勘测与调查

高速公路、一级公路和经过水源保护区、自然保护区、风景名胜区、文物古迹保护区经济林带等有特殊意义的公路,应编制《环境影响评价报告》,调查和核实沿线环境影响敏感点,并根据《环境影响评价报告》拟定相应的防治措施和环保工程方案。环保工程方案确定后,对沿线的环境保护工程,都应进行相应的调查和必要的勘测,确定环保设计方案、环保工程的具体位置和规模,并做好以下工作:

(1)做出沿线及互通立交区、服务区及取、弃土区等的绿化方案,以及树种的适应性、产地等。

(2)调查公路建设中因挖损、塌陷、压占、取土、弃土造成的水土流失、侵占河道等情况;做出建筑垃圾、工业废渣、废弃物的地点、范围、数量及处理方案。

(3)调查噪声源至建筑物的距离、标高、地形、植被、风向等,设置声屏障的种类与类型、范围、长度、规模等。

(4)应调查由于修建公路切割了原有的田间道路、排灌网络,以及其他地上设施的项目、内容和数量。

(5)做出施工和营运中的废水、油污水,服务区的排污水等的排放方案并调查相应的工程情况。

(6)调查公路沿线景观以及需遮蔽的工程。

(7)声屏障、油水分离池、蒸发池等应实地放桩,并测绘1:2 000~1:500的平面图。

十二、其他勘测与调查

(一)沿线筑路材料调查

沿线筑路材料包括砂、石、黏土、砖瓦、粉煤灰、水及其他路用材料。

(1)向当地主管部门调查各种材料产、供、销有关规定,确定由厂、场供应或自采加工生产。

(2)由厂、场供应筑路材料时,应调查的内容包括厂、场生产规模与生产能力,厂、场生产的材料品质，厂、场的位置、供应地点、距路线距离、运输方式、材料价格等。

(3)自采加工材料料场调查包括料场位置、材料品质、储藏量、成品率，料场覆盖层厚度、种类、开采范围，料场水文地质条件、产状条件和地下水深度，材料开采方式与开采季节等。必要时应做勘探，各种材料均应进行取样试验，对大型料场应测绘 1∶1 000～1∶5 000地形图及纵、横断面图。

(4)材料供应调查包括供应范围、上路位置及运距，便桥、便道长度及工程量，运输方式等。

(5)料场占地、便道占地及覆盖层废土的堆置场地及其处理办法；料场取料后，对环境的影响及其处理办法。

(二)渡口码头勘测与调查

(1)渡口码头调查包括河道地形、河滩横坡、河流特性、通航情况，最高水位、最低水位、通行水位、常水位，河流流向、流速、水位变差幅度、河流回淤及冲刷情况，冰冻期及冰冻厚度、气温、雨量、风向、风速等。

(2)渡口码头勘测包括地形测量(1∶500～1∶2 000，应包括公路连接线、停车场及管理设施、陆上及水下地形等高线、地物和水流方向等)和河床横断面测量。

(三)改移公路、辅道、连接线的勘测与调查

改移公路、辅道、连接线等应按相应的道路等级进行地形及路基、排水、路面、桥涵等工程的勘测与调查。

(四)占用土地调查

公路占地包括公路工程用地、管理服务设施用地、安置用地和施工用地，应按设计的用地范围，以行政乡为单位进行土地的种类、数量、所有人或单位、常种作物和产量调查。

(五)拆迁建筑物、构筑物调查

(1)需要拆迁的各类建筑物、构筑物的位置、结构状况和数量。必要时，应进行路线中线放线，测量路线距建筑物的距离、建筑物的尺寸等。

(2)当铁路、公路与水利、电力、电信等各种管道发生干扰时，应会同主管部门现场查看，协商处理方案。

(六)沿线植被调查

沿线伐树、挖根、除草的疏密程度及其长度。

(七)临时工程调查

(1)沿线可供利用的已有公路、桥梁和应修建的施工便桥、便道等的位置及长度。

(2)沿线施工场地，包括预制场、拌和场、施工单位住地等，以及可供施工利用的房屋。

(3)调查沿线电力、电信线路情况并向有关部门了解路线附近的原有电力、电信设施和架设公路临时电力、电信线路的可能性，并估计其长度。

(八)概预算资料调查

概预算资料调查，应符合现行《公路基本建设工程概算、预算编制办法》的有关规定。应调查的资料及要求如下。

1. 概预算编制的原则及依据

(1) 建设项目经审批控制的投资额度、资金来源、国内外贷款额度、利率和年度安排计划;施工组织及招、投标形式,施工期限及有关的计划与要求。

(2) 概预算编制的依据文件,包括交通部颁发的现行概预算编制办法和定额及省(自治区、直辖市)制定的相应的补充规定;概预算文件中分段、分期修建及主线、支线、连接线、辅道等工程概预算文件的编制原则与要求。

(3) 有关合同、协议、纪要、技术经济法规性文件。

2. 工资标准

收集工程所在地区现行人工基本工资标准和各项工资性补贴费用标准。

3. 外购材料价格及采运条件

(1) 主要外购材料价格及供应地点,包括材料出厂价格和可能发生的包装费和供销部门手续费。

(2) 地方性外购材料,如砂、石、砖、瓦、石灰、工业废料等应调查当地规定或市场供应价格,以及主要厂、场的生产能力。

(3) 材料的运输方式、运距。

(4) 当地运输条件及可能承运的能力。

(5) 各种运输方式的运杂费,包括运费、装卸费及可能发生的其他杂费和附加费。

(6) 进口材料的种类、进口口岸、价格及税费。

4. 机械使用费标准

所在省(市、区)对机械台班单价的调整系数标准;所在省(市、区)征收施工机械养路费和车船使用费税标准。

5. 水、电价格及其供应情况

调查可供施工用的电源、电价和电价中的地方附加费率标准等,电源至工地的临时线路架设条件;水源到工地的里程、道路情况、采运方式。

6. 征用土地和拆迁设施的补偿费用

(1) 当地政府关于土地补偿费、青苗补偿费、安置补偿费以及被征用土地上需拆迁的建筑物、构筑物和其他设施(如坟墓、水井、树木等)的补偿费用标准和办法,文物保护、土地征收管理费、菜地开辟基金及耕地占用税等应缴税费的标准和文件。

(2) 拆迁电力、电信设施或与铁路、水利等工程干扰所发生的工程费用,应与主管单位协商,通过现场勘察确定拆迁的规模数量及补偿标准,并编制拆迁补偿费用的概预算。

7. 主、副食运费补贴

工地距最近粮食、燃料、蔬菜、水供应地点的运距。

8. 气温、雨量等资料

路线所经地区的海拔高度、气温、雨量、雨季和施工季节等有关资料。

9. 其他费用资料

工程所在地区可能发生并符合规定的应纳入概预算费用的资料。

十三、内业工作

经过初测以后,即可按初步设计的深度和要求进行内业整理工作。

(一)初测内业工作内容

(1)复核、检查、整理外业资料。

(2)进行纸上定线或移线及局部方案比选。

(3)初步拟订各种构造物设计方案并综合检查定线成果。

(4)编制勘测报告及制作与汇总有关图表。

外业资料应逐日复核、检查外业原始记录资料,如有差错、遗漏必须及时纠正或弥补;对于其他部门收集的资料,应根据测设需要,检查、分析其是否齐全、可靠和适用,做到正确取用。

综合检查、协调路线设计与有关结构物布设的合理性,并进行现场核对。

(二)初测应提交的成果

(1)各种调查、勘测原始记录及检验资料。

(2)纸上定线或移线成果及方案比较资料。

(3)各种主要构造物设计方案及计算资料。

(4)路基、路面、桥梁、路线交叉、隧道等工程设计方案图及比较方案图。

(5)沿线设施、环境保护、筑路材料等方案。

(6)平纵面缩图、主要技术指标表、勘测报告及有关协议、纪要文件。

第二节 公路定测

一、公路定测任务及准备工作

公路定测,即定线测量,是指施工图设计阶段的外业勘测和调查工作。

定测应根据批准的初步设计文件(或技术设计文件)及确定的修建原则和工程方案,结合自然条件与环境,通过优化设计后进行实地定桩放线,准确测定路线线位和构造物位置。

定测的具体任务是根据上级批准的初步设计(或技术设计),具体核实路线方案,实际标定路线或放线,并进行路线中线、高程、横断面、桥涵、隧道、路线交叉、沿线设施、环境保护等的测量和资料调查,为施工图设计提供资料。

公路定测的准备工作包括资料收集、方案研究和现场核查,其目的是弄清初步设计的意图及其各种变化情况,以便进一步调查路线优化线形及局部构造物的设计方案,保证定测工作的质量。

(一)资料收集

(1)工程可行性研究报告及有关文件。

(2)初步设计文件及审批意见。

(3)初测有关的记录、计算及设计资料。

(4)检查、核实初步设计阶段所收集的资料。

(二)现场核查

(1)初测控制桩的保存情况。

(2)沿线地形、地貌及地物的变化情况。

(3)初设路线的方向、控制点及桥隧、立交等工程方案情况。

(4)局部改移和调整方案意见。

二、定测时各组的任务及工作内容

定测可按工作内容分为选线组、导线测角组、中桩组、水平组、断面组、地形组、调查组、路基路面组、桥涵组、内业组等作业班组。如果定线采用纸上定线法,则可将选线组和导线测角组合并成一个放线组。

(一)选线组

选线组是整个外业勘测的核心,其他作业组都是根据它所选定的路线位置开展测量工作的。选线的主要任务是实地确定中线位置。其主要工作包括:进行路线察看,并进一步确定路线布局方案;清除中线附近的测设障碍物;确定路线交点及转角并钉桩;选定曲线半径,会同桥涵组确定大、中桥桥位;会同内业组进行纵坡设计等。在越岭线地带,还需进行放坡定线工作。选线组分工及工作内容如下所述。

1. 前点放坡插点

前点放坡插点工作一般由 1~2 人担任(需要放坡时为 2 人)。前点放坡插点的主要工作包括:根据路线走向,通过调查、量距或放坡,确定路线的导线,并进一步加密小控制点,插上标旗(一般可用红、白纸旗),供后面定线参考。

2. 中点穿线定点

中点穿线定点工作一般由 2 人担任。中点穿线定点的主要工作包括根据技术标准,结合地形及其他条件,修正路线导线,用花杆穿直线的办法,反复插试,穿线交点,并在长直线或在相邻两个互不通视的交点间设置转点,最后选定曲线半径并对交点进行编号。

3. 后点测角钉桩

后点测角钉桩工作一般由 1 人担任,后点测角钉桩的主要工作包括用森林罗盘仪初测路线转角供选择曲线半径用,钉桩插标旗,并给后面的作业留下半径及其他有关控制条件的纸条。

(二)导线测角组

导线测角组应紧跟选线组工作。其主要任务包括:标定直线与修正点位,测角(见图 7-1)及计算转角,测量交点间距,计算平曲线要素,观测及复核磁方位角,用经纬仪视距进行测量,固定交点及转点桩,钉分角桩,测定交点高程,设置临时水准点,协助中桩组敷设难度大的曲线等。

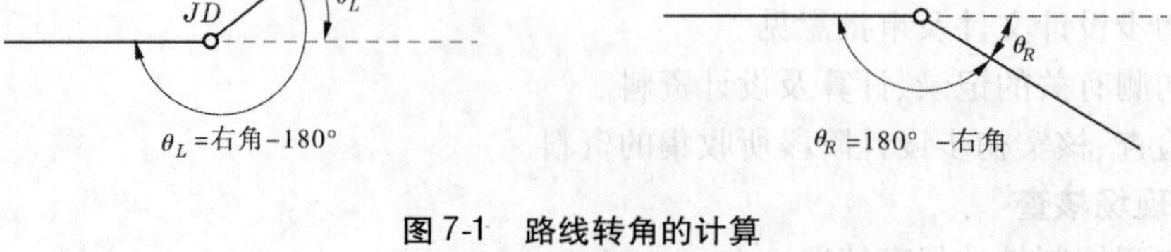

图 7-1　路线转角的计算

导线测角组一般由 4 人组成，其中司仪 1 人，记录与计算 1 人，插杆与跑点 1 人，固桩 1 人。

在测设过程中，为避免交点桩的丢失及方便以后施工时寻找，交点桩在定测时必须加以固定和保护。交点桩的保护一般采用就地灌注混凝土的办法进行。混凝土一般深 30 ~ 40 cm、直径 15 ~ 20 cm（或正方形边长 10 ~ 20 cm ）。固桩则是将交点桩与周围固定物（如房角、电线杆、基岩、孤石等）上某一不易被坏（或损坏）的点联系起来，通过测定该点与交点桩的直线距离，将交点位置确定下来，以便今后交点桩丢失时及时恢复该交点桩的方法。用做交点桩固定的地物点应稳定可靠，各点位与交点桩连接之间的夹角一般不宜小于 90 °，固定点个数一般应在 2 个以上，如图 7-2 所示。固桩完毕后，应及时画出固桩草图，草图上应绘出路线前进方向、地物名称、距离等，以便编制路线固定表之用。

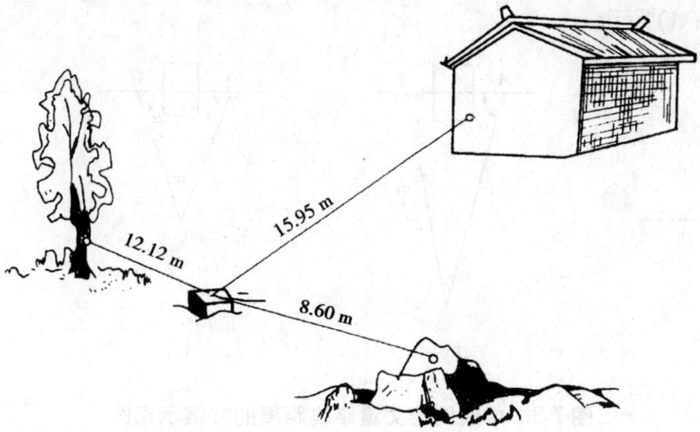

图 7-2　固桩示意图

（三）中桩组

中桩组的主要任务是根据选线组选定的交点位置、曲线半径、缓和曲线参数（或缓和曲线长度）及导线测角组所测得的路线转角，进行量距、钉桩、敷设及桩号计算。

中桩组分工及工作内容如下所述。

1. 分工

中桩组作业内容较多，一般由 7 人组成。其分工为：前点 1 人，负责寻找前方交点，并插前点花杆；拉链 2 人，分别为前链手和后链手，其中后链手负责指挥前链手进行穿线工作；卡链 1 人，负责卡定路线中桩的具体位置；记录与计算 1 人，负责进行桩号计算，并进行记录中桩编号、累计链距等工作；写桩 1 人，负责中桩的具体书写工作；背桩及打桩 1 人。

2. 工作内容

（1）中线丈量。中线丈量是指丈量线的里程，通常情况下把路线的起点作为零点，以后逐链累加计算。量距一律采用水平距离。量距时一般采用皮卷尺进行；公路等级要求较高的应采用钢尺或光电测距仪进行量测。量距累计得的导线边边长与光电测距仪得的边长的校差不应超过边长的 1/200，否则应返工。

中线直接丈量。在中线丈量前，测角组已用经纬仪定出交点、转点，并插上方向旗。

中桩组可沿此直线方向，用钢尺从路线起点直接丈量水平距离，并钉设里程桩。每一桩号都表示中线起点至此桩位的水平距离。例如，某一中桩路线起点的水平距离为 5 km + 374 m + 30 cm，则该桩号写为 K5 + 374. 30，"K"代表 km。丈量时，拉尺要用力均匀，尺身应保持水平。当地面起伏很大时，可分段丈量水平距离；拉斜距时应加以角度改正。在交点间距离不长时，可用花杆定向，定出桩位；在长直线上，应该用经纬仪定向。

中线间接丈量。当路线可以通视但不能直接丈量时，如路线通过池塘、淤泥地等，可以采用直角三角形来求出路线距离。例如，要测出图 7-3(a)中 AB 的长度，只要先测出 BC 的长度和 α 角，即可用 $AB = BC\sin\alpha$ 求出；也可测出 AC 和 BC 的长度，用 $AB = \sqrt{BC^2 - AC^2}$ 求出。

当路线不通视时，可利用等腰三角形、等边三角形、矩形等方法求出路线距离，分别如图 7-3(b)、(c)、(d)所示。

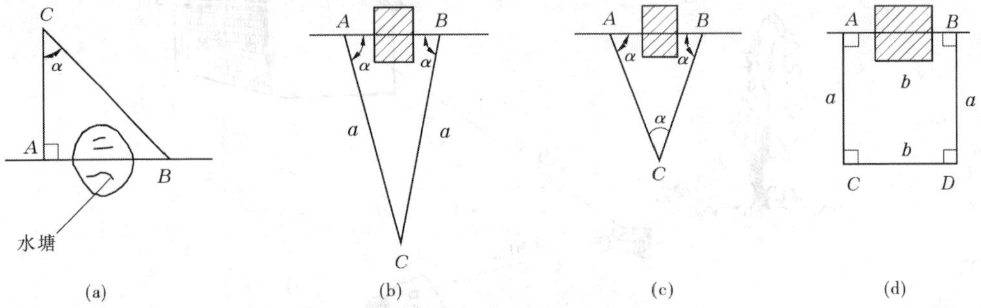

图 7-3　中线间接丈量路线距离的方案示意图

(2)中桩钉设。中桩钉设与中线丈量是同时进行的。需要钉设的中桩包括路线的起终点桩、公里桩、百米桩、平曲线控制点(主点)桩、桥梁或隧道中轴线控制桩以及按桩距要求根据地形、地物需要设置的加桩等。其中，设加桩地点包括路线范围内纵向与横向地形有显著变化处；与水渠、管道、电信线、电力线等交叉或干扰地段起、终点；与既有公路、铁路、便道交叉处；病害地段的起、终点；拆迁建筑物处；占用耕地及经济林的起、终点；小桥涵中心及大、中桥和隧道的两端等。加桩取位至 m，特殊情况可取位至 0. 1 m。

路线中桩间距指相邻中桩之间的最大距离。路线中桩间距不应大于表 7-4 中给出的值。中桩位置丈量时用花杆穿线。中线量距精度和中桩桩位限差不得超过表 7-5 中给出的值。

表 7-4　中桩间距

直线(m)		曲线(m)			
平原微丘区	山岭重丘区	不设超高的曲线	半径大于 60 m	半径大于 30 m 且小于 60 m	半径小于 30 m
≤50	≤25	25	20	10	5

曲线测设时，应先测设曲线控制桩，再测设其他桩。当圆曲线长度大于 500 m 时，应用辅助切线或增设曲线控制点分段测设。曲线测量闭合差，应符合表 7-6 中的规定。

(3)写桩与钉桩。所有中桩应写清桩号,转点及曲线桩还应写桩号,如图 7-4 所示。为了便于找桩和避免漏桩,所有中桩应按公里数在背面编号。中桩常用红油漆或油笔书写。

表 7-5　中线量距精度和中桩桩位限差

公路等级	距离限差	桩位纵向误差(m)		桩位横向误差(cm)	
		平原微丘区	山岭重丘区	平原微丘区	山岭重丘区
高速公路、一级公路	1/2 000	$s/2\ 000+0.05$	$s/2\ 000+0.1$	5	10
二级及以下公路	1/1 000	$s/1\ 000+0.10$	$s/1\ 000+0.1$	10	5

注:表中 s 为转点或交点至桩位的距离,以 m 计。

表 7-6　曲线测量闭合差

公路等级	纵向闭合差(m)		横向闭合差(cm)		曲线偏角闭合差(″)
	平原微丘区	山岭重丘区	平原微丘区	山岭重丘区	
高速公路、一级公路	1/2 000	1/1 000	10	10	60
二级及以下公路	1/1 000	1/500	10	15	120

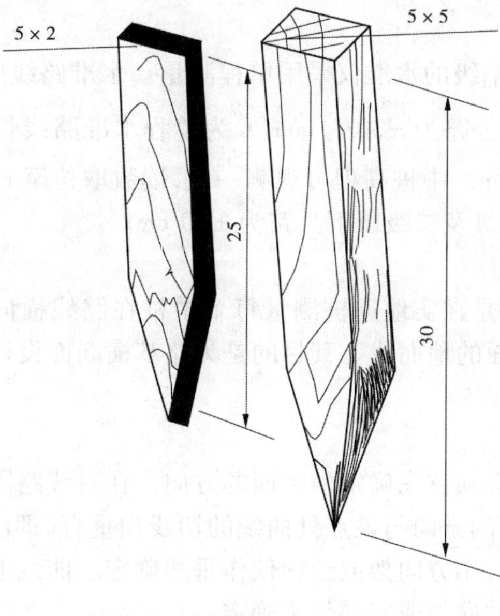

图 7-4　中桩标志　(单位:cm)

(4)断链及处理。在中线丈量过程中,发生桩号与实际里程不相符的现象叫断链。断链的原因有很多,但主要有两种。一种是由局部改线、分段测量等客观原因造成的;另一种则是由计算和测量等发生错误造成的;对于后一种情况应力求避免。

断链有长链和短链之分。当实际里程短于路线桩号时叫短链,反之则叫长链。其桩号写法如下:

长链：GK3 + 110 = K3 + 105.21，即长链 4.79 m。

短链：GK3 + 157 = K3 + 207，即短链 50 m。

所有断链桩号应填写在总里程及断链桩号表上。考虑断链桩号的影响，路线的总里程应为：终点桩里程 − 起点桩里程 + $\sum$ 长链 − $\sum$ 短链。

（四）水平组

水平组的任务是对中线各中桩高程进行测量，并沿线设置临时水准点，为路线纵断面和横断面设计及施工提供高程资料。

水平组通常分基平和中平两个组。基平组主要是进行设置临时水准点的测量，中平组主要对各中桩进行水准测量。

1. 水准点的设置

高程测量前，应对初测水准点逐一检查，如丢失或损坏，应恢复或补设水准点。水准点沿线布设，应有足够的数量，其具体布设要求与初测相同。水准点应设在测设方便、牢固可靠的地点。设置的水准点应绘制草图，记录位置及所对的路线桩号并编制水准点表。

2. 基平测量

基平测量应采用不低于 DSC_3 级的水准仪。测量时应采用一组往返或两组单程测量，其高程闭合差不应超过 $\pm 30\sqrt{L}$ mm（L 为单程水准路线长度，以 km 计），符合精度要求时取平均值。水准点附合、闭合及检测限差亦应满足上述精度要求。

3. 中平测量

中平测量可使用 DSC_{10} 级的水准仪采用单程测量。水准路线应起、闭于水准点，其允许误差为：高速公路、一级公路为 $\pm 30\sqrt{L}$ mm（L 为单程水准路线长度，以 km 计）；二级及二级以下公路为 $\pm 50\sqrt{L}$ mm。中桩高程可观测一次，读数取位至 cm，其检测限差：高速公路、一级公路为 ±5 cm；二级及二级以下公路为 ±10 cm。

（五）横断面组

横断面组的主要任务是在实地逐桩测量每个中桩在路线横向（法线方向）的地表起伏变化情况，并绘出横断面的地面线。其目的是为路基横断面设计、土石方计算及今后的施工放样提供资料。

1. 横断面方向的确定

要进行横断面测量，必须首先确定横断面的方向。在直线路段，横断面的方向与路线垂直；在曲线路段，横断面的方向与该点处曲线的切线相垂直（即法线方向）。

直线上的横断面方向，用方向架或经纬仪作垂线确定。曲线上的横断面方向，根据计算的弦偏角，用弯道求心方向架或经纬仪来确定。

2. 测量方法

横断面测量时以中线地面点即中桩位置为直角坐标点，分别沿断面方向向两侧施测地面各地形变化特征点间的相对平距和高差，并由这些特征点绘出横断面的地面线。横断面测量根据地形和精度的不同可采用不同的方法。抬杆法如图 7-5 所示，手水准法如图 7-6 所示，特殊断面的施测方法如图 7-7 和图 7-8 所示。

对于高等级公路（高速公路和一级公路），应采用水准仪 − 皮尺法、横断面仪法、全站

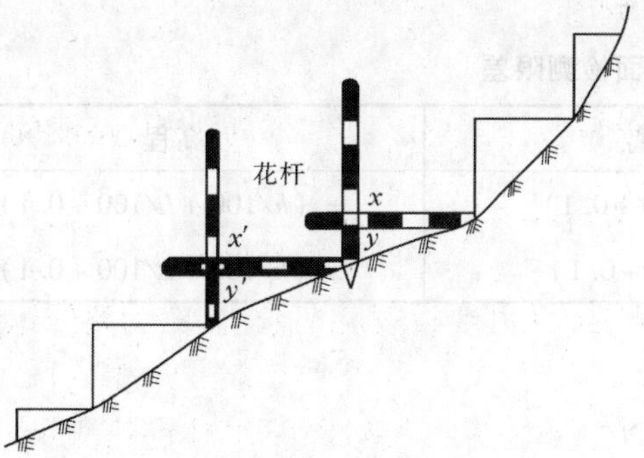

图 7-5 抬杆法示意图

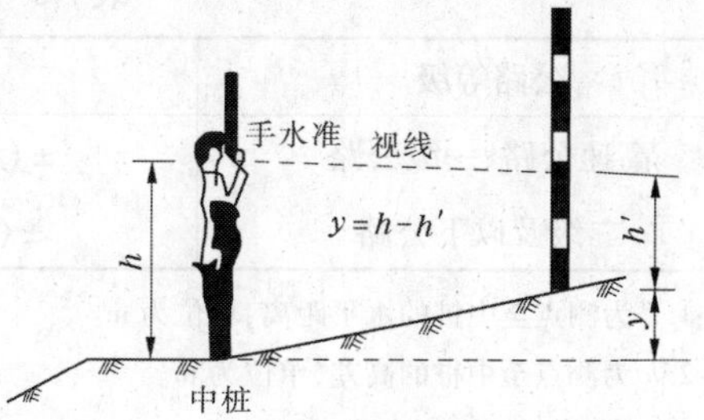

图 7-6 手水准法示意图

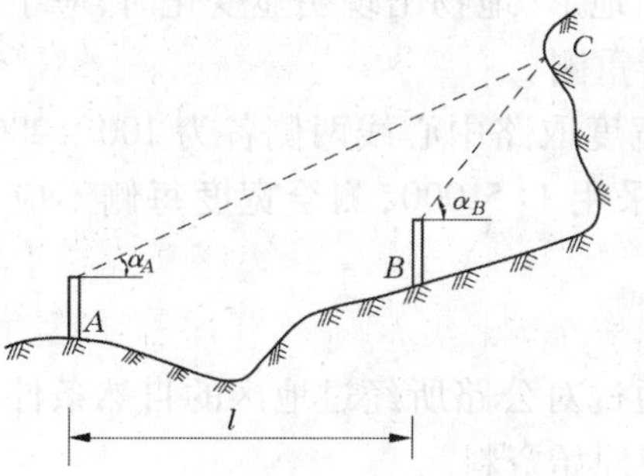

图 7-7 特殊断面的施测(交会法)

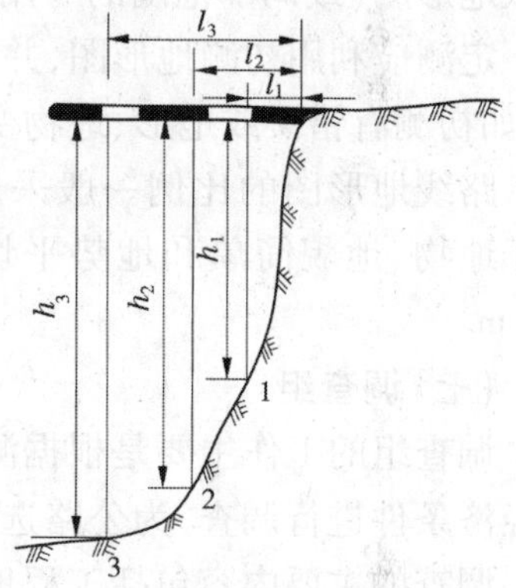

图 7-8 特殊断面的施测(钓鱼法)

仪法或经纬仪视距法等方法施测。

3. 横断面图的点绘

横断面图的点绘，一般采用现场一边测量一边点绘的方法。其优点是外业不作记录，点绘的断面图能及时核对，少出差错。当现场无绘图条件时，也可采用现场记录、室内整理绘图的方法，其记录方式见表 7-7。横断面图的绘制应按桩号的顺序先从图下方到图上方，再从图左侧到图右侧进行。绘图比例一般为 1∶200，对有特殊需要的断面可采用 1∶1 000的比例。每个断面的地物情况应用文字在适当位置进行简要说明。

表 7-7 横断面记录手簿

左侧	桩号	右侧
$\frac{+0.2}{1.6}$ $\frac{+0.4}{2.2}$ $\frac{0}{1.7}$ $\frac{-0.7}{2.0}$	K1 +240	$\frac{+1.0}{1.5}$ $\frac{+0.3}{2.0}$ $\frac{+1.3}{1.8}$ $\frac{+1.6}{2.0}$
…	K1 +260	…

4. 测量精度及测图范围

横断面中高程、距离的读数应取位至 0.1 m，检测限差应符合表 7-8 所给出的值。

横断面的测量范围，应根据地形、地质、地物及设计需要确定，应满足路基及排水需要。一般中线左、右各测 15 ~ 25 m，测量时精确至 0.1 m。在回头曲线有干扰时，应连通施测上、下路线横断面,并标明相关关系。

表 7-8　横断面检测限差

公路等级	距离	高程
高速公路、一级公路	$\pm(L/100+0.1)$	$\pm(h/100+L/100+0.1)$
二级及以下公路	$\pm(L/50+0.1)$	$\pm(h/100+L/100+0.1)$

注:1. L 为测点至中桩的水平距离,单位为 m。

2. h 为测点至中桩的高差,单位为 m。

(六)地形组

地形组的任务是根据设计和施工的需要,按一定比例测绘出沿线一定宽度范围内的带状地形图(或局部范围的专用地形图)。

定测应利用初测地形图,并进行现场核对。当地形、地物出现明显变化时,应予以补测;如初测有错误或地形、地物变化很大时,应进行重测。

路线地形图的比例一般采用 1∶2 000,测绘宽度取路中心线两侧各为 100 ~ 200 m。对于地物、地貌简单和地势平坦的地区,比例可采用 1∶5 000,测绘宽度每侧不应小于 250 m。

(七)调查组

调查组的工作主要是根据测设任务的要求,通过对公路所经过地区的自然条件和技术经济条件进行调查,为公路选线和内业设计收集原始资料。

调查的主要内容包括工程地质情况调查、筑路材料情况调查、小桥涵调查、预算资料调查及杂项调查等。对于旧路改建,还应对原路路况进行调查。调查组可由 2 ~ 3 人组成,综合调查组也可分小组同时调查。

1. 工程地质情况调查

工程地质资料是公路设计的重要资料。工程地质调查通过调查、观测和必要的勘探、试验,进一步掌握与评价路线通过地带的工程地质和水文地质情况,为正确选定路线、合理进行纵坡、路基、路面、小桥涵及其构造物的设计提供充分而准确的工程地质依据。工程地质调查的主要内容如下。

1)路线方面

(1)在工程地质条件复杂和工程艰巨地段,应会同选线人员研究路线布设方法及所采取的工程措施。

(2)调查沿线范围的地貌特征、地质构造、岩石、水文地质、植被、土壤类型、地面径流及不良地质现象等情况,并分段进行工程地质评价。

(3)分段测绘代表性工程地质横断面,标明土、石分类界限,并划分土、石等级。

(4)调查气象、地震及施工、养护经验等资料。

(5)编写公路地质说明书。

2)路基方面

(1)调查分析自然山坡或路基边坡的稳定状况,根据地质构造、岩性及风化破碎程度以及其他影响边坡稳定的因素,提出路堑或边坡的防护加固措施。

(2)沿溪线应查明河流的形态、水文条件和河岸的地貌、地质特征、稳定情况、受冲刷程度等,进而提出有关防护类型、长度及基础埋置深度等意见。

(3)路基坡面及支挡构造物调查,并提出有关结构类型、基础埋置深度等意见。

(4)路基土壤、地下水位和排水条件调查,分析路基土壤分类和水文地质类型。

3)路面方面

(1)收集有关气象资料,研究地貌条件,划分路段的道路气候分区,并提出地基回弹模量建议值供路面设计时采用。

(2)调查当地常用路面结构类型和经验厚度。

4)特殊不良地质地区方面

应进行特殊不良地质地区如黄土、盐渍土、沙漠、沼泽以及滑坡、崩坍、岩溶、泥石流等的综合性地质调查与观测,为制定防治措施提供资料。

2. 筑路材料情况调查

筑路材料的质量、数量及运距直接影响着工程的质量和造价。进行筑路材料情况的调查就是根据适用、经济和就地取材的原则,对沿线料场的分布情况进行广泛调查,以探明其数量、质量及开采条件,为施工提供符合要求的料场。

1)料场使用条件调查

料场使用条件调查主要是对自采加工材料如块石、片石、料石、砾石、碎石、砂、黏土料源的质量和数量进行勘探,以必要的取样试验决定料场的开采价值。

2)料场开采条件调查

料场开采条件调查主要是对矿层的产状条件、水文地质条件、开采季节、工作面大小,废土堆置场地等方面进行调查。

3)运输条件调查

运输条件调查包括对运输支线距离及其修筑的难易、料场与路线的相对高差、运输方式、材料的埋藏条件(包括剥土厚度)等方面的调查。

3. 小桥涵调查

小桥涵调查的主要任务是调查与收集沿线小桥涵水文、地形资料,配合路线总体布设,进行实地勘测,提供小桥涵及其他排水构造物的技术要求,研究决定小桥涵的位置、结构形式、孔径大小以及上下游的防护处理等。

1)小桥涵水文资料调查

小桥涵水文资料调查的目的是为确定设计流量和孔径提供必需的资料。调查内容应根据水文计算的方法(包括形态调查法、径流形成法、直接类比法)确定。当跨径在 1.5 m 以下时,可不进行孔径计算,通过实地勘测采用目估法确定孔径。

2)小桥涵位置的选定及测量

小桥涵的位置,原则上应服从路线走向,通常情况下是由选线组根据最佳路线位置确定下来的。但是桥涵如何布置,则由桥涵人员根据实地地形、地质及水文条件综合考虑,然后进行桥址或涵址测量。

3)小桥涵结构类型的确定

小桥涵结构类型的选择应结合路线的等级和性质,根据适用、经济和就地取材的原则,结合其他情况综合考虑，使所选定的形式具有施工快、造价低、便于行车和利于养护的优点。

4）小桥涵地质调查

小桥涵地质调查的目的在于摸清桥涵基底工程地质及水文地质情况，为正确选定桥涵及附属构造物的基础埋深及有关尺寸、类型等提供资料。调查的内容包括：基底土壤地质类型及特征，在无不良地质情况下，土壤冻结深度及水文地质对基础和施工有无影响等。

4. 预算资料调查

施工图预算是公路设计文件的重要组成部分，进行预算资料调查的目的就是为编制施工图预算提供资料。调查应按现行《公路基本建设概（预）算编制办法》的有关规定进行。调查的主要内容如下所述。

1）施工组织形式

施工组织形式调查主要是调查施工单位的组织形式、机械化程度和生产能力以及施工企业的等级。当施工单位不明确时，应由建设单位提供上述可能的情况及编制原则。

2）工资标准

工资标准调查包括工人基本工资标准和工资性津贴（附加工资、粮价补贴、副食补贴）、其他地区性津贴及工人工资计算办法等的调查。

3）调拨或外购材料及交通运输

此部分的调查内容包括材料的出厂价格、可能发生的包装费和手续费、可能供应数量、运输方式、运距、中转情况、运输能力、运杂费（包括运费，装卸费以及囤存、过渡、过磅等费用）和水价、电价等。

4）征用土地和拆迁补偿费

征用土地和拆迁补偿费按国务院最新公布的《国家建设征用土地条例》和当地政府有关补偿费用标准和办法办理。

除上述内容外，预算资料调查还包括施工机构迁移和主副食运费补贴调查，气温、雨量、施工季节调查和其他可能费用资料调查。

5. 杂项调查

杂项调查主要是指对占地、拆迁及有关项目的情况和数量所进行的调查。杂项调查主要是为编制设计文件的杂项表格提供资料。其主要内容包括：占用土地的测绘和调查；拆迁建筑物、构造物（包括水井、坟墓等）的调查；拆迁管道、电力、电信设施的调查；排水、防护、改河以及临时工程（便道、便桥等）的调查。

（八）内业组

内业组进行定测内业工作，包括复核、检查、整理外业资料和图表制作、汇总等的要求，与初测内业工作要求相同。

进行定测内业工作时，应及时进行路线设计和局部方案的取舍工作。外业期间应完成全部路基的横断面设计，并结合沿线构造物的布设，逐段综合检查所定路线线位的技术经济合理性，同时应进行必要的现场核对。

第三节　公路曲线测设

曲线在公路平面线形中占有很大比例。据统计，通常的山区公路，平面线的长度占

30% ～50%，特别在高等级公路中长缓的平曲线比例更大。随着车速的提高及交通量的增长，对高等级公路已趋于以曲线为主的设计。因此，曲线的测设在路线设计中有着重要的作用，直接关系到路线测量的进度和质量。

公路曲线测设的任务就是具体测设曲线、设计桩号、确定曲线桩位。其主要工作内容包括曲线几何要素的确定（主要是圆曲线的半径、缓和曲线长度和参数）、曲线主点桩的钉设和曲线上任意桩位的钉设。

公路曲线的种类很多，按曲线的几何特性可分为圆曲线、缓和曲线及其组合形式等。本部分主要讲述圆曲线、复曲线、虚交、有缓和曲线的圆曲线（两端缓和曲线等长）、回头曲线等的测设方法。本部分中如未特殊说明，角度单位均采用度、分、秒制。

一、圆曲线的测设

圆曲线的道路测设中经常遇到的线形。圆曲线测设时，一般先安排好前后直线位置，得出交角点；曲线半径先按理想线位所需之外距 E 或切线长 T 为控制值进行反算，然后，根据路线标准选用合适的半径值，计算曲线要素，并在实地粗略敷设曲线，以便检查线位的合理程度。

（一）圆曲线要素计算

圆曲线要素包括转角 α、切线长 T、曲线长 L、外距 E、超距 D 和半径 R（见图 7-9）。

圆曲线各要素计算公式如下：

切线长 $$T = R\tan\frac{\alpha}{2} \qquad (7\text{-}1)$$

曲线长 $$L = R\alpha\frac{\pi}{180^\circ} = 0.017\,45R\alpha \qquad (7\text{-}2)$$

外距 $$E = R(\sec\frac{\alpha}{2} - 1) \qquad (7\text{-}3)$$

超距 $$D = 2T - L \qquad (7\text{-}4)$$

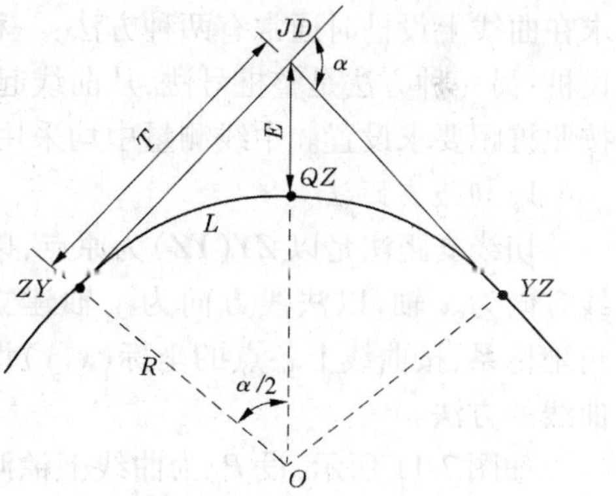

图 7-9　圆曲线要素

（二）圆曲线主点桩号计算

如图 7-9 所示，已知 JD 的里程桩号和圆曲线各要素，即可推算出圆曲线上各主点里程桩号为：

$$ZY(\text{直圆})\text{桩号} = JD\text{桩号} - T \qquad (7\text{-}5)$$

$$YZ(\text{圆直})\text{桩号} = ZY\text{桩号} + L \qquad (7\text{-}6)$$

$$QZ(\text{曲中})\text{桩号} = YZ\text{桩号} - \frac{L}{2} \qquad (7\text{-}7)$$

$$JD\text{桩号} = QZ\text{桩号} + \frac{1}{2}(2T - L)(\text{校核}) \qquad (7\text{-}8)$$

应注意的是圆曲线终点里程桩号应为 ZY 点桩号加 L，而不是 JD 点桩号加 T，即 YZ 点桩号 $\neq JD$ 点桩号 $+T$。

(三)圆曲线测设方法

1. 主点测设

如图 7-10 所示,将经纬仪置于交点上 JD_i,望远镜照准后交点 JD_{i-1} 或此方向上的转点,在此方向上自 JD_i 量取 T,即得曲线起点 ZY,插一测钎。然后用钢尺丈量 ZY 点至最近一个直线桩的距离,如两桩号之差等于所丈量的距离或相差在容许范围内,即可在测钎处打下 ZY 桩。如超出容许范围,应查明原因,以确保桩位的正确性。设置终点时将望远镜照准 JD_{i+1} 方向或在此方向上的转点,往返量取切线 T,得曲线终点,打下 YZ 桩。设置中点时,可自交点 JD_i 沿分角线方向量取外距 E,打下 YZ 桩。设置中点时,可自交点 JD_i 沿分角线方向量取外距 E,打下 QZ 桩。丈量距离时一定要准确,最好采用往返丈量方法。

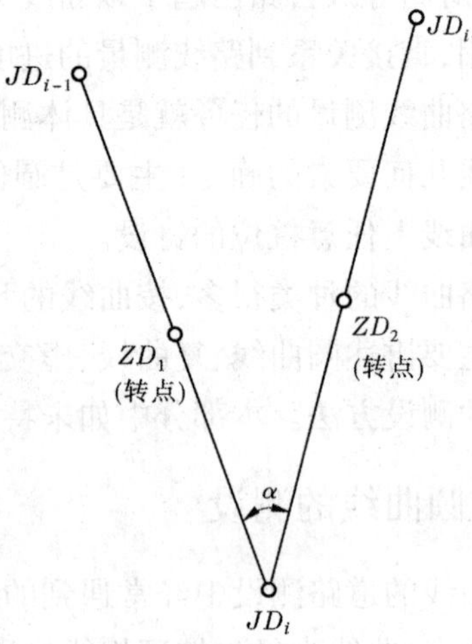

图 7-10　主点测设

2. 详细测设

圆曲线的详细测设就是在主点之间进行中桩加密,其桩距要求见表 7-4。按桩距要求在曲线上设桩时通常有两种方法:一种是整桩距法,就是从曲线起点按一定的桩距进行设桩;另一种方法是整桩号法,从曲线起点向曲线上设第一个桩时,桩号凑成整数,其他桩按照桩距要求设置。中线测量中均采用整桩号法,其曲线测设一般有以下几种方法。

1)切线支距法

切线支距法是以 $ZY(YZ)$ 为原点,以切线方向为 x 轴,以法线方向为 y 轴建立直角坐标系,按曲线上各点的坐标(x,y)设置曲线的方法。

如图 7-11 所示,设 P_i 为曲线上欲测设的点位,该点至 ZY 点或 YZ 点的弧长为 l_i(l_i 即为该点与曲线起点或终点的桩号差),φ_i 为 l_i 所对应的圆心角,R 为圆曲线半径,P_i 的坐标可按下式计算:

$$x_i = R\sin\varphi_i \tag{7-9}$$

$$y_i = R(1 - \cos\varphi_i) \tag{7-10}$$

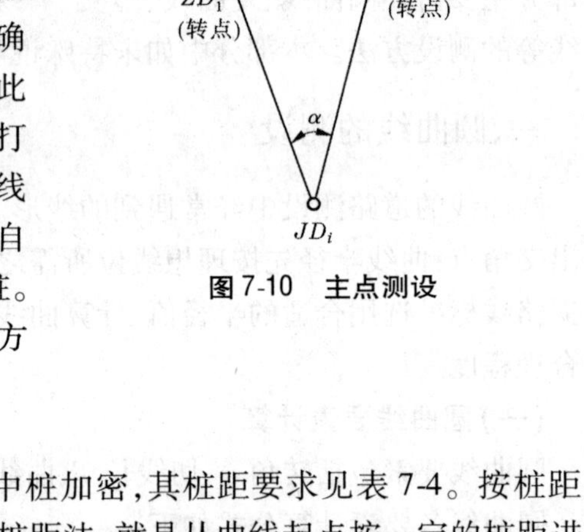

图 7-11　切线支距法测设单圆曲线

切线支距法测设曲线时,为了避免支距过长,一般由 ZY、YZ 点分别向 QZ 点施测。其测设步骤如下。

(1)从 $ZY(YZ)$ 点开始用钢尺或皮尺沿切线方向量取 P_i 的横坐标 x_i,得一点 N_i。

(2)在 N_i 点用方向架(或经纬仪)定出垂直方向,沿此方向从 N_i 点向法线方向量取 y_i,可得曲线上的 P_i 点。

(3)曲线上各点设置完毕后，应量测相邻桩之间的距离，与相应的桩号差作比较，若差值均在限差之内，则曲线测设合格；否则应查明原因，予以纠正。

切线支距法的优点是可不用仪器、方法简便、工效高，各点位置独立、无累积误差；其缺点是只适用于平原开阔地带，对山区地形复杂地段使用不便，测设的点位精度偏低。

2)偏角法

偏角法是先求算曲线上任一点 P_i 与 ZY(YZ)的连线同 ZY(YZ)点切线的偏角 Δ_i(即弦切角)，从而确定 P_i 的方向，再丈量相邻桩位与 P_i 点的距离 C_i(弦长)，与方向线交会而确定点位的方法。

如图 7-12 所示，偏角 Δ_i 和弦长 C_i 的计算公式为：

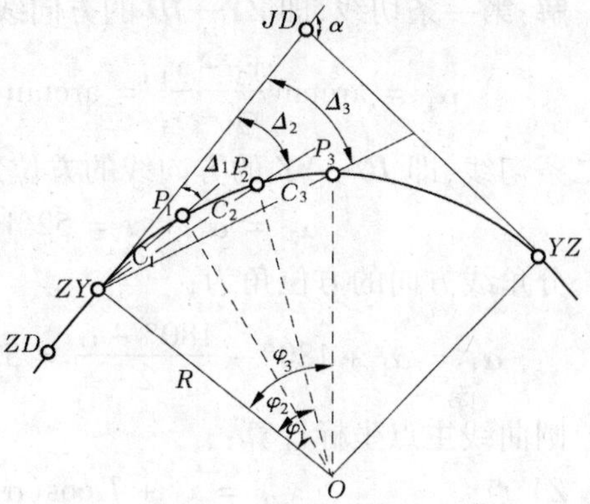

图 7-12 偏角法测设单圆曲线

$$\Delta_i = \frac{l_i}{2R} \times \frac{180°}{\pi} \qquad (7\text{-}11)$$

$$C_i = 2R\sin\frac{\varphi_i}{2} \qquad (7\text{-}12)$$

式中 l_i——曲线上任意一点 P_i 与曲线点(终点)的桩号差；

φ_i——l_i 所对应的圆心角，其值为$\frac{l_i}{R} \times \frac{180°}{\pi}$。

偏角方法测设曲线的步骤如下。

(1)在 ZY(YZ)点布设经纬仪，瞄准交点 JD，并将水平度盘配置在 00°00′00″。

(2)拨角 Δ_1(正拨读数为 Δ_1，反拨读数为 $360° - \Delta_1$)，再从 ZY(YZ)点量取与 P_1 点的弦长 C_1，可交会得点 P_1。

(3)拨角 Δ_2，再从 P_1 点量取与 P_2 点的弦长 C_2，交会可得点 P_2。依次类推，测设 P_3、P_4、P_5、…直至 YZ 点。

(4)校核。分别从 ZY(YZ)点测设到 QZ 点，检查误差是否在容许的范围之内。

偏角法的优点为准确度高、精度易于掌握，适用于地形较复杂地区；其缺点为有累积误差，测设曲线时测点必须通视。

3)坐标法

用坐标法进行圆曲线的详细测设时，最适合采用全站仪进行测量。坐标法测设时，主要是计算圆曲线主点和细部点的坐标，然后根据测站点和后视点的坐标用全站仪测设已知坐标的圆曲线主点和细部点。

(1)圆曲线主点坐标计算。如图 7-12 所示，若已知 ZD 和 JD 的坐标，则可按公式 $\alpha_{12} = \arctan\frac{y_2 - y_1}{x_2 - x_1}$计算出第一条切线(图中的 ZY—JD 方向线)的方位角；再由路线的转角(或右角)推算出第二条切线(图中的 JD—YZ 方向线)和分角线的方位角。

根据交点坐标、切线方位角和切线长，可计算出圆曲线起点 ZY 和终点 YZ 的坐标；根据交点坐标、分角线方位角和外距可计算出曲线中点(QZ)的坐标。

【例 7-1】 已知交点 JD 的里程桩号为 K2 +968.43,圆曲线半径 $R=200$ m,测得转角 $\alpha=34°12'$。设 ZD 的坐标为:$x_1=6\ 795.454$ m,$y_1=5\ 565.901$ m;JD 的坐标为:$x_2=6\ 848.320$ m,$y_2=5\ 634.240$ m。试计算圆曲线主点的坐标(保留两位小数)。

解:第一条切线,即 ZY—JD 的方向线的方位角为:

$$\alpha_1 = \arctan\frac{y_2-y_1}{x_2-x_1} = \arctan\frac{5\ 634.240-5\ 565.901}{6\ 848.320-6\ 795.454} = 52°16'30''$$

第二条切线,即 JD—YZ 的方向线的方位角为:

$$\alpha_2 = \alpha_1+\alpha = 52°16'30''+34°12' = 86°28'30''$$

分角线方向的方位角为:

$$\alpha_3 = \alpha_1+180°-\frac{180°-\alpha}{2} = 52°16'30''+180°-72°54' = 159°22'30''$$

圆曲线主点坐标计算:

ZY 点
$$x_{ZY} = x_2+T\cos(\alpha_1+180°) = 6\ 810.67(\text{m})$$
$$y_{ZY} = y_2+T\sin(\alpha_1+180°) = 5\ 585.57(\text{m})$$

YZ 点
$$x_{YZ} = x_2+T\cos\alpha_2 = 6\ 852.1(\text{m})$$
$$y_{YZ} = y_2+E\sin\alpha_2 = 5\ 695.65(\text{m})$$

QZ 点
$$x_{QZ} = x_2+E\cos\alpha_3 = 6\ 839.66(\text{m})$$
$$y_{QZ} = y_2+E\sin\alpha_3 = 5\ 637.50(\text{m})$$

(2)圆曲线细部点坐标计算。由已计算出的第一条切线的方位角和各待测设桩号的偏角,可计算出曲线起点 ZY 至各桩点方向线方位角,再由 ZY 点到各桩号的弦长计算出各待测设桩点坐标。

【例 7-2】 按整桩号法设桩,计算例 7-1 中各桩点坐标(保留两位小数)。

解:计算方法类似于例 7-1 中的主点坐标计算,计算结果如表 7-9 所示。

表 7-9 细部坐标计算结果

桩号	偏号	方位角	弦长(m)	坐标(m)	
				x	y
ZY:K2 +906.90	0°00′00″	56°12′30″	—	6 810.67	5 585.57
K2 +920	1°52′35″	54°09′05″	13.10	6 818.34	5 596.19
K2 +940	4°44′28″	57°00′58″	33.06	6 828.67	5 613.30
K2 +960	7°36′22″	59°52′52″	52.94	6 837.24	5 631.36
QZ:K2 +966.59	8°33′00″	66°49′30″	59.47	6 839.66	5 637.50
K2 +980	10°28′15″	62°44′45″	72.69	6 843.96	5 650.19
K3 +000	13°20′08″	65°36′38″	92.26	6 848.77	5 669.60
K3 +020	16°12′01″	68°28′31″	111.60	6 851.62	5 689.39
YZ:K3 +026.28	57°00′58″	69°22′30″	117.62	6 852.10	5 695.65

计算测站点(可以为任意一个已知坐标点)到待测桩点的方位角和平距后,可用全站仪测设桩号。

(3)按坐标进行测设。按坐标进行测设是利用全站仪的坐标测量功能,只需输入有关点的坐标值即可测设待测桩点。即根据设置测站的坐标、后视点的坐标和待设各桩点的坐标测设各待测桩点。测设的具体步骤如下(以如图 7-13 所示的圆曲线测设为例)。

①在已知点 D_6 安置全站仪,后视已知点 D_7,选择设置测量模式。

②输入置仪点和后视点的坐标 $D_6(x_6,y_6)$、$D_7(x_7,y_7)$,完成定向工作。

③键入待放点坐标 $P(x_P,y_P)$。

④转动照准部使用水平角0°00′00″,完成待放点 P 的定向工作。

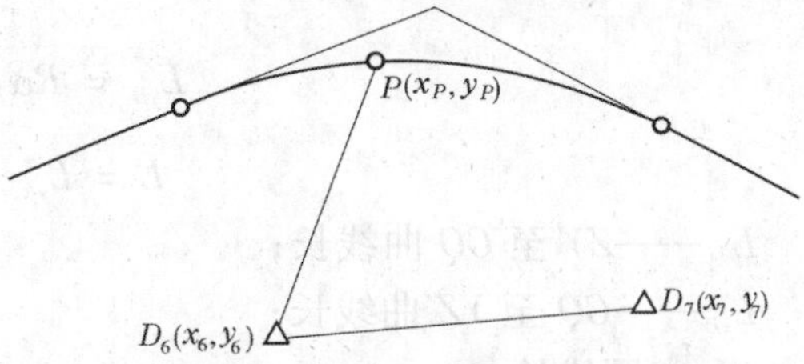

图 7-13　桩点具体化测设

⑤在对讲机指挥下,持棱镜者置反射镜于 P 点方向上,并前、后移动棱镜,使全站仪面板显示 0.00 m 时,即确定 P 点的精确点位。

⑥重复步骤③~⑤,放出其他中桩位。当改变置仪点的位置后,应重复步骤①~⑤进行测设。

值得指出的是,采用坐标测设中桩时,可视具体情况,将路线分为数段,用数台仪器同时进行测设,也不会造成断链。

坐标法的优点是仪器可以安置在任何已知点上进行测设,例如已知坐标的控制点、路线上的交点、转点等,其测设速度快、精度高。坐标法目前在公路勘测中已被广泛应用。

二、圆曲线虚交的测设

当地形复杂,两直线的交点无法设置、不通视、虽能设点但量距困难时,可采用虚交点法进行测设。虚交测设的方法包括双交点法、辅助三角形法以及待定切线法。

(一)双交点法

如图 7-14 所示,当采用双交点法进行虚交测设时,可视地形条件选择中部适宜通过的点定出 AB 线,得出双交点 JD_A 及 JD_B,并测量 α_A、α_B 和 AB 的长度,计算双交点曲线的半径(两相同半径的曲线)。双交点法易于控制中线位置。

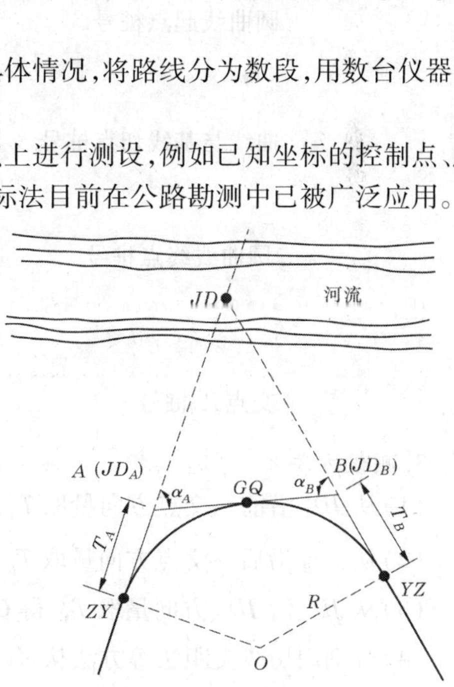

图 7-14　虚交测设的双交点法

1. 曲线要素计算

$$R = \frac{AB}{\tan\frac{\alpha_A}{2} + \tan\frac{\alpha_B}{2}} \tag{7-13}$$

$$T_A = R\tan\frac{\alpha_A}{2} \tag{7-14}$$

$$T_B = R\tan\frac{\alpha_B}{2} \tag{7-15}$$

$$L_{yA} = R\alpha_A \frac{\pi}{180^\circ} \tag{7-16}$$

$$L_{yB} = R\alpha_B \frac{\pi}{180^\circ} \tag{7-17}$$

$$L = L_{yA} + L_{yB} \tag{7-18}$$

式中 L_{yA}——ZY 至 GQ 曲线长；

L_{yB}——GQ 至 YZ 曲线长；

L——圆线长。

2. 桩号推算

交点 A 桩号	JD_A
	$-T_A$
圆曲线起点桩号	ZY
	$+L_{yA}$
曲线与基线切点桩号	GQ
	$+L_{yB}$
圆曲线终点桩号	YZ
	$-L+T_A$
交点 A 桩号	JD_A(校核)

3. 测设方法

(1)从 JD_A 沿前一交点方向量取 T_A，得 ZY 点。

(2)从 JD_B 沿后一交点方向量取 T_B，得 YZ 点。

(3)从 JD_A 沿 JD_B 方向量取 T_A，得 GQ 点。

(4)分别用切线支距法等方法从 ZY、YZ 点详细测设曲线。

(二)辅助三角形法

如图 7-15 所示，当采用辅助三角形法进行虚交测设时，曲线位置不经过基线 AB，可视地形定基线 AB，并测角 α_A、α_B 值，测量 AB 的长度，拟定圆曲线半经 R。

1. 曲线要素计算

由△$JDJD_AJD_B$ 得知 $\alpha = \alpha_A + \alpha_B$，根据正弦定律得：

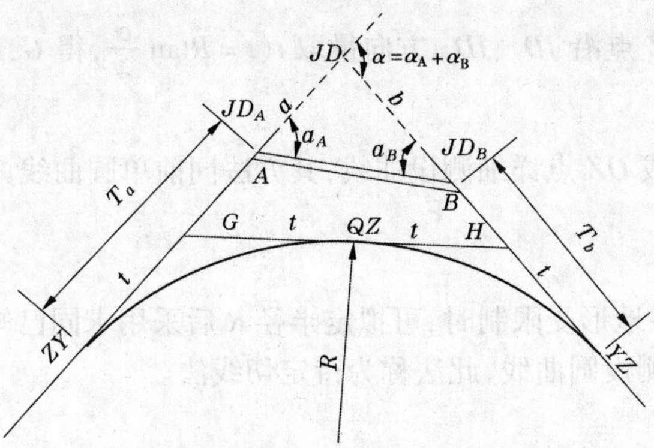

图 7-15　虚交测设的辅助三角形法

$$\alpha = AB\frac{\sin\alpha_B}{\sin\alpha} = AB\frac{\sin\alpha_B}{\sin(\alpha_A + \alpha_B)} \tag{7-19}$$

$$b = AB\frac{\sin\alpha_A}{\sin(\alpha_A + \alpha_B)} \tag{7-20}$$

切线长
$$T = R\tan\frac{\alpha_A + \alpha_B}{2} \tag{7-21}$$

圆曲线长
$$L = R(\alpha_A + \alpha_B)\frac{\pi}{180^\circ} \tag{7-22}$$

ZY 至 JD_A 长
$$T_a = T - a \tag{7-23}$$

YZ 至长 JD_B 长
$$T_b = T - b \tag{7-24}$$

2. 桩号推算

交点 A 桩号	JD_A
	$-T_a$
圆曲线起点桩号	ZY
	$+L/2$
曲线与基线切点桩号	QZ
	$+L/2$
圆曲线终点桩号	YZ
	$-L+T_a$
交点 A 桩号	JD_A（校核）

3. 测设方法

(1)从 JD_A 沿前一交点方向量取 T_a，得 ZY 点。

(2)由 JD_B 沿后一交点方向量取 T_b，得 YZ 点。

(3)分别从 ZY、YZ 点沿 JD_A、JD_B 方向量取 $t(t=R\tan\frac{\alpha}{4}$,得 G、H 两点,取 GH 中点即为圆曲线 QZ 点。

(4)从 ZY、YZ 点或 QZ 点详细测设曲线,其方法同前单圆曲线详细测设方法(即切线支距法或偏角法等)。

(三)待定切线法

如图 7-16 所示,在地形受限制时,可拟定半径 R 后采用求同已知基线 AB 平行的圆曲线切线 A′B′的方法来测设圆曲线,此法称为待定切线法。

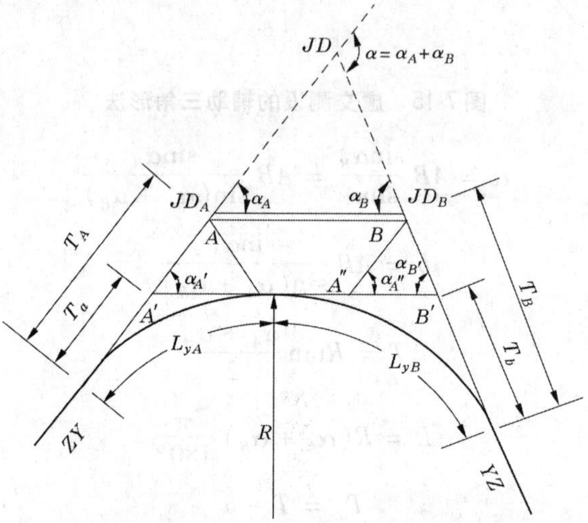

图 7-16　虚交测设的待定切线法

1. 曲线要素计算

已知 α_A、α_B 及 AB 的长度(且已拟定 R),可得:

$$T_a = R\tan\frac{\alpha_A'}{2} = R\tan\frac{\alpha_A}{2} \tag{7-25}$$

$$T_b = R\tan\frac{\alpha_B'}{2} = R\tan\frac{\alpha_B}{2} \tag{7-26}$$

$$L_{y_A} = R\alpha_A'\frac{\pi}{180^\circ} = R\alpha_A\frac{\pi}{180^\circ} \tag{7-27}$$

$$L_{y_B} = R\alpha_B'\frac{\pi}{180^\circ} = R\alpha_B\frac{\pi}{180^\circ} \tag{7-28}$$

$$L = L_{yA} + L_{yB} \tag{7-29}$$

$$BB' = \frac{(T_a + T_b) - AB}{\sin(\alpha_A + \alpha_B)}\sin\alpha_A \tag{7-30}$$

$$AA' = \frac{(T_a + T_b) - AB}{\sin(\alpha_A + \alpha_B)}\sin\alpha_B \tag{7-31}$$

$$(A'B' = T_a + T_b, A'B' = T_a + T_b - AB)$$

2. 桩号推算

交点 A 桩号	JD_A
	$-AA'-T_a$
圆曲线起点桩号	ZY
	$+L_{yA}$
曲线与基线切点桩号	QZ
	$+L_{yB}$
圆曲线终点桩号	YZ
	$-L+T_a+AA'$
交点 A 桩号	JD_A (校核)

3. 测设方法

(1)分别从 A、B 点沿前、后交点方向量取 AA'、BB' 得 A'、B' 两点,AA' 即为圆曲线的切线。

(2)由 A' 点沿 AA' 方向量取 T_a、由 B' 点沿 BB' 方向量取 T_b 分别得 ZY 点、YZ 点。

(3)分别从 ZY、YZ 点详细测设曲线,其方法同前单圆曲线详细测设方法。

三、有缓和曲线的平曲线测设(两端缓和曲线等长)

(一)缓和曲线常数计算

缓和曲线常数计算见图 7-17 和图 7-18,l_h 为缓和曲线长度。

内移值(见图 7-18):

$$p=\frac{l_h^2}{24R} \tag{7-32}$$

切线增值(见图 7-18):

$$q=\frac{l_h}{2}-\frac{l_h^3}{240R^2} \tag{7-33}$$

切线角:

$$\beta=\frac{l_h}{2R}=\frac{l_h}{2R}\times\frac{180°}{\pi} \tag{7-34}$$

缓和曲线终点的直角坐标:

$$x_h=l_h-\frac{l_h^3}{40R^2} \tag{7-35}$$

$$y_h=\frac{l_h^2}{6R}-\frac{l_h^4}{336R^2} \tag{7-36}$$

缓和曲线起、终点切线的交点 Q 到缓和曲线起、终点的距离,即缓和曲线的长、短切线长(见图 7-17)。

$$T_d=\frac{2}{3}l_h+\frac{L_h^3}{360R^2} \tag{7-37}$$

$$T_K=\frac{1}{3}l_h+\frac{l_h^3}{126R^2} \tag{7-38}$$

缓和曲线弦长： $$C_h = l_h - \frac{l_h^2}{90R^2} \tag{7-39}$$

缓和曲线总偏角： $$\Delta h = \frac{l_h}{6R} \tag{7-40}$$

（二）有缓和曲线的单圆曲线要素计算

1. 切线长 T_h

由图 7-18 可知：

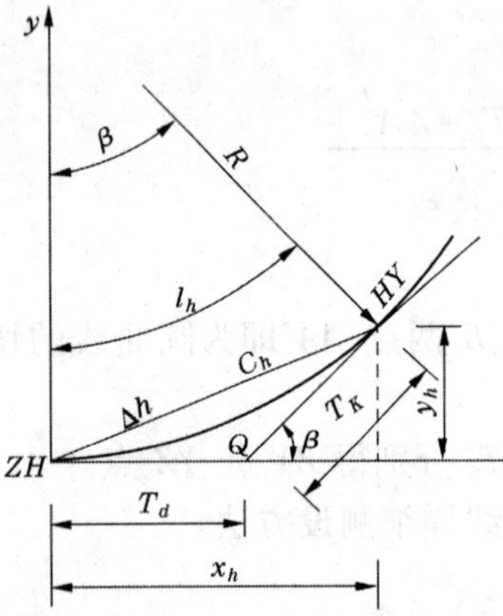

图 7-17　缓和曲线常数

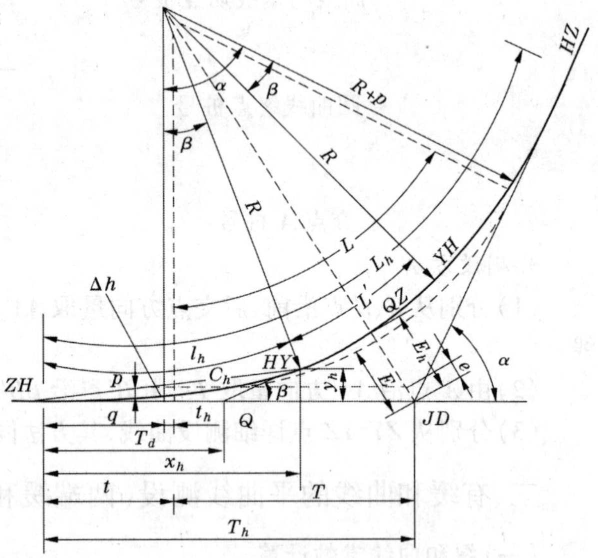

图 7-18　缓和曲线要素

$$T_h = T + t \tag{7-41}$$

则

$$T_h = (R + p)\tan\frac{\alpha}{2} + q \tag{7-42}$$

式中　T_h——设有缓和曲线后的切线长，m；

T——未设缓和曲线时的单圆曲线切线长（$T = R\tan\frac{\alpha}{2}$），m；

t——设置缓和曲线后比单圆曲线切线长增长的切线增量，又称为切线尾加数（$t = p\tan\frac{\alpha}{2} + q$），m。

2. 曲线长 L_h

由图 7-18 可知：

$$L_h = L' + 2l_h$$

因 $L' = R(\alpha - 2\beta)\frac{\pi}{180°}$（$\alpha$、$\beta$ 均以角度为单位），又因 $\beta = \frac{l_h}{2R} \times \frac{180°}{\pi}$，且由于未设缓和曲线时的曲线长为：

$$L = R\frac{\alpha\pi}{180°}$$

所以

$$L_h = L + l_h \tag{7-43}$$

式中 L_h——设缓和曲线的平曲线长度，m；

L——未设缓和曲线时的单圆曲线长度，m；

l_h——缓和曲线长度，m。

同时

$$L_h = R(\alpha - 2\beta)\frac{\pi}{180°} + 2l_h \tag{7-44}$$

3. 外距 E_h

由图 7-18 可知：

$$E_h = (R + p)\sec\frac{\alpha}{2} - R = R(\sec\frac{\alpha}{2} - 1) + p\sec\frac{\alpha}{2}$$

因为 $E = R(\sec\frac{\alpha}{2} - 1)$　$e = p\sec\frac{\alpha}{2}$

所以

$$E_h = E + e \tag{7-45}$$

式中 E_h——设有缓和曲线时的外距，m；

E——未设缓和曲线时的外距，m；

e——设置缓和曲线后比单圆曲线增加的外距增量，称为外距尾加数，m。

4. 切曲差（即超距）D_h

由图 7-18 可知：

$$D_h = 2T_h - l_h = 2R\tan\frac{\alpha}{2} - R\frac{\alpha\pi}{180°} + (2t - l_h) \tag{7-46}$$

因为 $T = R\tan\frac{\alpha}{2}$；$L = R\frac{\alpha\pi}{180°}$

同时令

$$2t - l_h = d \tag{7-47}$$

所以

$$D_h = 2T - L + d = D + d \tag{7-48}$$

式中 D_h——设有缓和曲线的切曲差，m；

D——未设缓和曲线时单圆曲线的切曲差，m；

d——设有缓和曲线后比单圆曲线增加的切曲差增量，称为切曲差尾加数，m。

（三）主点桩号计算

$$ZH(桩号) = JD(桩号) - T_h$$

$$HY(\text{桩号}) = ZH(\text{桩号}) + l_h$$
$$YH(\text{桩号}) = HY(\text{桩号}) - L'_h$$
$$HZ(\text{桩号}) = YH(\text{桩号}) + l_h$$
$$QZ(\text{桩号}) = HZ(\text{桩号}) - L_y/2$$
$$JD(\text{桩号}) = QZ(\text{桩号}) + D_h/2$$

(四)设置缓和曲线的条件

根据图 7-18 可知,能否设置缓和曲线取决于圆曲线长度 L 是否大于或等于缓和曲线的长度 l_h,如果 L 小于 l_h,则两端的缓和曲线中间将交叉,所以 L 必须大于或等于 l_h。能否设置缓和曲线的判别式可用式(7-49)表示:

$$\alpha \geqslant 2\beta \tag{7-49}$$

当 $\alpha \geqslant 2\beta$ 时,可以设置缓和曲线;否则不能设置缓和曲线,而应该增大半径 R,减小缓和曲线长 l_h 或重新布设交点。

(五)有缓和曲线的单圆曲线主点测设

如图 7-18 所示,带有缓和曲线的单圆曲线的主点包括 ZH、HY、QZ、YH、HZ 点 5 个,其测设和桩号计算方法与单圆曲线基本相同。ZH、HZ 两点由切线长 T_h 来确定;QZ 点由外距 E_h 来确定;HY、YH 两点由坐标(x_h,y_h)来确定。

【例 7-3】 已知山岭重丘区二级公路($V = 40$ km/h),路线转角 $\alpha = 42.5°$,圆曲线半径 $R = 100$ m,交点桩号为 K15 + 620.57。试计算平曲线要素和主点桩号,并设置主点桩。

解:(1)确定缓和曲线长度 l_h:

从乘客舒适度出发 $l_h = 0.035\dfrac{V^3}{R} = 0.035 \times \dfrac{40^3}{100} = 22.4(\text{m})$

从驾驶员操纵方向盘考虑 $l_h = \dfrac{V}{1.2} = \dfrac{40}{1.2} = 33.3(\text{m})$

取两者较大值,并取整得 $l_h = 35$ m

从视距要求考虑 $\beta = \dfrac{l_h \times 180°}{2\pi R} = \dfrac{35 \times 180°}{2 \times 3.14 \times 100} = 10.03°$

β 在 3°~29°之间,符合要求,则可取 $l_h = 35$ m。

(2)计算缓和曲线常数:

$$\beta = \frac{l_h}{2R} \times \frac{180°}{\pi} = 10.03°$$

$$x_h = l_h - \frac{l_h^3}{40R^2} = 35 - \frac{35^3}{40 \times 100^2} = 34.89(\text{m})$$

$$y_h = \frac{l_h^2}{6R} - \frac{l_h^4}{336R^3} = \frac{35^2}{6 \times 100} - \frac{35^4}{336 \times 100^3} = 2.04(\text{m})$$

$$p = y_h - R(1 - \cos\beta) = \frac{l_h^2}{24R} = \frac{35^2}{24 \times 100} = 0.51(\text{m})$$

$$q = \frac{l_n}{2} - \frac{l_n^3}{240R^2} = \frac{35}{2} - \frac{35^3}{240 \times 100^2} = 17.48(\text{m})$$

(3)判别能否设置缓和曲线:

$$2\beta = 2 \times 10.03° = 20.06° < \alpha = 42.5°$$

所以,可以设置缓和曲线。

(4)有缓和曲线的平曲线要素计算。

切线长:

$$T_h = (R + p)\tan\frac{\alpha}{2} + q = (100 + 0.51) \times \tan\frac{42.5°}{2} + 17.48 = 56.57(\text{m})$$

曲线长:

$$L_h = R(\alpha - 2\beta)\frac{\pi}{180°} + 2l_h = 100 \times (42.5° - 2 \times 10.03°) \times \frac{\pi}{180°} + 2 \times 35$$

$$= 109.17(\text{m})$$

外距:

$$E_h = (R + p)\sec\frac{\alpha}{2} - R = (100 + 0.51) \times \sec\frac{42.5°}{2} - 100 = 7.84(\text{m})$$

超距:

$$D_h = 2T_h - L_h = 2 \times 56.57 - 109.17 = 3.97(\text{m})$$

未设缓和曲线的单圆曲线长: $L = \frac{\pi\alpha R}{180°} = \frac{\pi}{180°} \times 42.5° \times 100 = 74.18(\text{m})$

有缓和曲线的平曲线内的主圆曲线:

$$L' = L - L_h = 74.18 - 35 = 39.18(\text{m})$$

(5)主点桩号计算:

JD	K15 +620.57
$-T_h$	−56.57
ZH	K15 +564.00
$+l_h$	+35
HY	K15 +599.00
$+L'$	+ 39.18
YH	K15 +638.18
$+l_h$	+35
HZ	K15 +673.18
$-L_h/2$	−54.59
QZ	K15 +618.59
$+D_h/2$	+1.98
JD	K15 +620.57(校核无误)

(6)确定主点桩号位置。①由交点(JD)起沿两边切线方向分别量取 T_h =56.57 m 得

平曲线起点(ZY)和终点(HZ)位置;②由交点(JD)沿分角线方向量取 $E_h=7.84$ m 得平曲线中点(QZ)的位置;③由坐标 $x_h=34.89$ m 和 $y_h=2.04$ m,分别以 ZH 点和 YZ 点为原点,用切线支距法定出 HY 点和 YH 点位置。

(六)有缓和曲线的单圆曲线详细测设

1. 切线支距法

这种方法与单圆曲线的测设基本相同,它是以切线为轴,以 ZH 点或 HZ 点为坐标原点,以通过原点并垂直 x 轴方向的直线为 y 轴,计算曲线上各任意点的坐标(x,y),就可以测设平曲线。

1)缓和曲线上任意点的测设

按式(7-50)、式(7-51)计算缓和曲线上任意点的坐标值(见图 7-19)。

$$x=l-\frac{l^5}{40R^2l_h^2} \tag{7-50}$$

$$y=\frac{l^3}{6Rl_h}-\frac{l^7}{336R^3l_h^3} \tag{7-51}$$

式中 x——缓和曲线上任意点的横坐标,m;

y——缓和曲线上任意点的纵坐标,m;

l——缓和曲线起点至缓和曲线上任意点的曲线长,m。

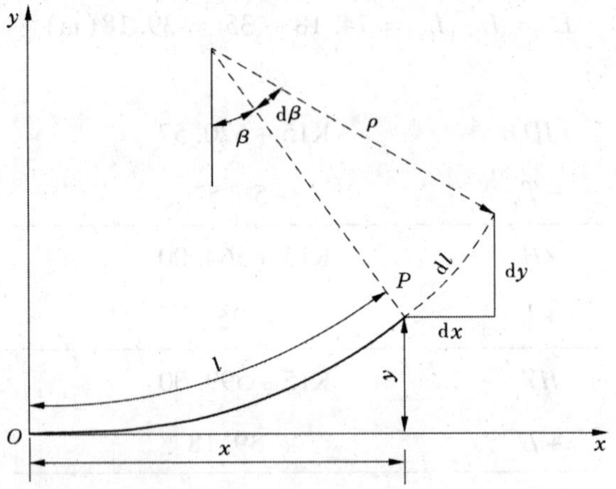

图 7-19 缓和曲线上任意点 P 的坐标(切线支距法)

缓和曲线上任意点测设方法如下。

(1)从 ZH(HZ)点沿 JD 方向量取 x_1,得 N_1 点。

(2)在 N_1 点的垂向上,向曲线的偏转方向量取 y_1,得 P_1 点点位。

(3)重复以上步骤测设到缓和曲线终点。

【例 7-4】 设 $R=100$ m,$l_h=35$ m,ZH 点的桩号为 K5+112.45,用缓和曲线切线支距法测设曲线。

解:通过计算得:

$$x_h=34.89\ \text{m},y_h=2.04\ \text{m},T_d=23.37\ \text{m}$$

其中 x_h 和 y_h 为缓和曲线终点的坐标值，T_d 为缓和曲线的起、终点 $ZH(HZ)$ 切线与缓和曲线起、终点 $ZH(HZ)$ 切线的交点至缓和曲线起、终点的距离（见图 7-18）。

通过计算得各桩的纵、横坐标值如表 7-10 所示。

表 7-10　各桩的纵、横坐标值

桩号		l(m)	x 坐标(m)	y 坐标(m)
ZH	K5 + 112.45	0	0.00	0.00
	K5 + 117.45	5	5.00	0.01
	K5 + 123.45	11	11.00	0.06
	K5 + 130.45	18	18.00	0.28
	K5 + 137.45	25	24.98	0.74
	K5 + 142.45	30	29.95	1.28
HY	K5 + 147.45	35	34.89	2.04

注：表中 l 为缓和曲线上任意点至缓和曲线起点的弧长。

施测时，如图 7-20 所示，自 ZH 点沿切线量取 23.37 m 得 Q 点，再自 Q 向前量 11.52 m（即 34.89 − 23.37），并作支距为 2.04 m，得 HY 点，然后以 ZH 点为原点根据各桩点的 x、y 值定出缓和曲线上各桩点的相应位置。也可采用弦长与 y 值相交法定出各桩点的相应位置。HZ 点与 Q 点相连，即为缓和曲线与主轴线在 HZ 处的切线。HZ 点方向的缓和曲线任意点可以同理测设。

2）主圆曲线上任意点的测设

（1）以 $ZH(HZ)$ 点为原点的切线支距法（见图 7-21）。计算公式如下：

$$x = R\sin\varphi + q \tag{7-52}$$

$$y = R(1 - \cos\varphi) + p \tag{7-53}$$

其中 $\varphi = \dfrac{l - l_h/2}{R} \times \dfrac{180^\circ}{\pi}$；$l$ 为主圆曲线上任意一点到 $ZH(HZ)$ 点的弧长。

测设方法同前述切线支距法。

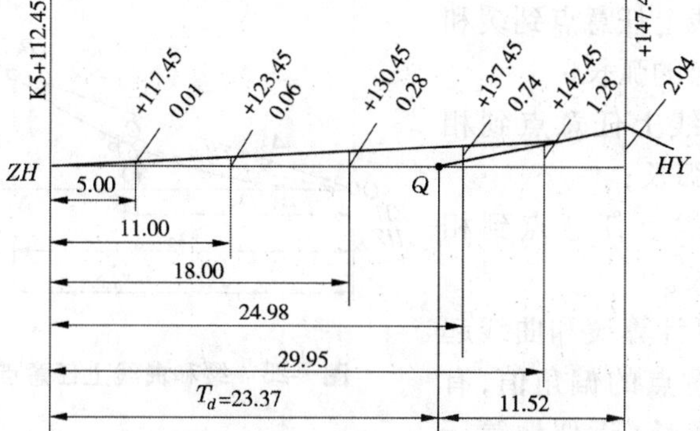

图 7-20　切线支距法测设缓和曲线

(2) 以 $HY(YH)$ 为原点的切线支距法。如图 7-22 所示，以 $HY(YH)$ 点为原点，切线方向为 x 轴，法线方向为 y 轴建立直角坐标系。则计算公式如下：

$$x = R\sin\varphi \tag{7-54}$$

$$y = R(1-\cos\varphi) \tag{7-55}$$

其中 $\varphi = \frac{l}{R} \times \frac{180°}{\pi}$，$l$ 为主圆曲线上任意一点到 $ZH(HZ)$ 点的弧长。

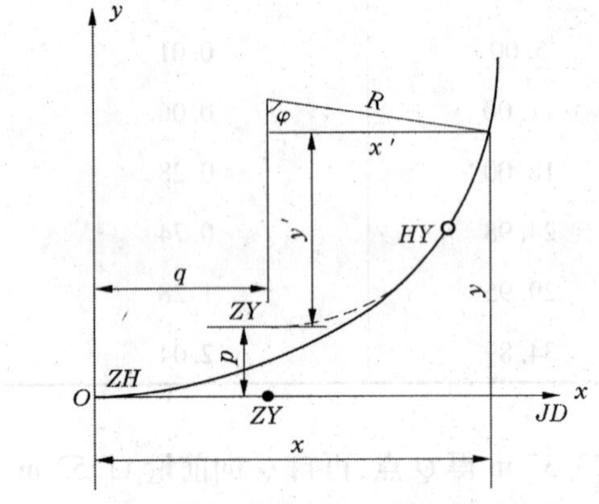

图 7-21　主圆曲线上任意点的测设
（以 ZH 或 HZ 为原点的切线支距法）

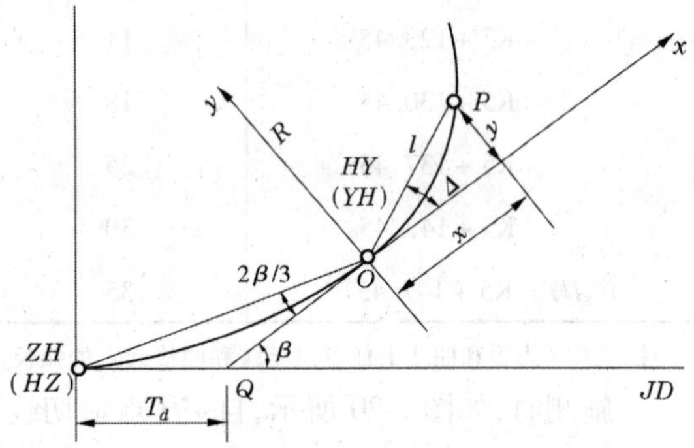

图 7-22　主圆曲线上任意点的测设
（以 HY 或 YH 为原点的切线支距法）

测设时，从 $ZH(HZ)$ 点沿切线方向量取 T_d 找到 Q 点，并用 T_K 校核；再以 Q 点与 $HY(YH)$ 的连线为 x 方向，从 $HY(YH)$ 点量取 x，垂向上量取 y 测设曲线。

2. 偏角法

1) 缓和曲线上任意点的测设

用偏角法测设缓和曲线时，首先应计算缓和曲线上任意点 p_i 的偏角值 Δ，如图 7-23 所示。

$$\Delta = \frac{l^2}{6Rl_h} \times \frac{180°}{\pi} \tag{7-56}$$

$$c \approx l' \tag{7-57}$$

式中　l——缓和曲线上任意点到缓和曲线起点的弧长；

l'——缓和曲线上任意点到相邻点的弧长；

c——缓和曲线上任意点到相邻点弦长。

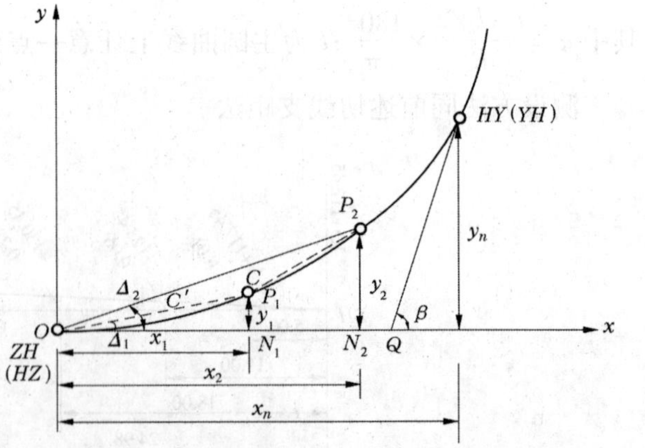

图 7-23　缓和曲线上任意点的测设（偏角法）

用式(7-56)即可计算缓和曲线起点至缓和曲线上任意点的偏角值，有了偏角值和每一段弦长（近似地等于弧长），即可在 $ZH(HZ)$ 点安置经纬仪，对缓和曲线进行测设。具体测设方法如下：

(1) 在 $ZH(HZ)$ 点置经纬仪，后视 JD，配度盘为 00°00′00″。

(2)拨 P_1 点的偏角 Δ_1(注意正拨,反拨),从 $ZH(HZ)$ 量取 C',与视线的交点为 P_1 点位。

(3)拨 P_2 点的偏角 Δ_2,从 P_1 量取 $C(P_1$、P_2 点桩号差),与视线的交点为 P_2 点位。

(4)重复(3)步骤直至测至 $HY(YH)$ 点。

2)主圆曲线上任意点的测设

如图 7-12 所示,计算公式如下:

$$\Delta_i = \frac{l}{2R} \times \frac{180°}{\pi} \tag{7-58}$$

式中 l——主圆曲线上任意点到 $HY(YH)$ 点的弧长。

主圆曲线上任意点的测设方法如下。

(1)置经纬仪于 $HY(YH)$ 点,后视 $HZ(ZH)$ 点,向偏离曲线方向拨 $\frac{2}{3}\beta$ 角,倒镜配度盘 00°00′00″。

(2)拨角 Δ_1,从 $HY(YH)$ 量取 C_1(C_1 计算公式同单圆曲线)与视线交会出中桩点位 P_1。

(3)同步骤(2)直至测设到 QZ 点。

3. 坐标法

用全站仪测设带有缓和曲线段的平曲线,其中线桩号点的测设坐标计算方法如下(见图 7-24)。

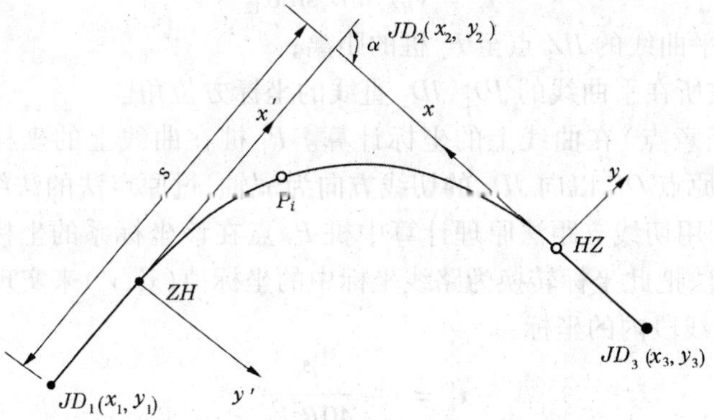

图 7-24 缓和曲线段的中线桩点测设坐标计算(坐标法)

交点桩 JD_1、JD_2、JD_3 和它们的坐标(x_1,y_1)、(x_2,y_2)、(x_3,y_3)已在图 7-24 上量出或在实地测定。路线导线的坐标方位角和边长可用坐标反算公式求得,即象限角:

$$R_{12} = \arctan\left|\frac{y_2 - y_1}{x_2 - x_1}\right| = \arctan\left|\frac{\Delta y_{12}}{\Delta x_{12}}\right| \tag{7-59}$$

$$R_{23} = \arctan\left|\frac{y_3 - y_2}{x_3 - x_2}\right| = \arctan\left|\frac{\Delta y_{23}}{\Delta x_{23}}\right| \tag{7-60}$$

根据 Δx、Δy 的正负,可把象限角 R_{12}、R_{23} 换算成坐标方位角 α_{12}、α_{23}。

转角:

$$\alpha = \alpha_{23} - \alpha_{12} \tag{7-61}$$

边长：

$$s = \sqrt{(x_2 - x_1)^2 + (y_2 - y_1)^2} \tag{7-62}$$

在选定圆曲线半径 R 和缓和曲线长度 l_h 后，根据各桩点 P_i 的里程桩号，可算出相应的坐标(x_i, y_i)。

(1)计算主点在路线坐标系中的坐标，见图 7-24。

$$x_{ZH} = x_2 + \Delta x_{JD_2,ZH} = x_2 + T_h\cos(\alpha_{12} + 180°) \tag{7-63}$$

$$y_{ZH} = y_2 + \Delta y_{JD_2,ZH} = y_2 + T_h\cos(\alpha_{12} + 180°) \tag{7-64}$$

$$x_{HZ} = x_2 + \Delta x_{JD_2,HZ} = x_2 + T_h\cos\alpha_{12} \tag{7-65}$$

$$y_{HZ} = y_2 + \Delta y_{JD_2,HZ} = y_2 + T_h\cos\alpha_{12} \tag{7-66}$$

$$x_{HY} = x_{ZH} + x_h\cos\alpha_{12} - y_h\sin\alpha_{12} \tag{7-67}$$

$$y_{HY} = y_{ZH} + x_h\sin\alpha_{12} - y_h\cos\alpha_{12} \tag{7-68}$$

应注意的是，在式(7-69)和式(7-70)中，当曲线为左转角时，应以 $y_h = -y_h$ 代入。

$$x_{HY} = x_{HZ} + x_h\cos(\alpha_{23} + 180°) - y_h\sin(\alpha_{23} + 180°) \tag{7-69}$$

$$y_{HY} = y_{HZ} + x_h\sin(\alpha_{23} + 180°) - y_h\cos(\alpha_{23} + 180°) \tag{7-70}$$

应注意的是，式(7-69)和式(7-70)中，当曲线为左转角时，应以 $y_h = -y_h$ 代入。

(2)P_i 桩(即任意点)在直线上的坐标计算。

$$x_i = x_{HZ} + D_i\cos\alpha_{12} \tag{7-71}$$

$$y_i = y_{HZ} + D_i\sin\alpha_{12} \tag{7-72}$$

式中　D_i——前一平曲线的 HZ 点至 P_i 桩的距离；

　　α_{12}——P_i 桩所在平曲线的 JD_1、JD_2 直线的坐标方位角。

(3)P_i 桩(即任意点)在曲线上的坐标计算。P_i 桩在曲线上的坐标计算，是通过以 ZH(或 HZ)为坐标原点 O'，以向 JD_2 的切线方向为 x'轴，过原点法的法线方向为 y'轴，建立坐标系 $x'O'y'$，利用切线支距法原理计算中桩 P_i 点在该坐标系的坐标(x_i', y_i')，再用坐标平移和旋转的方法把此坐标转换为路线坐标中的坐标值(x_i', y_i')来实现的。

①P_i 桩在圆曲线段内的坐标：

$$x_i' = l - \frac{l^5}{40R^2l_h^2} \tag{7-73}$$

$$y_i' = \frac{l^3}{6Rl_h} \tag{7-74}$$

式中　l——P_i 桩至缓和曲线起点 ZH 或终点 HZ 的曲线长。

②P_i 桩在圆、曲线段内的坐标：

$$x_i' = R\sin\left(\frac{1 - l_h/2}{R} \times \frac{180°}{\pi}\right) + q \tag{7-75}$$

$$y_i' = R\left[1 - \cos\left(\frac{1 - l_h/2}{R} \times \frac{180°}{\pi}\right)\right] + P \tag{7-76}$$

式中　l——P_i 桩至缓和曲线起点 ZH 或终点 HZ 的曲线长。

③坐标转换。

前半个（曲中 QZ 前）曲线：

$$x_i = x_{ZH} + x_i'\cos\alpha_{12} - y_i'\sin\alpha_{12} \tag{7-77}$$

$$y_i = y_{ZH} + x_i'\sin\alpha_{12} - y_i'\cos\alpha_{12} \tag{7-78}$$

后半个（曲中 QZ 前）曲线为：

$$x_i = x_{ZH} + x_i'\cos(\alpha_{12} + 180°) - y_i'\sin(\alpha_{12} + 180°) \tag{7-79}$$

$$y_i = y_{ZH} + x_i'\sin(\alpha_{12} + 180°) - y_i'\cos(\alpha_{12} + 180°) \tag{7-80}$$

应注意的是，式（7-77）~式（7-80）中，当曲线为左转角时，应以 $y_h = -y_h$ 代入。

四、复曲线的测设

在地形复杂的地区，当路线转向时，采用一条简单的圆曲线往往不能适应当地地形，此时采用复曲线。复曲线是由两条或两条以上半径不同、转向相同的圆曲线径相连接或插入缓和曲线的组合形式。根据其连接方式的不同，可分为三种形式，即圆曲线直接相连的组合形式、两端有缓和曲线的组合形式、两端有缓和曲线中间也有缓和曲线的组合形式（卵型曲线）。复曲线在布设时，应先拟定受地形、地物控制较严的那条曲线半径，然后按照切线长度再推算另一条曲线的半径。本部分只介绍圆曲线直接相连和两端缓和曲线的复曲线形式，卵型曲线的测设请参阅《公路施工测量手册》有关内容。

（一）圆曲线直接相连的组合形式

圆曲线直接相连的复曲线的测设多用辅助基线法，如图 7-25 所示，AB 为基线，α_1、α_2 为辅助交点转角，α_1、α_2 和 AB 的长度均由实测得到。此时一般应先确定受地形、地物控制较严的半径 R_1，按下述计算推定另一曲线半径 R_2，即：

$$T_1 = R_1\tan\frac{\alpha_1}{2} \tag{7-81}$$

而

$$T_2 = AB - T_1 \tag{7-82}$$

则

$$R_2 = T_2\cot\frac{\alpha_2}{2} = (AB - T_1)\cot\frac{\alpha_2}{2} \tag{7-83}$$

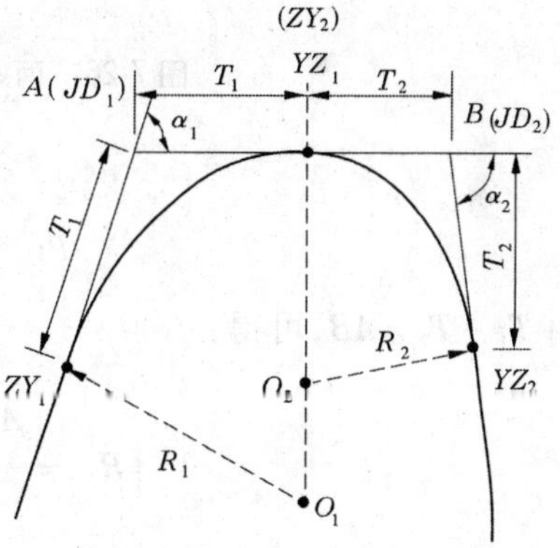

图 7-25　圆曲线直接相连的复曲线测设

然后，即可计算曲线 R_1、R_2 的各个要素及各点里程桩号，其测设方法与圆曲线段相同。

【例 7-5】　已知某复曲线，JD_1 至 JD_2 的距离 $AB = 106.18$ m，$\alpha_1 = 76°05'$，$\alpha_2 = 49°05'$，$R_1 = 70$ m，试计算 R_2。

解：$T_1 = R_1\tan\frac{\alpha_1}{2} = 70 \times \tan\frac{76°05'}{2} = 70 \times 0.78245 = 54.77$(m)

$T_2 = AB - T_1 = 106.18 - 54.77 = 51.41$(m)

$R_2 = \frac{T_2}{\tan\frac{\alpha_2}{2}} = \frac{51.41}{\tan\frac{49°05'}{2}} = 112.59$(m)

(二)两端带缓和曲线的组合形式

1. 确定半径及缓和曲线长

确定半径及缓和曲线长时有两种方法。

(1)先确定 R_1、L_{s1},再确定 R_2、L_{s2}(见图 7-26,L_{s1}、L_{s2} 分别表示两端缓和曲线长)。

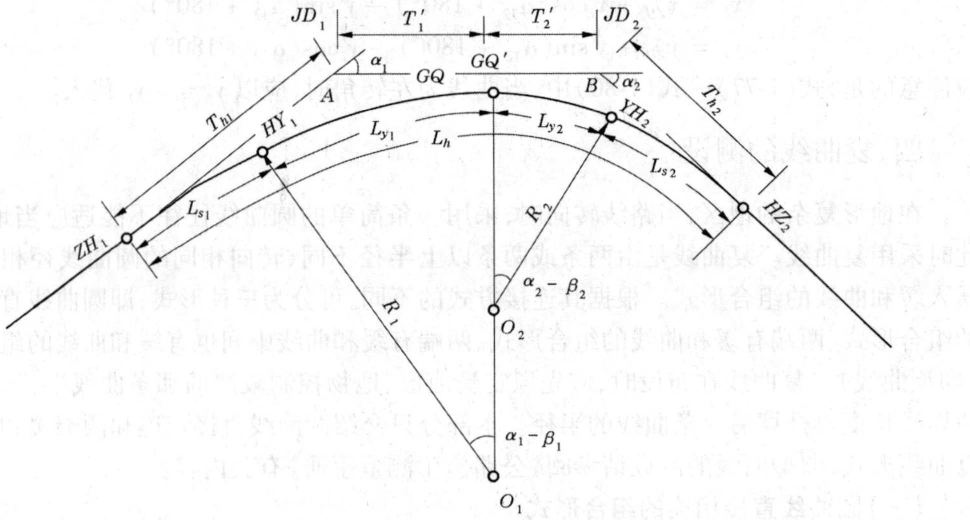

图 7-26 两端带缓和曲线的复曲线测设

$$p_1 = \frac{L_{s1}^2}{24R_1} = p_2 = p$$

由 $T_1 + T_2 = AB$,可得:

$$R_2 = \frac{AB - (R_1 + P)\tan\frac{\alpha_1}{2}}{\tan\frac{\alpha_2}{2}} \tag{7-84}$$

(2)先拟定 R_1、R_2、L_{s1},再求算 L_{s2}。

$$p_1 = \frac{L_{s1}^2}{24R_1} = p_2 = \frac{L_{s2}^2}{24R_2}$$

可得

$$L_{s2} = L_{s1}\sqrt{\frac{R_2}{R_1}} \tag{7-85}$$

2. 要素计算

(1)第一曲线要素:

$$T_{h1} = (R_1 + p_1)\tan\frac{\alpha_1}{2} + q_1 \tag{7-86}$$

$$L_{y1} = R_1(\alpha_1 - \beta_1)\frac{\pi}{180°} \tag{7-87}$$

$$L_{h1} = L_{y1} + L_{s1} \tag{7-88}$$

$$E_{h1} = (R_1 + p_1)\sec\frac{\alpha_1}{2} - R_1 \tag{7-89}$$

(2)第二曲线要素：

$$T_{h2} = (R_2 + p_2)\tan\frac{\alpha_2}{2} + q_2 \tag{7-90}$$

$$L_{y2} = R_2(\alpha_2 - \beta_2)\frac{\pi}{180°} \tag{7-91}$$

$$L_{h2} = L_{y2} + L_{s2} \tag{7-92}$$

$$E_{h2} = (R_2 + p_2)\sec\frac{\alpha_2}{2} - R_2 \tag{7-93}$$

3. 桩号计算

第一曲线起点桩号：　$ZH_1 = JD_1 - T_{h1}$

第一曲线缓和点桩号：　$HY_1 = ZH_1 - L_{s1}$

第一曲线终点、第二曲线起点桩号：　$GQ = HY_1 + L_{y1}$

第二曲线缓和点桩号：　$YH_2 = GQ + L_{y2}$

第二曲线终点桩号：　$HZ_2 = YH_2 - L_{s1}$

JD_1 的桩号：　$JD_1 = HZ_2 - L_{h1} - L_{h2} - T_{h1}$

JD_2 的桩号：　$JD_2 = GQ + T_2$

4. 测设方法

1)主点测设

(1)从 JD_1 向前一个交点方向量取 T_{h1}，可得 ZH_1；从 JD_2 向后一个交点方向量取 T_{h2}，可得 HZ_2。

(2)分别从 ZH_1、HZ_2 用切线支距法量取 x_{h1}、y_{h1} 及 x_{h2}、y_{h2} 可得 HY_1 及 YH_2。

(3)从 JD_1 向 JD_2 方向量取 T_1，可得 GQ' 点沿 AB 线的垂直线方向量取 p，可得 GD。

2)详细测设

详细测设与有缓和曲线的圆曲线测设方法相同。

【例 7-6】　某山岭区三级公路，JD_1 桩号 K1 + 457.18，$\alpha_1 = 30°30'24''$，$\alpha_2 = 30°00'12''$，$AB = 85.21$ m，拟定的 R_1 和 R_2 大约分别为 140 m 和 170 m，试计算并测设此复曲线。

解：(1)判断能否省略中间缓和曲线。

因 $R_1 = 140$ m $> R_{临} = 130$ m(根据规范查得)，又

$$\frac{R_2}{R_1} = \frac{170}{140} = 1.2 < 2$$

所以，中间缓和曲线可以省略。

(2)求算 R_2、L_{s2}。

拟定 $L_{s1} = 35$ m，则：

$$p_1 = \frac{L_{s1}^2}{24R_1} = \frac{35^2}{24 \times 140} = 0.36(\text{m}) = p_2$$

$$T_1 = (R_1 + p_1)\tan\frac{\alpha_1}{2} = (140 + 0.36) \times \tan\frac{30°30'24''}{2} = 38.28(\text{m})$$

$$T_2 = AB - T_1 = 85.21 - 38.28 = 46.93(\text{m})$$

$$R_2 = \frac{T_2}{\tan\frac{\alpha_2}{2}} - p_2 = \frac{46.93}{\tan\frac{30°00'12''}{2}} - 0.36 = 174.76(\text{m})$$

$$L_{s2} = L_{s1}\sqrt{\frac{R_2}{R_1}} = \sqrt{\frac{174.76}{140}} \times 35 = 39.10(\text{m})$$

R_2、L_{s2}都大于最小值(根据规范查得),满足要求。

(3)要素计算。

第一曲线要素计算:

$$p_1 = 0.36\ \text{m}$$

$$q_1 = \frac{L_{s1}}{2} - \frac{L_{s1}^3}{240R_1^2} = \frac{35}{2} - \frac{35^3}{240 \times 140^2} = 17.49(\text{m})$$

$$\beta_1 = \frac{L_{s1}}{2R_1} \times \frac{180°}{\pi} = \frac{35}{2 \times 140} \times \frac{180°}{\pi} = 7°09'43''$$

$$T_{h1} = (R_1 + p_1)\tan\frac{\alpha_1}{2} + q_1$$

$$= (140 + 0.36) \times \tan\frac{30°30'24''}{2} + 17.49 = 55.77(\text{m})$$

$$L_{y1} = R_1(\alpha_1 - \beta_1)\frac{180°}{\pi}$$

$$= (30°30'24'' - 7°09'43'') \times \frac{\pi}{180°} \times 140 = 57.04(\text{m})$$

$$L_{h1} = L_{y1} + L_{s1} = 57.04 + 35 = 92.04(\text{m})$$

第二曲线要素计算:

$$p_2 = 0.36\ \text{m}$$

$$q_2 = \frac{L_{s2}}{2} - \frac{L_{s2}^3}{240R_2^2} = \frac{39.10}{2} - \frac{39.10^3}{240 \times 174.76^2} = 19.54(\text{m})$$

$$\beta_2 = \frac{L_{s2}}{2R_2} \times \frac{180°}{\pi} = \frac{39.10}{2 \times 174.76} \times \frac{180°}{\pi} = 6°24'34''$$

$$T_{h2} = (R_2 + p_2)\tan\frac{\alpha_2}{2} + q_2$$

$$= (174.76 + 0.36) \times \tan\frac{30°00'12''}{2} + 19.54 = 66.47(\text{m})$$

$$L_{y2} = R_2(\alpha_2 - \beta_2)\frac{\pi}{180°}$$

$$= (30°00'12'' - 6°24'34'') \times \frac{\pi}{180°} \times 174.76 = 71.96(\text{m})$$

$$L_{h2} = L_{y2} + L_{s2} = 71.96 + 39.10 = 111.06(\text{m})$$

(4)控制(主点)桩号里程计算。

JD_1	K1 +457.18
$-T_{h1}$	−55.77
ZH_1	K1 +401.41
$+L_{s1}$	+35
HY_1	K1 +436.41
$+L_{y1}$	+57.04
GQ	K1 +493.45
$+L_{y2}$	+71.96
YH_2	K1 +565.41
$+L_{s2}$	+39.10
HZ_2	K1 +604.51
$-L_{h1}-L_{h2}+T_{h1}$	−92.04 −111.06 +55.77
JD_1(校核无误)	K1 +457.18(校核无误)

(5)主点里程桩测设。

$$x_{h1} = L_{s1} - \frac{L_{s1}^3}{40R_1^2} = 34.95(\mathrm{m})$$

$$x_{h2} = 39.05\mathrm{m}$$

同理可得:

$$y_{h1} = \frac{L_{s1}^2}{6R_1} - \frac{L_{s1}^4}{336R_1^3} = 1.46(\mathrm{m})$$

同理可得:

$$y_{h2} = 1.46\mathrm{m}$$

测设时,从 JD_1 沿切线方向量取55.77 m,可得 ZH_1;从 JD_2 沿切线方向量取66.47 m 可得 HZ_2;从 JD_1 沿 AB 方向量取38.28 m 可得 GQ',再从与 AB 垂直方向量取0.36 m 可得 GQ;以 ZH_1 作为坐标原点,用切线支距法量 $x_{h1}=34.95$ m,$y_{h1}=1.46$ m 可得 HY_1;以 HZ_2 作为坐标原点,用切线支距法量取 $x_{h2}=39.05$ m,$y_{h2}=1.46$ m 可得 YH_2。

五、回头曲线的测设

回头曲线是二、三、四级公路在越岭线中常采用的一种布线形式。回头曲线前后的线形应具有连续性,两头以布设过渡性曲线(称回头曲线的辅助曲线)为宜,且两相邻回头曲线之间应争取有较长的距离。

(一)回头曲线要素计算

如图7-27所示,回头曲线组成的要素包括主曲线(半径 R_0),辅助曲线 DF、EG,以及插入的直线段或缓和曲线段 AE、CD。

回头曲线中心角为 α（α 一般可以直接测得）。辅助曲线偏角 β_1、β_2 依下式计算：

$$\tan\frac{\beta_1}{2} = \frac{p \pm \sqrt{p^2 + R_0(2R_1 + R_0)}}{2R_1 + R_0} \tag{7-94}$$

$$\tan\frac{\beta_2}{2} = \frac{q \pm \sqrt{q^2 + R_0(2R_2 + R_0)}}{2R_2 + R_0} \tag{7-95}$$

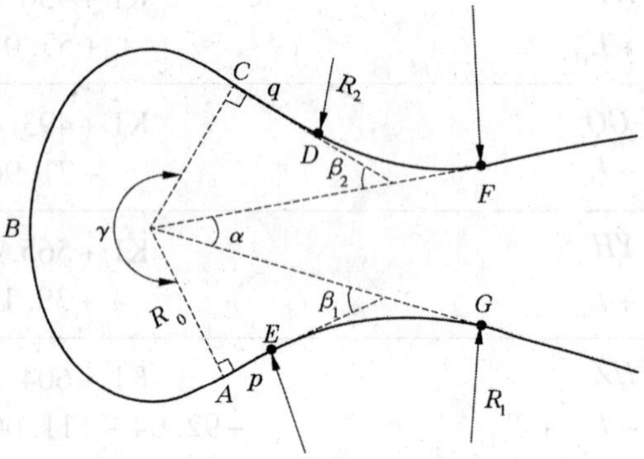

图 7-27　回头曲线要素计算

主曲线中心角 γ 为：

$$\gamma = 360° - (90 - \beta_1) - (90 - \beta_2) - \alpha = 180° + \beta_1 + \beta_2 - \alpha \tag{7-96}$$

主曲线 $\widehat{ABC}$ 的长度为：

$$s_0 = \frac{\pi R_0 \gamma}{180°} \tag{7-97}$$

曲线的长度为：

辅助曲线 $\widehat{EG}$ 长度为：　　$s_1 = \dfrac{\pi R_1 \beta_1}{180°}$

辅助曲线 $\widehat{DF}$ 长度为：　　$s_2 = \dfrac{\pi R_2 \beta_2}{180°}$　　(7-98)

回头曲线总长为：

$$s = s_0 + p + q + s_1 + s_2 \tag{7-99}$$

（二）回头曲线测设方法

（1）$\gamma < 180°$，如图 7-28 所示，其计算和测设方法与圆曲线虚交相同。

（2）$\gamma > 180°$，如图 7-29 所示，JD_2 为倒虚交的交点，视地形定 AB 基线，可直接测得 α_A、α_B 和 AB 的长度。

$$\alpha_2' = \alpha_A + \alpha_B$$

$$\widehat{EMF} = 2\pi R - \widehat{ENF}$$

与虚交计算相似，解 $\triangle ABC$，得

$$AC = AB\frac{\sin\alpha_B}{\sin\alpha_2'} \tag{7-100}$$

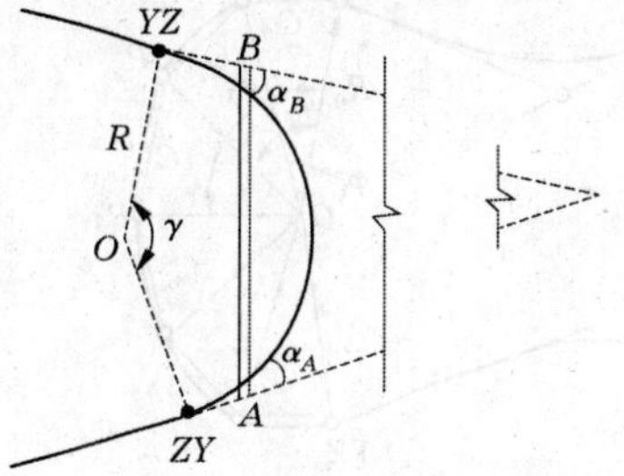

图 7-28　小于 180°的回头曲线

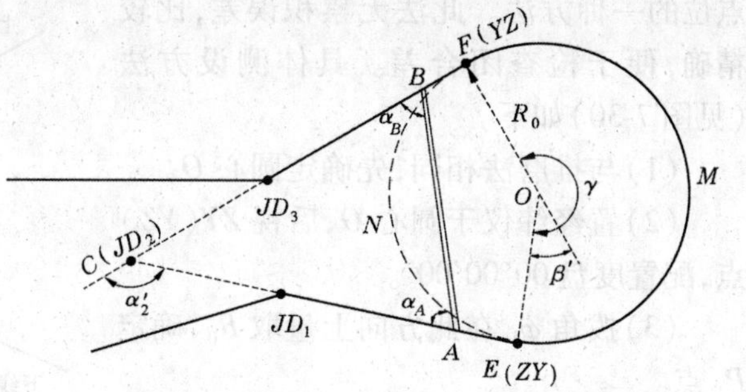

图 7-29　大于 180°的回头曲线

$$BC = AB\frac{\sin\alpha_A}{\sin\alpha_2'} \tag{7-101}$$

$$EC = FC = \frac{R_0}{\tan\frac{180^\circ - \alpha_2'}{2}} \tag{7-102}$$

$$\left.\begin{aligned} AE &= EC - AC \\ BF &= FC - BC \end{aligned}\right\} \tag{7-103}$$

或

$$\left.\begin{aligned} AE &= AC - EC \\ BF &= BC - FC \end{aligned}\right\} \tag{7-104}$$

则可由 A 点量 AE 得 ZY 桩号，由 B 点量 BF 得 YZ 桩号。

主曲线中心角：

$$\gamma = 180^\circ + \beta' \tag{7-105}$$

式中 $\beta' = 180^\circ - \alpha_2'$。

主曲线 $\overset{\frown}{EMF}$ 长度为：

$$L = \frac{\pi R_0 \gamma}{180^\circ} = 0.017\,45 R_0 \gamma \tag{7-106}$$

（三）回头曲线的详细测设

1. 推磨法

推磨法是曲线圆心和起、终点已定，用半径 R_0 和弦长交会的一种方法。当圆心 O 与曲线上任意点 P 之间的高差不大，丈量方便，且 R_0 较小时可采用此方法。但使用推磨法测设累积误差较大。具体测设方法（见图 7-30）如下。

（1）从 ZY 点或 YZ 点沿切线的垂直方向量取 R_0，可得圆心 O。

（2）分别从圆心 O 量取 R_0，从 $ZY(YZ)$ 点量取弦长 C 交会出 P_1 点。

（3）从圆心 O 量取 R_0，从 P_1 点量取弦长 C 交会出 P_2 点。

（4）重复步骤（3）分别从 ZY 点或 YZ 点一直测到 QZ 点闭合。

2. 辐射法

辐射法用于圆心已定的回头曲线。辐射法是用偏角确定方向，从圆心量取半径确定点位的一种方法。此法无累积误差，比较精确，便于检查闭合差。具体测设方法（见图 7-30）如下。

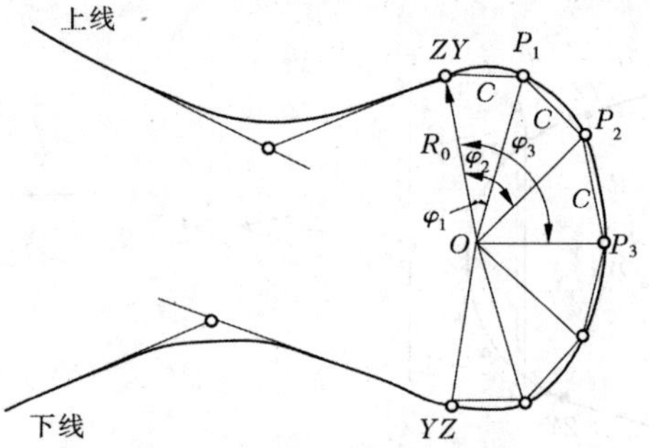

图 7-30　回头曲线的具体测设

（1）与推磨法相同，先确定圆心 O。

（2）置经纬仪于圆心 O，后视 $ZY(YZ)$ 点，配置度盘 00°00′00″。

（3）拨角 φ_1 在此方向上量取 R_0，确定 P_1 点。

（4）与步骤（3）相同依次确定 P_2、P_3、…

3. 偏角法

偏角法用于起、终点已定的回头曲线。如图 7-31 所示，可分别由起点和终点用偏角法测设曲线，在曲线中点闭合，其具体测设方法与单圆曲线偏角法相同。

（四）注意事项

回头曲线测设时，要特别注意保证上下线之间的间距。即上面的路基中线到下面路基中线的间距应等于路基宽度加上下边坡的水平距离（包括边沟），这段必须保证的间距通常称为颈距。由图 7-32 可知，回头曲线上下线路基中心的间距 Z 如下：

当采用边坡、不用挡土墙时，$Z = B + C + nh_1 + mh_2$，见图 7-32(a)。

当采用挡土墙时，$Z = B + C + nH + a$，见图 7-32(b)。

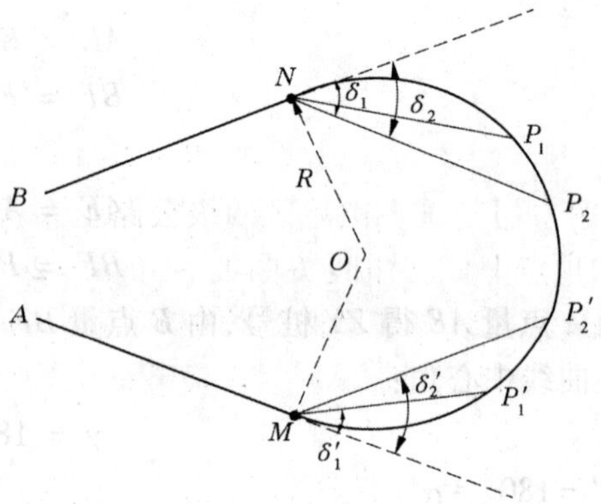

图 7-31　偏角法测设回头曲线

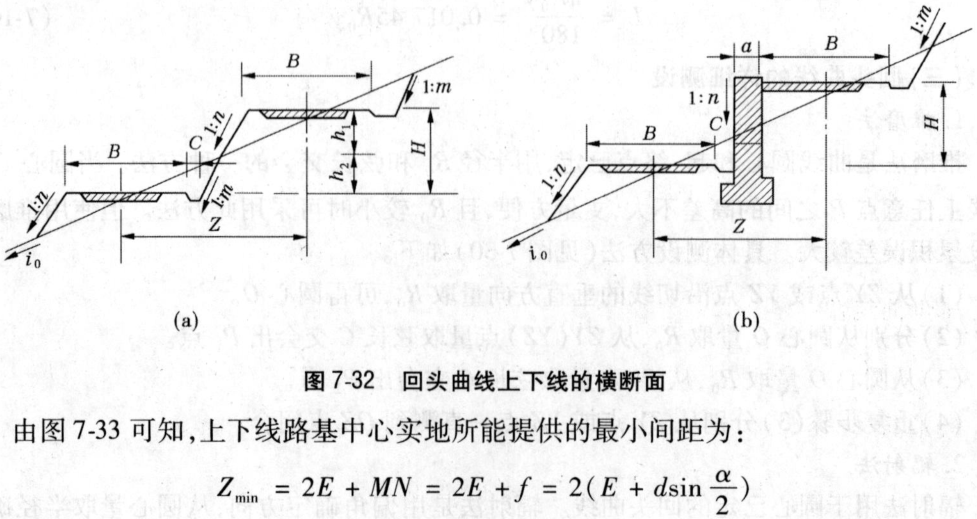

图 7-32　回头曲线上下线的横断面

由图 7-33 可知，上下线路基中心实地所能提供的最小间距为：

$$Z_{\min} = 2E + MN = 2E + f = 2(E + d\sin\frac{\alpha}{2})$$

式中　E——两辅助曲线外距；

　　d——OM、ON 的长度。

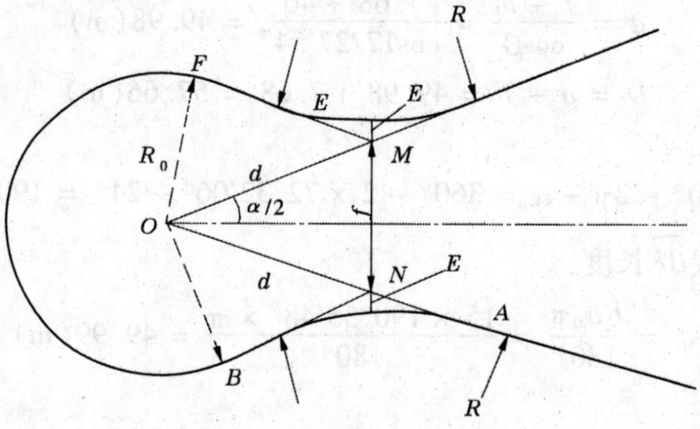

图 7-33　对称形回头曲线

因此，实地定线所提供的 Z 根据实际情况应大于 Z_1 或 Z_2，即设置回头曲线时，必须满足下述关系：

$$Z = 2\left(E + d\sin\frac{\alpha}{2}\right) \geqslant Z_1 = B + C + nh_1 + mh_2 \tag{7-107}$$

$$（或\ Z_2 = B + C + nH + a）$$

【例 7-7】　试在山岭区四级公路上布设一个对称形回头曲线，回头曲线的圆心位于锐角的顶点上。已知回头曲线锐角 $\alpha = 24°$，主曲线半径 $R = 15$ m，两条辅助曲线半径 $r = 50$ m，主曲线与辅助曲线的距离 $p = q = m = 40$ m，路基宽度 $B = 7.5$ m，边沟上部宽度 $C = 1.4$ m，边坡坡度 $i = 1:1$，山坡坡度 $i_0 = 0.4$（见图 7-33）。

解：

$$\tan\frac{\beta}{2} = \frac{-m + \sqrt{m^2 + R(2r + R)}}{2r + R}$$

$$= \frac{-40 + \sqrt{40^2 + 15 \times (2 \times 50 + 15)}}{2 \times 50 + 15}$$

$$= \frac{-40 + \sqrt{3\,325}}{115} = 0.153\,6$$

则

$$\beta = 17°27'54''$$

$$\gamma = 90° - \beta = 90° - 17°27'54'' = 72°32'06''$$

辅助曲线切线长：$T = R\tan\frac{\beta}{2} = 50 \times \tan 8°43'57'' = 7.68$（m）

辅助曲线长：

$$\widehat{CA} = \widehat{EK} = s_1 = s_2 = \frac{r\beta\pi}{180°} = \frac{50 \times 17°27'54'' \times \pi}{180°} = 15.24\text{(m)}$$

辅助曲线外距：

$$E = r\left(\sec\frac{\beta}{2} - 1\right) = 50 \times (\sec 8°43'57'' - 1) = 0.59\text{(m)}$$

辅助曲线顶点至主轴线起点的距离：

$$b = T + m = 7.68 + 40 = 47.68(\mathrm{m})$$

则

$$d = \frac{T + m}{\cos\beta} = \frac{7.68 + 40}{\cos 17°27'54''} = 49.98(\mathrm{m})$$

$$D = d + T = 49.98 + 7.68 = 57.66(\mathrm{m})$$

主曲线中心角：

$$\alpha_0 = 360° - 2\gamma - \alpha = 360° - 2 \times 72°32'06'' - 24° = 190°55'48''$$

回头曲线主曲线$\overset{\frown}{BF}$长度：

$$s_0 = \frac{R\alpha_0\pi}{180°} = \frac{15 \times 190°55'48'' \times \pi}{180°} = 49.99(\mathrm{m})$$

回头曲线全长：

$$s = 2(s_1 + m) + s_0 = 2 \times (15.24 + 40) + 49.99 = 160.47(\mathrm{m})$$

校正数：　$D_0 = s - 2D = 160.47 - 2 \times 57.66 = 45.15(\mathrm{m})$

回头曲线支叉最近处的距离：

$$Z = 2\left[d\sin\frac{\alpha}{2} + r\left(\sec\frac{\beta}{2} - 1\right)\right]$$

$$= 2 \times \left[49.98 \times \sin\frac{24°}{2} + 50 \times \left(\sec\frac{17°27'54''}{2} - 1\right)\right]$$

$$= 2 \times (10.39 + 0.59) = 21.96(\mathrm{m})$$

能布置回头曲线上、下路基所需的距离：

$$Z_1 = B + C + \frac{(B + C)i_0}{i - i_0} = 7.5 + 1.4 + \frac{(7.5 + 1.4) \times 0.4}{1 - 0.4} = 14.83(\mathrm{m})$$

因而可求得 $Z > Z_1$（即 21.96 m > 14.83 m），表示可以布置上面和下面路基。故可按已知的 R、r 及 m 值就地布设回头曲线。

复习思考题

7-1　道路初测的目的和任务是什么？

7-2　道路定测的目的和任务是什么？

7-3　道路外业勘测一般由哪些作业组成？简述各作业组的任务。

7-4　综述道路定测选线组、导线测角组、中桩组的主要工作内容。

7-5　为什么要进行路线中桩标志的固定？

7-6　何处需要钉设中桩？

7-7　何处需要设置加桩？

7-8　横断面测量的目的与任务是什么？常用的方法有哪些？

7-9　定测阶段工程地质勘探的目的是什么？

7-10　小桥涵调查的目的与任务是什么？

7-11　道路曲线测设的任务是什么？

7-12　圆曲线的测设方法有哪几种？各有什么优缺点？

7-13　设置和省略缓和曲线的条件各是什么？

7-14　简述带有缓和曲线的平曲线上主点桩的测设方法和步骤。

7-15　简述带有缓和曲线的平曲线上任意桩的测设方法和步骤。

7-16　简述圆曲线虚交的测设方法。

7-17　简述回头曲线的测设方法。

7-18　某山区四级公路，因地形限制，交点不能置放仪器，依实地地形定 A、B 两点，见图 7-34。勘测量距得 $AB=28.37$ m，测角得 $\Delta_1=20°32'15''$，$\Delta_2=33°10'45''$。按照技术标准及实地地形，拟设置 $R=80$ m 的平曲线。试计算圆曲线要素，确定曲线起点(ZY)、中点(QZ)及终点(YZ)的里程桩号，并说明实地如何测定 QZ 桩(已知 A 点桩号为 K1＋436.71)。

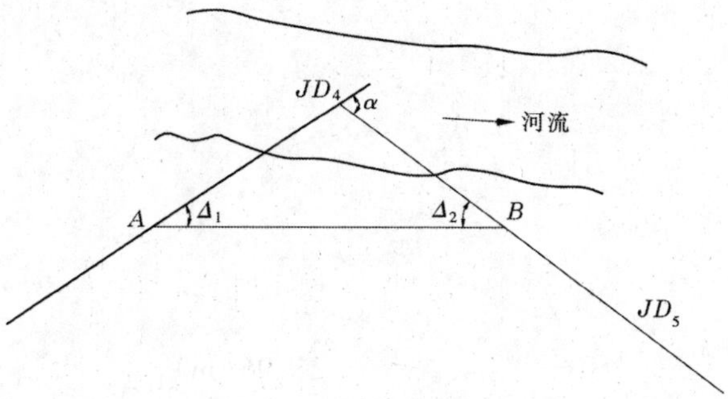

图 7-34

7-19　重丘区某二级公路有一弯道 $R=100$ m，交点 JD 的桩号为 K3＋401.53，偏角 $\alpha=31°10'36''$，试计算该曲线上设置缓和曲线后的主点桩号(缓和曲线长为 35 m)。

7-20　如图 7-35 所示的双交点曲线，已知 $\alpha_A=60°$，$\alpha_B=30°$，$AB=50$ m，JD_A 桩号为 K3＋810.84。试计算该曲线要素和 ZY、YZ、GQ 点桩号。

7-21　已知某弯道 $R=200$ m，缓和曲线长 $l_h=50$ m，$p=0.52$ m，$q=24.99$ m，ZH 点桩号为 K1＋200，主曲线上有一加桩，其桩号为 $K1+270$。请用切线支距法求该桩的(x,y)坐标(以 ZH 点为原点)。

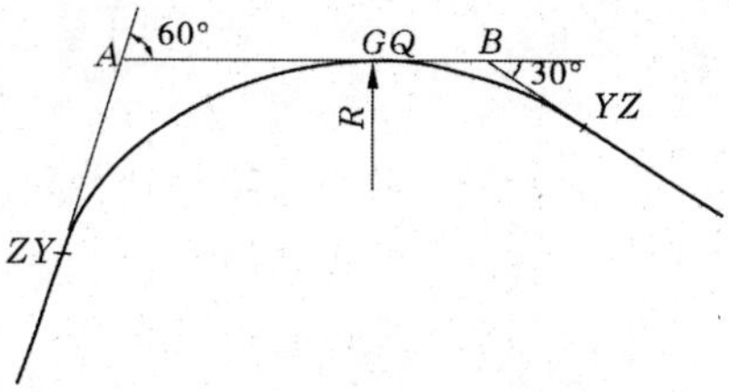

图 7-35

7-22　已知山岭区三级公路某段施测到平缓山坡时，拟设一回头曲线(辅助曲线对称布置，其半径 $R=100$ m，辅助曲线中心角 $\beta=30°$)。在 MN 方向上的路线上、下线路基横断面如图 7-36 所示，路基宽 $B=7.5$ m，$C=1.2$ m。求两辅助曲线交点间所需的最小距离 MN。

7-23　已知某弯道 $R=200$ m，缓和曲线长 $l_h=50$ m，$p=0.52$ m，$q=24.99$ m，ZH 点桩号 K1＋200，缓和曲线上有一加桩，其桩号为 $K1+235$。请用偏角法求该桩的偏角值(仪器设在 ZH 点上，偏角值 Δ 以度(°)、分(′)、秒(″)表示)。

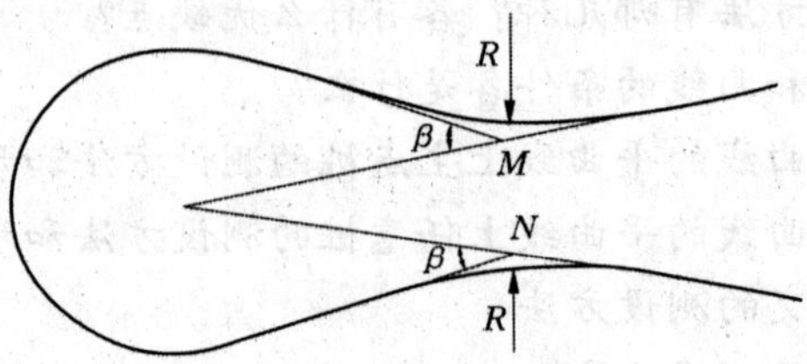

图 7-36

7-24 试推导出基本型曲线(有缓和曲线的平曲线)要素及桩号的计算公式。

第八章　公路交叉设计

本章重点

(1)平面交叉口的常见形式。

(2)立交交叉的形式。

在公路网中,公路与公路、公路与铁路、公路与管线等纵横交错,形成交叉。相交公路在同一平面上的交叉称为平面交叉,交叉的地方称交叉口,相交的公路分别在不同平面上的交叉称立体交叉。

第一节　公路交叉口分析

在平面交叉口上,不同方向的车流和行人互相影响干扰,不但会降低车速、阻滞交通,降低通行能力,而且容易发生交通事故。平面交叉口是公路的重要组成部分,是公路交通的咽喉部位,它直接影响到公路的使用质量,所以必须给予足够的重视。公路的交叉规划和设计,必须符合安全、经济、合理、舒适和美观的要求。

一、平面交叉口的交通分析

进出交叉口的车辆由于行驶方向不同,车辆与车辆之间的交错也有所不同,产生交错点的性质也不一样。同一行驶方向的车辆向不同方向分开的地点称为分流点,来自不同行驶方向的车辆以小于45°向同一方向会合的地点称为合流点;来自不同行驶方向的车辆以大于等于45°相互交叉的地点称为冲突点,如图8-1所示。不同类型的交错点是影响交叉口行车速度和发生交通事故的主要原因,而产生冲突点最多的是左转和直行车辆,它对交通的影响最大,车辆容易产生碰撞;其次是合流点,它是车辆产生挤撞的危险地点,对交通安全不利。在交叉口的设计中,要尽量设法减少交错点,尤其是要减少或消灭冲突点。

在没有交通管制的情况下,三条、四条、五条道路平面相交时的冲突点如图8-1所示。通过交通分析,可得出如下结论。

(1)在平面交叉口都存在冲突点,并随着相交道路条数增加而急剧增加。

如三条道路相交只有冲突点3个,合流点为3个,分流点为3个;四条道路相交的冲突点则增加到16个、合流点为8个、分流点为8个;而五条道路相交时,冲突点达到50个,合流点为15个,分流点为15个。

交错点数量的多少可依据相交道路的条数采用下式计算:

$$D_{合} = D_{分} = n(n-2) \tag{8-1}$$

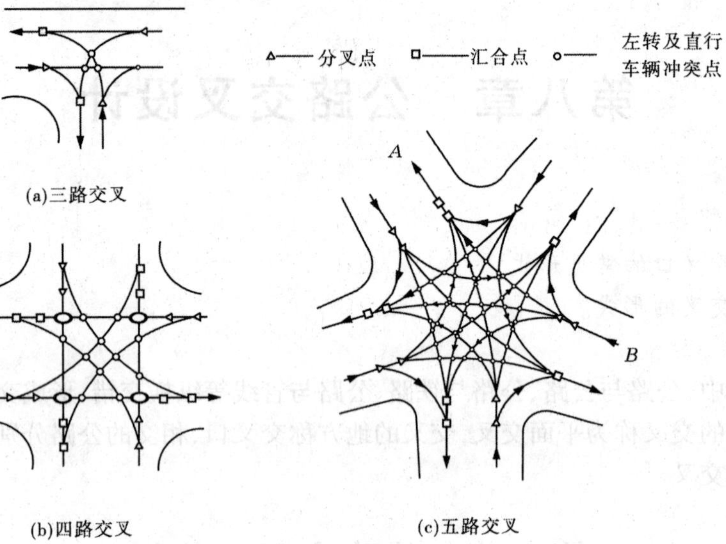

图 8-1　交叉口的交错点示意图

$$D_{冲} = \frac{n^2(n-1)(n-2)}{6} \tag{8-2}$$

(2)产生冲突点最多的是左转弯车辆。如在四条道路相交，若没有左转弯车辆，则冲突点可由 16 个减少到 4 个。因此，在交叉口设计中正确处理左转弯车辆所引起的冲突点是交叉口设计中的关键。

二、减少或消除冲突点的措施

减少或消除冲突点的措施如下。

(一)建立交通管制

如装设交通信号灯或由交通警察指挥交通，使直行车和左转弯车的通行时间错开。

(二)采用渠化交通

如适当布置交通岛限制行车路线，使车流按一定组织方式通过交叉口，可把冲突点限制在一定范围内；又如采用环形交叉(俗称转盘)，使进入交叉口后的车辆按逆时针方向环绕中心岛作单向行驶，至所要去的路口驶出，均以同一方向循序前进，就消除了交叉口的冲突点。

(三)创建立体交叉

将相互冲突的车流分别设在不同标高的车道上行驶，互不干扰，这是彻底解决交叉口交通问题的办法，但立体交叉造价高，有的立体交叉仍有平面交叉问题，所以不能随意采用立体交叉。

为了交通安全，应在交叉口前设置交叉的标志牌，使驾驶员有精神准备；同时，交叉口处应具有足够视距，使驾驶员能看到各方向来车情况，以便及时采取措施。

为确保交叉口过往行人的安全和减少行人对交通的影响和干扰，除加强交通法规的宣传教育外，必要时应在交叉口设置人行横道和其他交通安全设施。

第二节　公路平面交叉

一、交叉口设计的基本要求和任务

(一)基本要求

(1)在确保安全的前提下,使车辆和行人在交叉口能以最短的时间顺利通过。

(2)正确设计交叉口立面,保证交叉口范围内的地面水迅速排除。

(二)设计任务

(1)正确选择交叉口形式,合理确定各组成部分的尺寸。

(2)确定必须保证的行车视距,从而确定交叉口的视距范围。

(3)立面布置需符合行车和排水的要求。

(4)处理好主要公路与次要公路的关系。主要公路与次要公路交叉时,平、纵线形要全盘考虑、相互配合,使其各自符合有关技术标准的要求,但一般应首先保证主要公路线形的舒顺、平缓。

(5)正确合理地进行交通组织和交通管制。如设置必要的交通安全设施,合理布设交通岛和人行横道等。

综上所述,路线交叉的规划与设计,应根据交通量、设计速度、交通组成和车流分布情况,并结合该地区的地形、土地使用情况,分别进行单独设计。改建公路时,还应研究交叉处交通事故情况,有针对性地进行改建设计。

二、平面交叉口设计的技术要求

(1)公路与公路交叉,除高速公路全部采用立体交叉外,一级公路可少量采用平面交叉,二级以下公路可以采用平面交叉。

(2)平面交叉路线应为直线并尽量正交,当采用曲线时,其半径宜大于不设超高的最小半径。

(3)平面交叉一般应设在水平地段。紧接水平地段的纵坡,一般不应大于3%,困难地段不应大于5%,坡长应符合最小坡长的规定。

(4)一、二级公路的平面交叉,应根据具体情况设置转弯车道、变速车道、交通岛和加铺平缓的转角。转向车道的宽度一般为3 m,并根据该公路的等级设置适当的缓和段。

(5)平面交叉的形式应根据各相交公路的功能、等级、交通量、交通管理方式,并结合地形、用地条件和投资等因素来选定。

(6)各平面交叉口之间的间距应尽量的大,以便提高通行能力和保证安全。

(7)平面交叉的设计,应以左转弯、右转弯和直行等不同方向的设计小时交通量为基本依据。

(8)远期拟建成立体交叉的平面交叉口,近期设计应将平面交叉与立体交叉做出总体设计,以便将来改建。

(9)平面交叉的交通管制分为主路优先、无优先交叉、信号交叉三种方式。当被交叉公路等级较低、交通量较小或相交公路中有一条为干线公路时,应考虑采用主路优先交叉;当相交公路的功能和等级相同、交通量或行人数量很大时,可采用信号交叉;无优先交叉一般仅用于相交公路等级很低、交通量不大的情况。

(10)平面交叉范围内的设计速度,原则上应与相交公路的相应等级的设计速度一致。当相交公路等级相同或交通量相近时,在平面交叉范围内,直行交通的设计速度可降低,但与该级公路的设计速度之差不应大于 20 km/h。其他情况的设计速度按交通规则办理。

三、平面交叉口常见形式

(一)简单交叉口

简单交叉口是指平面交叉中,对交叉部位不作任何特殊处理的交叉口。常见的形式有十字形、X 字形、T 字形、Y 字形以及多路复合交叉等,如图 8-2 所示。

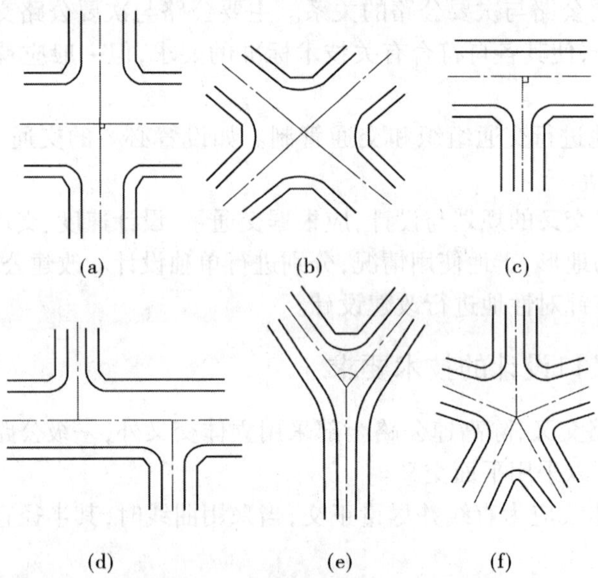

图 8-2 简单交叉口形式示意图

采用最多的是十字形交叉口,如图 8-2(a)所示。它形式简单,交通组织方便,街角建筑容易处理,适用范围广,可用于相同等级或不同等级的道路交叉,在任何一种形式的道路网规划中,它都是最基本的交叉口形式。

X 字形交叉口是两条道路以锐角或钝角斜交,如图 8-2(b)所示。当相交的锐角较小时,将形成狭长的交叉口,对转弯车辆行驶极为不利,锐角街口的建筑物也难处理。因此,应尽量使相交道路的锐角大些。

T 字形交叉口是一条尽头道路与另一条直行道路近于直角相交的交叉口,适用于不同等级道路或相同等级道路相交,如图 8-2(c)、(d)所示。

Y 字形交叉口如图 8-2(e)所示,它是一条尽头道路与另一条道路以锐角或钝角(小于 75°或大于 105°)相交的交叉口,适用于主要道路与次要道路相交,主要道路应设在交叉口的顺直方向。

复合交叉口如图 8-2(f)所示，它是多条道路交会的地方，容易起到突出中心的效果，但占地较大，并给交通组织带来很大困难，采用时，必须全面慎重考虑。

(二)拓宽路口式交叉口

当交通量较大，转弯车辆较多，而交叉口的通行能力不能满足交通量的需要时，可在简单交叉口的基础上，增设候驶车道和变速车道，以适应车辆临时停候和变速行驶之用，如图 8-3 所示。

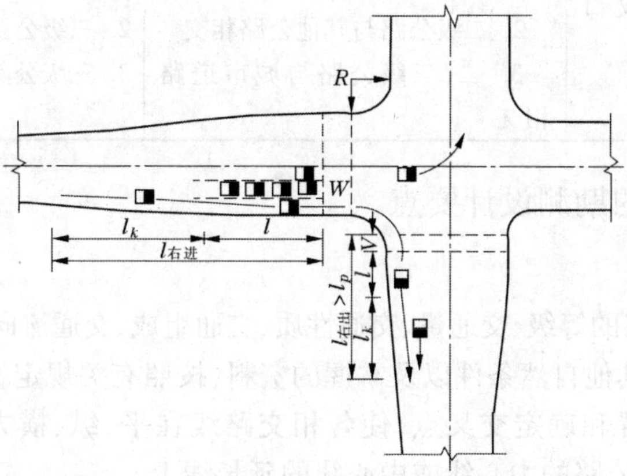

图 8-3　拓宽路口式交叉口示意图

加宽路口的增辟车道，一般在车道右侧加宽 3～3.5 m，其长度主要根据候车车辆的数目决定，减速车道长为 50～80 m，加速车道长为 20～50 m。

(三)环形交叉口

为了减少车辆阻滞，在交叉口中心设一圆形交通岛，使各类车辆按逆时针方向绕岛作单向行驶，这种平面交叉称为环形交叉。它的优点是把冲突点变为交织点，从而消除车辆碰撞危险，对安全行车有利。车辆到达交叉口可以连续行驶，不需要专人指挥交通。利用交通岛绿化或布设景观可以美化环境，但占地面积大，直行车须绕岛通过，增加行驶距离，左转弯车辆则绕行距离更长，当非机动车较多时，对环形交通的行驶速度、通行能力影响较大，甚至容易引起阻塞。因此，选用环形交叉口时要慎重。

环形交叉口的基本要素由中心岛、交织角、交织长度、环道宽度、进出口转弯半径等组成，如图 8-4 所示。其几何要素可根据道路等级、条数、计算车速、乘客的舒适程度以及交叉口地形、工程造价等论证选定，亦可参考表 8-1 数据选用。进口半径应与中心岛半径相同，出口半径则应稍大于进口半径。

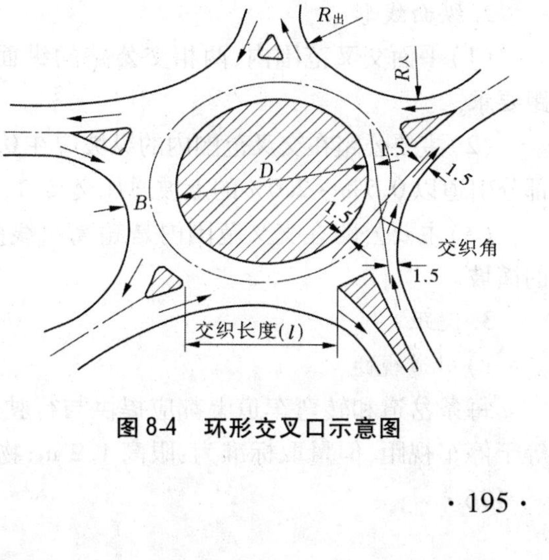

图 8-4　环形交叉口示意图

表 8-1　环形交叉中心岛与最小交织长度

环道设计速度（km/h）	40	35	30	30	25	20
中心岛半径（m）	55~60	40~50	30~35	30~35	20~25	10~15
环道宽度(m)	12	12	12	12	9	9
最小交织长度(m)	45	40	35	35	30	25
环形交叉适应的交叉口性质	1. 与一级公路相交,公路交通量很少 2. 二级公路与其他公路相交 3. 二、三级公路与城市道路相交			1. 一级公路与其他各级公路相交 2. 三级公路与三级公路相交 3. 三级公路与城市道路相交		

四、平面交叉的勘测设计要点

(一)勘测要点

(1)搜集原有公路的等级、交通量、交通性质、交通组成、交通流向等资料和远景规划。

(2)根据地形和其他自然条件以及掌握的资料,按照有关规定,拟定交叉形式。

(3)选定交叉位置和确定交叉点,使各相交路线在平、纵、横方面都有较好的衔接。通常交叉点设在原有公路的中心线或中心线的延长线上。

(4)测量交叉角、中线、纵断面和横断面。

(5)当地形和交叉口较复杂时,为更合理地选定交叉口的位置和形式,并便于排水,应详测地形图,以便做平面交叉竖向设计,其比例尺采用1:500~1:1 000。

(二)设计要点

1. 平面线形

(1)平面交叉范围内两相交公路应正交或接近正交,且平面线形宜为直线或大半径曲线,尽量避免采用需设超高的曲线半径。

(2)新建公路与等级较低的既有公路斜交时,应对次要公路在交叉前后一定范围内作局部改线,使交叉的交角不小于70°。

2. 纵面线形

(1)平面交叉范围内,两相交公路的纵面应尽量平缓。纵面线形应大于最小停车视距要求。

(2)主要公路在交叉范围内的纵坡应在0.15%~3%的范围内;次要公路上紧接交叉的部分引道以0.5%~2.0%的上坡通往交叉口,而且此坡段至主要公路的路缘至少25 m。

(3)主要公路在交叉范围内是超高曲线的情况下,次要公路的纵坡应服从主要公路的横坡。

3. 视距

1)引道视距

每条岔道和转弯车道上都应提供与行驶速度相适应的引道视距。引道视距在数值上等于停车视距,但量取标准为:眼高1.2 m;物高0。各种设计速度所对应的引道视距及凸型竖曲线的最小半径规定如表 8-2 所示。

表 8-2　引道视距及相应的凸型竖曲线最小半径

设计速度(km/h)	100	80	60	40	30	20
引道视距(m)	160	110	75	40	30	20
凸型竖曲线最小半径(m)	10 700	5 100	2 400	700	400	200

2)通视三角区

两相交岔路间,由各自停车视距所组成的三角区内不得存在任何有碍通视的物体。

4. 立面设计

平面交叉处两相交公路共有部分的立面形式及其引道横坡,应根据两相交公路的相对功能地位、平纵线形以及交通管理方式等因素而定。

(1)采用“主路优先”交通管理方式的交叉,应使主要公路的横断面贯穿交叉,而调整次要公路的纵断面以适应主要公路的横断面;当调整纵断面有困难时,可同时调整两公路的横断面。

(2)主要公路设超高曲线时,应根据次要公路纵断面的不同情况处理立面。

(3)两相交公路的功能地位相同或相仿,或者是信号交叉时,两公路均应作适当的调整。具体调整内容详见《规范》。

5. 平面交叉范围内设置的附加车道有变速车道和转弯车道

其设计要点和有关规定详见《规范》。

6. 平面交叉处的排水设计

平面交叉处的排水设计是一项重要内容。平面交叉处的排水设计应绘制排水系统图,并注明流向和坡度等。公路用地范围内由路基和路面排除降水,公路用地范围外的雨水等不允许流入交叉处路面范围内。

7. 平面交叉的渠化设计

平面交叉的渠化设计可采用导流岛、路面标线、交通岛等方式。

8. 交叉口设置

交叉口应设置人行横道、人行天桥或通道,并设置限速、指路和其他有关标志、标线和信号。

9. 改建旧平面交叉

改建旧平面交叉可采用增设车道、渠化、改为立体交叉等方法。

(三)平面交叉基本设计成果

(1)平面交叉口平面布置图。比例尺用 1:500～1:1 000,图中示出路中心线和路面边缘线,注明交叉点、各岔道起终点、加桩、控制断面的位置和桩号,并列出平曲线要素表。图中还应标出各控制断面的宽度、横坡度和两侧路面边缘设计标高,并注明交叉口处各坡段的纵坡等。

(2)纵、横断面图。除横断面图可用 1:100～1:200 比例尺外,其他要求与一般路线设计相同。

(3)交叉口地形图和竖向设计图,以及交叉口的工程数量等资料。

第三节　公路立体交叉

立体交叉是两条道路在不同高程上的相互交叉的形式。在立体交叉上，须设置跨路桥，一条道路自桥上通过，另一条道路则自桥下通过，彼此互不干扰；通过桥上及桥下的道路则由匝道予以连接。匝道是为相交路线互相连通而专门设置的连接道，两条道路上的车流能够互不干扰，各自保持原有车速通过交叉口。因此，道路的立体交叉是保证行车安全和提高交叉口通行能力，避免行车冲突点产生的最有效办法。

影响立体交叉造价、用地面积、各组成部分尺寸及运输费用的主要因素为行车密度、车流分布和设计车速。干线公路（或高速公路）是从交叉跨线桥上通过还是从桥下穿过，取决于当地的地形情况。首先应当保证等级较高的公路在纵断面上最为平缓，并且视距最好。在平坦或起伏微小的地形条件下，最好将主要干道放在下面，使主要交通有均匀平缓的纵坡。

一、立体交叉设计的一般要求

（1）道路立体交叉应设置在线形顺直的路段，相交路线应尽量采用正交，必须斜交时，交叉角应不小于45°，以免增大桥梁造价。

（2）道路立交范围的视距，除一级公路应满足停车视距外，其他各级公路应满足会车视距的要求，立交的布置（包括标志的设置），应使驾驶员易于辨别行驶的方向。

（3）跨线桥下的净宽，包括路面、路肩（或人行道）、中央分隔带和排水沟的总宽；跨线桥下的净高，在路肩或人行道以上应不小于2.5 m，在路面顶点处一般为4.5 m，有特殊车辆行驶的路线的净高，可根据具体情况确定。有匝道连接的立交，一般不考虑特殊净高的要求，而采取交通管理措施，使特殊车辆经匝道越上其他路线通过。

（4）互通式立体交叉的形式与位置的选定应根据交通量、远景规划及其在公路网中的作用，并结合地形、用地条件、投资等因素确定。

（5）互通式立体交叉设置的间距在大城市、重要工矿区周围为5～10 km，一般地区为15～25 km，最大间距不超过30 km，最小间距不小于4 km。

（6）互通式立体交叉的设计应对该地区的交通条件、社会条件、自然条件等进行广泛、深入、细致的调查和勘测，经过多方案的技术经济比较，选择合理的形式及适当的规模，并根据《规范》的有关要求合理确定各设计指标。

但立体交叉与平面交叉相比较，立体交叉具有技术复杂、占地面积大、造价高、需建立交桥等的特点。因此，在采用立体交叉时应考虑以下几点。

（1）高速公路与其他各级公路相交时必须采用立体交叉，交叉类型除在控制出入的地点设置互通式立体交叉外，均采用分离式立体交叉；一级公路间的交叉，应尽量采用立体交叉，交叉的类型可根据具体情况，采用互通式交叉或分离式立体交叉；其他公路交叉，在交通条件需要及地形条件许可时，可采用立体交叉。

（2）其他各级道路通过交叉口的交通量超过1 000辆/h。

（3）当地形与环境适当时，如各级公路在3 m以上挖方地段与其他公路相交，或较高的桥头引道与滨河路相交等。

二、立体交叉的形式

立体交叉的交通组织方式不同,其组成部分也不相同。

(一)按结构物形式分类

立体交叉按相交道路结构物形式划分为上跨式和下穿式(隧道式)两类。

1. 上跨式

上跨式为用跨线桥从相交道路上方跨过的交叉方式。这种立交施工方便,造价低,排水易处理,但占地大,引道较长,高架桥影响行车视线和路容,多用于市区以外或周围有高大建筑物处。

2. 下穿式(隧道式)

下穿式为用地道(或隧道)从相交道路下方穿过的方式。它占地少,立面易处理,对视线及市容影响小,但施工复杂、造价高、排水困难,多用于市区处。

(二)按交通功能分类

按交通功能可划分为分离式和互通式两类。

1. 分离式

设置跨线构造物(跨线桥或地道)一座,使相交道路空间分离,上、下道路间无匝道连接的交叉方式。这种立体交叉结构简单,占地少,造价低,但相交道路的车辆不能转弯行驶,只能保证直行方向的车辆空间分离行驶。

分离式立体交叉主要适用于直行交通量大,转弯车辆少,可不设置转弯车道的交叉处及公路与铁路交叉处。高速公路与其他各级公路交叉时,除在控制出入的地点设置互通式立体交叉外,均采用分离式立体交叉。一般等级公路之间交叉时,因场地或地形条件受限制时,可采用分离式立体交叉,以减少工程数量,降低造价。

2. 互通式

设置跨线构造物使相交道路空间分离,而且上、下道之间有匝道连接,以供转弯车辆行驶的交叉方式。这种立交车辆可以转弯行驶,全部或部分消灭了冲突点,各方向行车相互干扰小,但立交结构复杂、占地多、造价高。互通式立体交叉适用于高速公路与其他各类道路、大城市出入口道路,以及重要港口、机场或游览圣地的道路相交处。

互通式立体交叉的主要组成如图 8-5 所示。

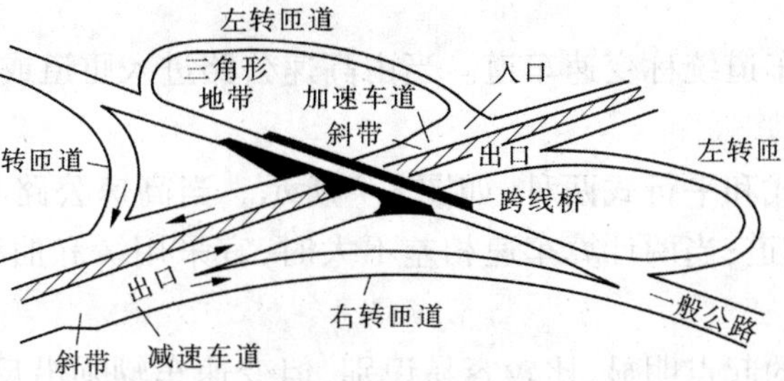

图 8-5 互通式立体交叉主要组成示意图

1）跨线桥

跨线桥是立体交叉的主要结构物。高速公路从桥上通过，相交道路从桥下通过的称为上跨式，反之称为下穿式。

2）匝道

匝道是连接互通式立体交叉上、下道路，供左、右转弯车辆行驶的道路。匝道与高速公路或相交公路的交点称为匝道的终点，如图 8-6 所示。由高速公路驶出，进入匝道的道口称为出口；由匝道驶出，进入高速公路的道口称为入口。“出”和“入”都是针对高速公路本身而言的。

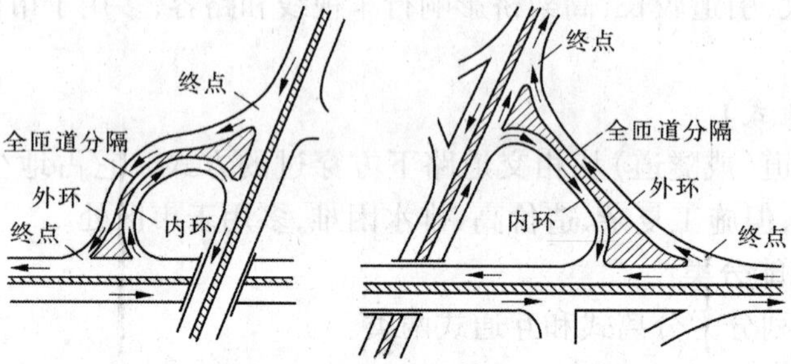

图 8-6　匝道示意图

匝道有的分成内、外两条单向车道分道行驶。凡由高速公路右转弯进入相交道路或由相交道路右转弯进入高速公路的匝道都是设在外侧，这些匝道称为外环。反之，凡左转弯的匝道，都是设在内侧，这些匝道称为内环。

由于匝道既有弯道又有坡度，行车条件较差，且受地形限制，平曲线半径较小，故其设计速度只能取相交道路设计车速的 50% ~ 70%。其最大纵坡亦不宜大于 5%，其最小半径可参考表 8-3 所列数值。

表 8-3　匝道最小平曲线、竖曲线半径

匝道计算车速(km/h)		20	25	30	35	40	50	55	60	70	80
最小平曲线半径(m)		15	20	25	40	50	80	100	125	180	250
最小竖曲线半径(m)	凸型	500	500	500	750	1 000	1 500	2 000	2 500	3 000	4 000
	凹型	500	500	500	500	500	500	750	750	750	1 000

3）变速车道

减速车道和加速车道统称变速车道。当由高速公路进入匝道或由匝道进入高速公路时，均须设置变速车道。

变速车道有定向式和平行式两种，如图 8-7 所示。当高速公路与匝道的车速相差较大时，需设置平行式车道；当两计算车速相差不大时，宜采用缓和曲线连接或设置定向式变速车道。

平行式变速车道的起点明显，比较容易识别，但变速车辆须沿反向曲线行驶，对行车不利。定向式变速车道线形平顺，比较符合实际的行车轨迹，变速车道可以得到充分利用；但定向式变速车道的起点不易识别，因此采用时最好用不同颜色的路面或在路面上画

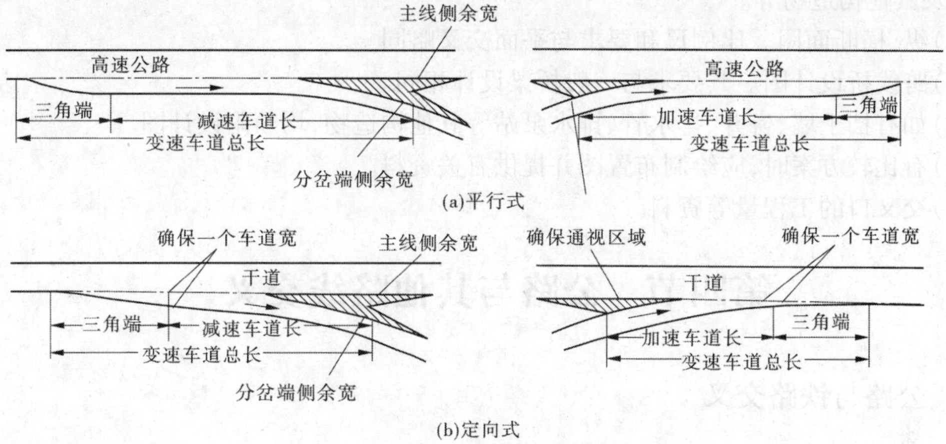

图 8-7　变速车道示意图

线，以便识别。

互通式立体交叉的基本形式分为 T 字形、Y 字形和十字形等三种。按功能将互通式立体交叉分为枢纽式互通立体交叉和一般式互通式立体交叉。枢纽互通式立体交叉一般为高速公路与高速公路之间的交叉，其匝道无收费站等设施，且应保证所有交通流无交叉冲突；一般互通式立体交叉为除枢纽互通式立体交叉之外的其他互通式立体交叉，一般用于高速公路或一级公路与双车道公路之间的交叉，允许合并设置收费站和在被交公路的匝道端部采用平面交叉。互通式立体交叉结构复杂、占地多，但车辆可以近距离安全转弯、连续行驶。互通式立体交叉的间距最小 4 km，最大 30 km。

三、测设要点

(1)应收集的资料，除平面交叉所要求提供的资料外，还应征求当地政府及有关部门的意见。

(2)实地初步拟定交叉的位置，用相交公路的中线为基线布设控制网，以供测量地形之用。

(3)地形测量，除分离式立体交叉外，均需测绘地形图。比例尺用 1∶500 ~ 1∶1 000。测绘的范围视实际需要而定，一般应测至交叉范围外至少 100 m。测量要求与桥位地形测量相同。

(4)拟订方案，在地形图上定出不同方案的交叉位置和形式(包括匝道)，并到实地核对，然后根据纸上资料等进行初步设计，拟订采用方案。为便于方案比选，必要时须做出模型和绘出透视图。

(5)按采用方案在实地上放样，并测得平、纵、横三方面资料。

(6)地质勘探，在跨线桥和其他构造物处，应进行地质钻探，其要求与桥梁相同。

四、公路与公路立体交叉设计成果

(1)布置图。比例尺一般用 1∶500 ~ 1∶1 000，内容包括地形、地物、路线(包括匝道)、跨线桥及其他构造物等。

(2)纵、横断面图。比例尺和要求与平面交叉略同。

(3)跨线桥设计图。其要求与一般桥梁设计相同。

(4)如有挡土墙、窨井、排水管、排水泵站等其他构造物,均须附设计图。

(5)有比较方案时,应绘制布置图并提供有关资料。

(6)交叉口的工程量等资料。

第四节　公路与其他路线交叉

一、公路与铁路交叉

公路与铁路交叉时,应根据公路的使用性质、交通情况、公路的规划断面和其他特殊要求,以及铁路的使用性质、运行情况、轨道数、有无调车作业(次数和断道时间)等情况。考虑并决定采用平面交叉、立体交叉或近期作平面交叉而远期改建为立体交叉的方案。

(一)公路与铁路平面交叉

(1)公路与铁路平面交叉时,应设置道口,并尽量正交;当必须斜交时,交叉角应大于45°。

(2)根据交叉道口铁路等级,应保证汽车在公路上距交叉口相当于该公路停车视距并不小于50 m范围内,汽车驾驶员能看到两侧各不小于表8-4所规定的距离以外的火车。

表8-4　汽车瞭望视距

路段旅客列车设计速度(km/h)	140	120	100	80
汽车瞭望视距(m)	470	400	340	270

(3)为了行车的安全和方便,公路在交叉道口两端钢轨的外侧,应有不小于16 m的水平路段,该水平路段不包括竖曲线在内。紧接水平路段的纵坡,一般不大于3%,困难地段应不大于5%。

(4)交叉道口垂直于公路的宽度,应不小于交叉公路的路基宽度。交叉路口的路面(铁路称道口铺面)应根据铁路纵坡度做成水平或单向横坡,铺砌易于翻修的路面,如钢筋混凝土预制块、整齐条石等,其铺砌长度应延至钢轨以外2 m。路面标高一般应和轨顶相同。

(5)公路与铁路相接近时两者的用地界之间宜保持一定的间隔,高速公路、一级公路不应小于10 m,二、三、四级公路不应小于5 m。必要时还应设置防眩设施。

(6)平面交叉道口在任何情况下,都应设置标志。

(二)公路与铁路立体交叉

公路与铁路立体交叉时,新建项目应首选立体交叉。高速公路、一级公路与铁路交叉时,必须设置立体交叉。其他各级公路与铁路交叉时,符合下列情况之一者,应设置立体交叉。

(1)交通繁忙或者通行能力和服务水平达不到该公路设计要求,经过技术经济比较认为合理时。

(2)铁路有大量调车作业且延误公路车辆、行人时间,损失严重时。

(3)地形条件适宜修建立体交叉而不致过多增加工程量时。

(4)受地形等条件限制采用平面交叉会危及行车安全时。

(5)确有特殊需要时。

测设时,应与铁路部门联系并取得具体的协议。一般公路在铁路下面的立体交叉,由铁路设计单位负责设计。

公路与铁路立体交叉时,应尽量采用正交。立体交叉跨线桥的桥下净空规定为:当公路从铁路下穿行时,净宽以及路肩或人行道的净高应符合《标准》有关规定,行车道部分的净高不小于5 m;当铁路从公路桥下穿行时,跨线桥下净空,应符合铁路净空限界的要求。

二、公路与乡村道路交叉

乡村道路是泛指乡村、城镇之间不属等级之列,用于机动车、非机动车及行人通行的道路。包括大车道、机耕道等均属乡村道路。乡村道路与公路交叉的数量,根据公路等级应有所控制。在乡村道路密集的地区,当交叉点过密影响行车安全时,宜适当合并交叉点。高速公路与乡村道路交叉时,应采用分离式立体交叉。一级公路与乡村道路交叉时,可采用平面交叉。平面交叉应设在视距良好的地方,乡村道路应设置一段水平路段并加铺与交叉公路相同的路面。

乡村道路分为通行机动车道路和仅通行非机动车及行人道路两类。通行机动车道路又分为通行汽车道路和不通行汽车的机耕道路两种。

乡村道路从公路上面跨越时,跨线桥下净空应满足等级公路的规定要求。当乡村道路从公路下穿过时,其净空可根据当地通行的车辆组成和交叉情况而定,一般人行道的净高不小于2.2 m;畜力车及拖拉机通道的净高不小于2.7 m;净宽不小于4.0 m。

在下方穿越的公路或乡村道路,均应保证排水畅通,并在适当设置必要的标志。

三、公路与管线交叉

各种管线如电信线、电力线、电缆、管道、渠道等均不得侵入公路限界,也不得妨碍公路交通安全,且不得损害公路的构造物和设施。

为保证公路的正常养护和交通安全、畅通与公路发展的需要,新建或改建公路通过已有管线区时,设计时应根据公路的使用要求,事先与有关部门协调,以便妥善处理因修建公路所引起的干扰问题。当需要沿现有公路两侧铺设管线时,有关部门亦应根据上述原则,事先与交通部门协调。

复习思考题

8-1 什么情况下会产生“冲突点”?如何减少或消除“冲突点”?

8-2 各种公路与公路平面交叉类型分别适用于何种条件?

8-3 互通式立体交叉的主要形式有哪些?匝道的作用是什么?

8-4 公路与公路立体交叉的设计成果主要有哪些?

第九章 公路测设新技术

本章重点

(1)公路路线 CAD 技术。

(2)“3S”技术在路线勘测设计中的应用。

利用计算机 CAD 系统辅助设计进行路线设计,在数字地形模型支持下,借助数学方法,由计算机初定平面位置,利用计算机辅助设计,在荧光屏上通过人机对话对设计方案进行修改;通过不断地人机交互作用,进行优化设计,根据计算机选择的最优方案和地形数字模型提供的地形资料完成整个路线平面、纵断面和横断面设计,以获得切合实际的最优方案,在设计完成时可以利用绘图机输出各设计阶段所需的相应的图纸。

第一节 公路路线 CAD 技术

一、CAD 技术简介

(一)CAD 的概念

计算机辅助设计(Computer Aided Design)简称 CAD,是近年来工程技术领域中发展最迅速、最引人注目的高技术之一。它将计算机迅速、准确地处理信息的特点与人类的创造思维相结合,为现代设计提供了理想手段。

1963 年,美国麻省理工学院(MIT)首次建立了 CAD 的概念,50 多年来,随着计算机技术和微电子学的发展,价格低廉、性能优良的 CAD 软、硬件系统得到广泛的应用。

(二)CAD 系统的组成

CAD 系统由软件系统和硬件系统组成。

1. CAD 软件系统

CAD 软件系统由数据库、图形系统、科学计算三部分组成。

(1)数据库是一个通用性的、综合性的以及减少数据重复存储的“数据集合”。它按照信息的自然联系来构成数据,即把数据本身和实体之间的描述都存入数据库,用各种方法来对数据进行各种组合,以满足各种需要,使设计所需的数据便于提取,新的数据便于补充。它的内容包括设计原始资料、设计标准与规范数据、中间结果、最终结果等。

(2)图形系统包括几何构型、绘制工程设计图、绘制各种函数曲线、绘制各种数据表格、在图形显示装置上进行图形变换以及分析和模拟等。图形系统是 CAD 技术的基础。

(3)科学计算包括通用的数学函数和计算程序,以及在设计中所包括的常规设计和优化设计等,即 CAD 的应用软件包。是实现工程设计、计算、分析、绘图等具体专用功能的程序,是 CAD 技术应用于工程实践的保证。

2. CAD 硬件系统

CAD 硬件系统由计算机、显示器、绘图机及打印机四大件组成。

计算机进行数据的处理，其处理的结果由显示器进行显示，供设计者判断、修改，由绘图机输出所需的图形，最后由打印机输出数据处理的结果。

（三）CAD 技术在工程上的应用

20 世纪 80 年代中期，国内高等院校和生产单位在计算机辅助公路路线方面开展研究，开发和引进了一些辅助设计系统，该系统软件由数字地面模型子系统，路线平、纵优化子系统，路线设计子系统，立体交叉口设计子系统，公路中、小桥涵设计子系统，公路工程造价分析子系统六大专业设计子系统组成。该系统覆盖了地形数据采集—建立数据地面模型—人机交互地进行路线平、纵、横设计，线形优化设计和人工构造物的设计—图和表屏幕编辑，并最终完成图纸的绘制以及工程造价分析等成套 CAD 技术。这些技术一经推出，就得到了广泛应用，并取得了显著的工程效益。

二、公路路线 CAD 的功能和特点

公路路线 CAD 软件系统一般包含 6 个模块：

（1）野外路线平面测量和高程测量数据的录入、编辑和存储模块。

（2）平面设计、纵断面设计及横断面设计数据的录入、编辑和存储模块。

（3）根据路线平面设计，绘制路线平面图。

（4）根据路线纵断面设计，绘制路线纵断面图。

（5）根据路线横断面设计，绘制路线横断面图。

（6）路基构件的绘制。

三、公路路线 CAD 组成系统

（一）公路路线 CAD 系统总体结构

公路路线 CAD 系统总体结构如图 9-1 所示。

（二）数据采集

公路路线设计必须依靠大量的地面信息和地形数据。数据的采集可采用的方法见图 9-2。

（1）用现代化的手段——航空摄影测量建立数字地面模型，该方法快速、自动化水平高，但采用专摄航片，需委托航测部门按数据采集的要求订立合同，这种专摄航片受到时间、费用等因素的限制，除非对重点工程项目，在目前条件下对一般公路建设项目工程尚难以推广。

（2）用全站仪或红外线测距仪地面实测的方法，直接建立三维的数字地面模型。该方法在工程上普遍采用。

（3）用传统的经纬仪、水准仪和小平板实测。

（三）路线优化设计

要使公路计算机辅助设计系统具备经济效益和获得质量较高的设计方案，必须包含优化技术。在进行优化设计时，应根据不同设计阶段，有不同的重点要求，建立一个从粗

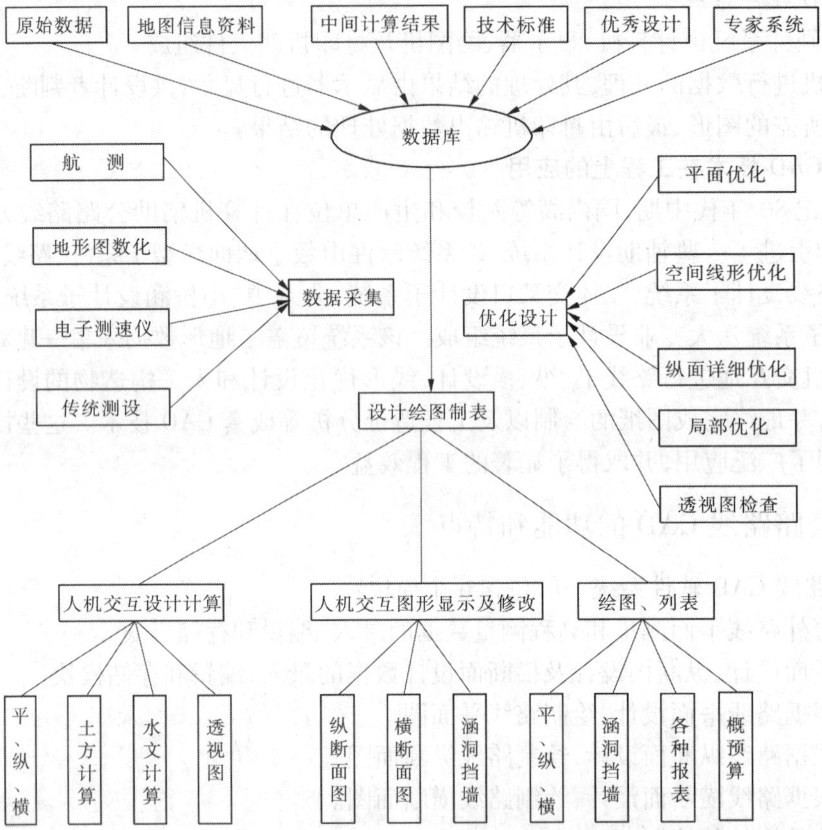

图 9-1　公路路线 CAD 模块化程序系统示意图

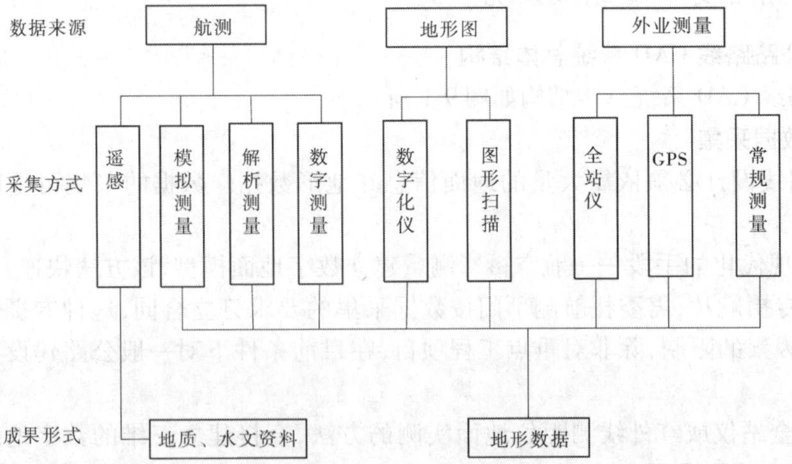

图 9-2　数据采集方法分类

到细逐级优化的思路。还应注意到多种复杂因素的干扰，在优化设计过程中，可不断发挥人机交互作用，以获得切合实际的最优方案。表 9-1 为公路 CAD 系统的人机分工。从确定路线最优方案的角度出发，进行路线最优化设计的方法可分为两类。

表 9-1　公路 CAD 系统的人机分工

子系统	人	机
平面	1. 导线位置的确定 2. 平曲线设计参数 3. 平面设计中各细部的修改 4. 规范检查	1. 平曲线计算或验算 2. 桩号自动生成及逐桩坐标计算 3. 规范数据查询 4. 平面图显示与绘图
纵断面	1."拉坡"及竖曲线半径确定 2. 控制标高检查 3. 修改纵断面图	1. 竖曲线要素计算及逐桩设计标高计算 2. 工程量估算 3. 控制高程验算 4. 规范数据查询 5. 纵断面图显示与绘图
横断面	1. 横断面形式及各部分参数确定 2. 检查设计横断面 3. 特殊断面设计 4. 旧路结构利用设计	1. 横断面自动设计 2. 土石方数量计算 3. 防护结构标准图检索 4. 规范数据查询 5. 旧路结构利用数量计算 6. 横断面图显示与绘图

第一类:对于平面或纵断面各种比较方案,快速准确地完成路线设计,并计算出各方案的总费用和各项比较指标,由设计者根据自己的经验选出最佳方案。

第二类:根据路线的初始方案,利用最优化理论的数字方案,由计算机寻找最优设计方案。即输入一个可行方案,通过数字迭代方法来完成最优方案的求解。

(1)在可行性分析阶段,适宜于采用在宽带范围内路线走向方案的优化。利用研制的计算机程序系统,设计人员可就对路线可行区域的各种因素做出定量评价。这些定量评价值可以按点、按线或按面列成费用值表,然后建立地面费用模型。计算机将可行区分成连接的网络结点,自动生成所有的路线走向方案,计算出通过各连接结点方案的费用总和,采用动态规划法优选出路线方案。

(2)在初步设计阶段宜采用在平面或空间一定范围内移线以改善设计方案的优化技术。在可行性分析阶段已经优选出合理的最佳路线带(走廊),并通过工程师的经验选定合适的转折点和曲线要素(也可在计算机上以人机对话的方式进行),然后在窄带范围内实现小距离移线(在小范围内移动转折点或改变曲线半径等)以获取最优方案,在优化平面方案时,也必须平、纵优化交叉多次进行。在计算机容量和速度容许时,除采用造价或工程量作为目标函数外,尚可选择另一个如运营费用作为第二个目标函数。

(3)在技术设计阶段宜采用多个目标函数的公路纵断面优化程序系统。在技术设计阶段,应集中注意力把纵断面最佳方案优选出来。一个好的路线方案,除土石方和造价较小外,还必须考虑运输经济、行程时间、线形质量(包括行驶安全和舒适)等指标,研究沿线随线形变化的行车速度和燃料消耗等,建立具备若干个目标函数的优化程序。此外,还可建立对局部路段、个别平曲线或竖曲线(包括半径改变及缓和曲线段改变)优化技术程序,以便在技术设计与施工图编制时视需要随时采用。

(4)对已完成的公路路线技术设计运用连续绘制的透视图(或动态透视图)进行评价,如发现有不符合安全行驶和景观环境要求的路段,进行切实改进,提高设计质量。

在公路路线辅助设计的软件系统中如能按各个不同设计阶段纳入如上的优化技术内容,可以有把握地使设计方案的土石方、小桥涵、挡土墙、道路用地等工程费用降低10%左右,并可提高公路线形质量,明显降低营运费用,达到路线的安全、舒适和良好景观。

(四)计算机辅助设计、绘图和制表

现代计算机辅助设计一般具备在荧光屏上显示并通过人机对话对设计方案进行修改;通过不断地人机交互作用,以获得切合实际的最优方案,在设计完成时可以利用绘图机输出各设计阶段所需的相应的图纸,并由打印机输出工程量和概预算等设计资料。

道路路线 CAD 模块化程序系统由 4 个部分组成,即数据采集、优化技术以及设计和绘制图表 3 个子系统及 1 个数据库。系统采用模块技术,各自系统及子系统内的各个程序都成为单独的模块。在系统使用时,运用菜单技术,通过数据库,采用数据通信的方式,有机地将各模块联系起来,在此数据库起到了桥梁的作用。这种模块化了的程序系统,不仅节省了有限的计算机内存空间,而且还增添了系统的灵活性,即可以不断地把新模块增添到系统内,加强系统功能。

第二节　数字地形模型

一、数字地形模型及在公路设计中的应用

地形资料是道路设计的基础资料之一。传统设计中,一般用地形图或断面图来表示地形。利用计算机进行道路设计,就要让计算机能认识和处理地形资料。为此,必须把地形图变成计算机能接受的信息——数字,即将地形数字化。数字地形模型就是在这种背景下被引入道路设计领域的。

数字地形模型(Digital Terrain Model,DTM)简称数模,就是将地形按照某种数字模型对已知平面坐标的地形点进行高程计算,是一个表示地形特征、空间分布,有许许多多有规则或无规则的数字阵列,也就是将地形表面用密集的三维地形点坐标(X,Y,Z)组成。对于呈带状的公路来说,需要的是公路左右一定范围内的地形资料,它所对应的数字地形模型,则为带状数字模型。有了数字地形模型,就可以采用一种数学内插方法,把这种地形信息拟合成一个表面,以便在公路设计时根据已知点的坐标计算出它的高程来,利用航测相片形成的不同比例的数字地形模型可分别进行公路的方案比选、初步设计和技术设计。

数字地形模型不同于地形图、地形立体模型等直观地表示地形的方法,它是以抽象的数字阵列表示地貌起伏、地表形态的。虽然数字地形模型是一种不直观的、抽象的地表形态表示,人眼不能观察,但这种形态对计算机的处理很有利,计算机可以从中直接、快捷、准确地识别,进行数据处理,提供出方便的地形数据,以实现各项作业的自动化。

由于采用了数字地形模型,设计人员几乎只要根据地形图资料而不必进行极为艰苦

的外业测量,或者只需要做一些必要的外业资料调查,便能既保证精度也能高效地完成各个阶段的设计工作。如果配有计算机绘图设备,同时还可绘出包括平、纵、横三方面的设计图纸,甚至公路透视图。图 9-3 所示的框图,说明了数字地形模型的应用。

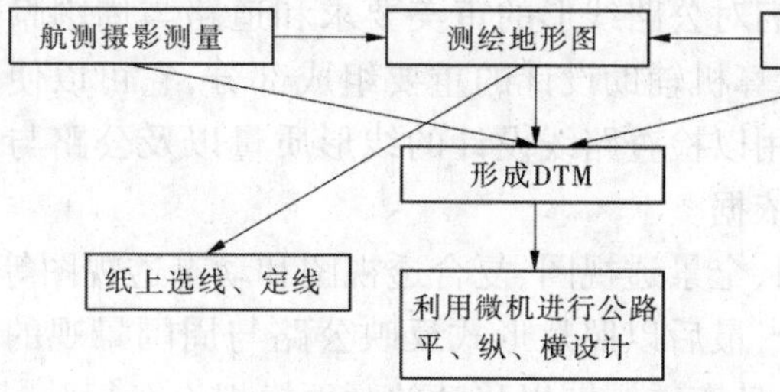

图 9-3 数字地形模型的应用

二、地形模型的种类

(一)方格网式数字地形模型

这种形式的模型,只要将工程用地的一定范围划分成相等大小的方格或长方格,按一定次序读取网格点的高程即可。作为公路设计用的带状方格网式数字地形模型,常可根据地形类别的变化,在不同区段选用不同的方格大小,以提高它的使用精度。

这种数字地形模型的优点是只需要储存网格点的高程值而无须储存平面坐标值,内插和检索简单,节省计算时间,采集数据方便,选点不依赖于经验。其缺点则是地形变化大的地方精度较低,因为这时常常漏掉了地形的真正变化点。

(二)三角网式数字地形模型

这种数字地形模型,由所有三角形顶点的三维坐标组成,并把每个三角形看成是由三顶点高程构成的 个平面,因而划分三角网时,应尽量使三角形的周边以内所有等高线都呈直线,而且相互平行,间距相等。

这种数字地形模型虽然要储存各三角形顶点的三维坐标,但为了达到同样的使用精度,其网点数可以远小于方格网式数字地形模型所需要的网点数,因而能节省很多的计算机内存。如果是采用数字化仪等自动坐标输入装置,获取原始数据亦颇为方便,只是要求操作者应有一定的工作经验,以免取点不当,降低计算精度。此外,为了有效地查询,还应将所有三角形按一定规律编号排列起来。

三、数字地形模型数据点的获取

(1)从现有的地形图上获取。从现有的地形图上获取是对现有的地形图进行数字化。除了可以人工读取数据外,目前最常用的是手扶跟踪式的坐标读取装置图形数字化仪。

(2)利用自动记录的测距仪(或全站仪)在野外实测,获取原始数据。

(3)摄影测量方法可以利用带有自动记录设备的立体测量仪,对立体模型进行断面扫描或勾绘等高线,将坐标记录在纸带或磁带上。

第三节　公路透视图

随着公路等级的提高,人们对公路线形的审美要求和道路与周围景观的协调性越来越重视。公路透视图是路线计算机辅助设计的重要组成部分,它可以使设计者在设计阶段获得形象逼真的公路全貌,用以检查路线设计的线形质量以及公路与周围景观的协调程度,并以此作为修改设计的依据。

公路透视图有线形透视图、全景透视图、复合透视图和动态透视图等。复合透视图将线形透视图与照相技术相结合,最后以照片形式反映公路与周围景观的配合情况。这种透视图不全是计算机的产物。动态透视图以移动的画面模拟汽车行驶时驾驶员所感受到的公路情况。设计中常用的是线形透视图和全景透视图。

某一点(视点)和被视物体的各点(物点)相连的射线(视线)与画面产生一系列交点,连接这些交点所产生的被视物体的图像,即该物体的透视图与画面垂直的视线称为视轴,视轴与画面的交点称为主点,视线与物体的交点称为物点,视线与画面的交点叫迹点。生成透视图的算法流程如图 9-4 所示,首先应计算道路各点的大地坐标,接着要确定视点、视轴及视轴坐标系,这样也就确定了透视图的基本参数,然后确定透视断面和透视物点,最后进行坐标计算转换,经过消隐等手段绘制出透视图。

透视图的运行设计,通过设计者设置有关透视参数,然后显示或输出透视图的模型,也可以直接在计算机屏幕上观看动态透视图。通过透视图的检查,对道路平面、纵断面、横断面设计进行分析,对线形存在的问题进行修改,然后再绘出透视图进行分析研究,直至满意为止。

第四节　“3S”技术在公路勘测设计中的应用

在大规模进行高速公路建设的今天,公路勘测质量的好坏以及设计水平的高低直接影响着整个工程的质量。因为一个公路建设项目质量的好坏、投资的多少以及运营的完善与否,直接取决于勘测工作是否周全,设计方案是否合理,二者是相辅相成、互为影响的。但目前的公路勘测设计仍然没有完全摆脱传统的勘测设计模式和方法,技术含量低,特别是高科技含量不足,制约了高速公路建设的发展。如何有效地加快勘测速度,缩短设计周期,优化设计方案,提高设计质量是公路设计人员面临的重要任务。

目前已提出了“数字化地球”的概念,并通过“3S 技术”来实现,即:

(1)丰富的全球地理信息系统(GIS)。

(2)精确的全球卫星定位系统(GPS)。

(3)先进的遥感测设系统(RS)。

未来的世界将是“数字化的世界”,数字化的概念将渗透到我国的各行各业。公路行业的数字化,也是最近几年才提出来的概念。它也包括 3 个部分:

(1)公路的全球地理信息系统。

(2)公路的全球卫星定位系统。

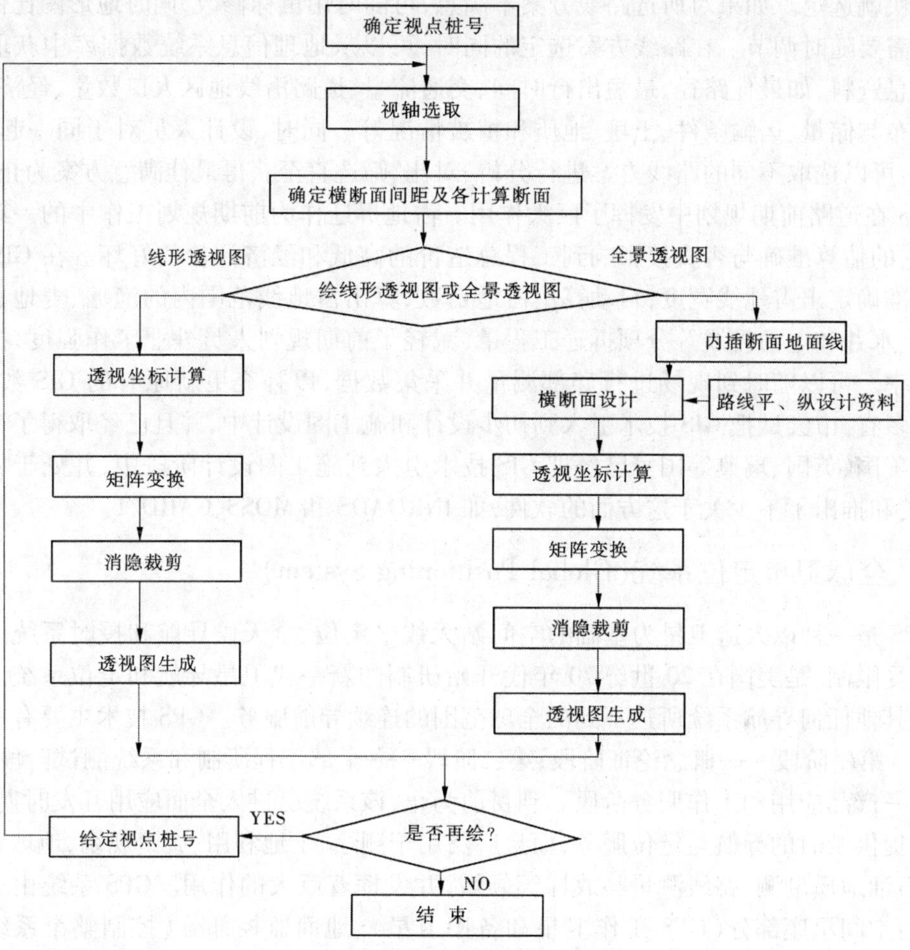

图9-4 生成公路路线透视图流程

(3)公路的遥感测设系统。

一、地理信息系统(Geographic Information System)

公路GIS是综合处理三维公路信息的一个计算机软、硬件系统,它是GIS技术在公路领域的发展,是GIS与多种公路信息分析和处理技术的集成。早在几年前,北京市公路局科技处就着手开发了北京公路地理信息系统,是未来数字化地理信息系统的雏形。数字化地理信息系统应该具备详细的地形数据资料,包括平面点的坐标、高程,已建道路和桥梁的位置、名称,道路沿线的民宅、工矿企事业单位、田地、果林、渔塘、水渠、河流、电力管线等详细地面资料。建立一个庞大的GIS,单靠公路部门是无法实现的,还需与其他单位通力合作,如测绘部门、航测部门、规划部门、地勘部门。系统完成以后,完全可以实现资源共享,具有较大的经济效益和社会效益。应用GIS,可以方便地打开某一区域或某设计路段数字化地形图,通过鼠标在地形图上选取控制点,控制点的属性也同时显示(包括点的坐标、高程),控制点连线后,路线的走向就基本确定,输入一些平曲线要素,一条路线方案很快就选定。如果对所选路线方案不满意,可随时用鼠标修改,同时地形图比例也可以根据需要随时调节。在路线方案选定的同时,可以从地理信息系统数据库中获取其他相关信息资料,如最佳路径、最短出行时间、交通流量、道路沿线地区人口数量、经济状况、建材分布与储量、运输条件、土壤、地质和植被情况等。同时,设计人员对于同一起、终点的路线,可以选取不同的路线方案进行分析、对比、筛选直至获得最佳满意方案为止。

GIS 在道路前期规划中发挥了巨大作用。占地拆迁作为前期规划工作中的一项重要工作,它的估算准确与否直接影响到工程总造价的高低和经济评价的好坏。在 GIS 电子地图上准确定出占地线宽度,自动算出占地亩数,算出占地线范围内的渔塘、麦地、果树、电线杆、水井和电力管线等分项拆迁工程量,减轻了前期规划人员外业工作强度,提高了工作效率。可以随时到现场进行碎部测量并采集数据,以补充更新原有的 GIS 数据库。现在许多省、市尝试把 GIS 技术引入到初步设计和施工图设计中,并且已经取得了良好的效果。美国、英国、瑞典等国家已经把 GIS 技术引入到施工图设计阶段中,并处于领先地位,开发和推出了不少关于这方面的软件,如 INROADS 和 MOSS、CARD/1。

二、全球卫星定位系统(Global Positioning System)

GPS 是一种以人造卫星为基础的空间站无线电定位、全天候导航和授时系统。其用户数不受限制,是美国在 20 世纪 70 年代开始研制的新一代卫星导航和定位系统。目的是提供其他任何导航系统所达不到的全球范围的连续导航服务。GPS 技术主要有三个开发阶段:第一阶段——概念论证阶段;第二阶段——全部工程研制和系统测试阶段;第三阶段——产品应用和工作服务阶段。到目前为止,该系统已进入全面应用开发时期,不但向军方提供及时的导航与定位服务,而且广泛用于测绘、土地利用、城镇规划、地球资源与管理、石油地质勘测、路线测量与放样等领域,并发挥着巨大的作用。GPS 系统由三大部分组成:空间星座部分(GPS 工作卫星和备用卫星)、地面监控部分(控制整个系统和时间,负责轨道监测和预报)和用户设备部分(主要是各种型号的接收机)。随着 GPS 技术的快速发展,产品的更新换代,新一代具备 RTK(实时动态定位)系统功能双频 GPS 接收机的诞生,给当今公路测设事业注入了新的活力。最新的 RTK 技术在公路测设中具备以下几个功能和作用。

(一)绘制大比例尺地形图

公路选线多是在大比例尺(1:1 000 或 1:2 000)带状地形图上进行的。用传统方法测图,先要建立控制点,然后进行碎部测量,绘制成大比例尺地形图。这种方法工作量大,速度慢,花费时间长。用实时 GPS 动态测量可以完全克服这个缺点,只需在沿线每个碎部点上停留一两分钟,即可获得每点的坐标、高程。结合输入的点特征编码及属性信息,构成带状所有碎部点的数据,在室内即可用绘图软件成图。由于只需要采集碎部点的坐标和输入其属性信息,而且采集速度快,因此大大降低了测图难度。

(二)公路中线放样

设计人员在大比例尺带状地形图上定线后,需将公路中线在地面上标定出来。采用实时 GPS 测量,只需将中桩点坐标输入到 GPS 电子手簿中,系统软件就会自动定出放样点的点位。由于每个点测量都是独立完成的,不会产生累计误差,各点放样精度趋于一致。

公路路线主要是由直线、缓和曲线、圆曲线构成。放样时，只要先输入各主点桩号（ZH、HY、QZ、YH、HZ），然后输入起终点的方位角 α_1、α_2，直线段距离 D_1、D_2，缓和曲线长度 Ls_1、Ls_2，圆曲线半径 R，即可进行放样操作。这种方法简单实用，比起传统的弦线拨角法要快速得多。另外，如果需要在各直线段和曲线段间加桩，只需输入加桩点的桩号就能自动计算放样元素。

（三）公路的横、纵断面放样和土石方数量计算

（1）纵断面放样时，先把需要放样的数据输入到电子手簿中（如各变坡点桩号、直线正负坡度值、竖曲线半径），生成一个施工测设放样点文件，并储存起来，随时可以到现场放样测设。

（2）横断面放样时，先确定出横断面形式（填、挖、半填半挖），然后把横断面设计数据输入到电子手簿中（如边坡坡度、路肩宽度、路幅宽度、超高、加宽、设计高），生成一个施工测设放样点文件，储存起来，并随时可以到现场放样测设。同时，软件可以自动与地面线衔接进行“戴帽”工作，并利用“断面法”进行土石方数量计算。通过绘图软件，可绘出沿线的纵断面图和各点的横断面图。因为所用数据都是测绘地形图时采集而来的，不需要到现场进行纵、横断面测量，大大减少了外业工作。必要时可用动态 GPS 到现场检测复合，这与传统方法相比，既经济又实用，前景还十分广阔。

（四）桥梁结构物放样

对于在江河上修建的大跨径桥梁，采用传统光学仪器和全站仪来定位是比较困难的，因为江面过宽、雾气较大，易造成仪器读数误差。另外，江面情况变化多端、观测浮标位置飘浮不定，影响定位精度。由于 GPS 在这方面发挥了一定的优势。因为 GPS 采用的是空间三点后方距离交会法原理来定位，不受江面外界情况干扰，点与点之间不要求必须通视，简捷方便，精度高，大大提高了作业效率。它的平面坐标定位精度在 5 mm ±1 ppm 左右，基线长度有几米到几十千米，符合桥梁控制网的精度要求。同样，对隧道控制网、立体交叉控制网也可以采用 GPS 的方法进行精确定位。

三、遥感技术（Remote Sensing）

遥感（RS）是利用航片或卫星照片上含有的丰富地表信息，通过立体观察和相片判释并经过计算机的自动处理、自动识别，获得与路线相关的各种地质、水文、建材等资料的一个计算机软硬件系统。

遥感技术在公路勘测设计中有以下优点：

（1）它可以帮助设计人员对路线所经区域的地形、地貌 、河流、居民点以及交通网系等进行概要判读，以了解其对路线的影响，有助于对路线方案的优化。

（2）它提供详细的地质、水文、植被资料，帮助设计人员了解不良工程地质现象对路线的影响程度，以便提早改线，避免不必要的损害和事故发生。

（3）通过遥感资料，可以帮助设计人员了解沿线土壤和植被类型，了解农作物及经济作物的分布情况，以便为绿化设计做准备。

（4）通过遥感资料，还可以帮助设计人员了解沿线建筑材料的分布、储量以及开挖和运输条件，为施工创造良好便利条件。

(5)通过遥感资料,可以对所选路线线形进行三维透视,帮助设计人员了解路线线形是否顺畅,行车视距是否良好,与周围景观是否协调一致。

复习思考题

9-1 试说明 CAD 的含义?

9-2 试述 CAD 的组成系统。

9-3 什么是数字地形模型? 数字地形模型有哪几种类型?

9-4 试述公路透视图设计流程。

9-5 什么是"3S"技术?

参 考 文 献

[1] 中华人民共和国交通行业标准．公路工程技术标准(JTG B01—2003)[S].北京:人民交通出版社,2004.

[2] 张雨化.道路勘测设计[M].北京:人民交通出版社,1997.

[3] 陈方晔,李绪梅.公路勘测设计[M].北京:人民交通出版社,2005.

[4] 杨少伟.道路勘测设计[M].北京:人民交通出版社,2004.

[5] 孙家驷,等.公路勘测设计[M].2 版.北京:人民交通出版社,2005.

[6] 赵永平,唐勇.道路勘测设计[M].北京:高等教育出版社,2004.

[7] 金仲初,夏连学．公路设计[M].北京:人民交通出版社,2002.

[8] 朱永民.公路勘测设计[M].北京:人民交通出版社,1997.

[9] 张保成.工程测量[M].北京:人民交通出版社,2002.

[10] 张廷楷.道路勘测设计[M].上海:人民交通出版社,1990.

[11] 中华人民共和国交通行业标准．公路路线设计规范(JTG D30—2004)[S].北京:人民交通出版社,2004.